U0668400

The Blue Book on the Development of Strategic
Emerging Industries in China (2017-2018)

2017-2018年
中国战略性新兴产业发展
蓝皮书

中国电子信息产业发展研究院 编著

主 编／卢 山

副主编／乔 标

人民出版社

责任编辑：邵永忠
封面设计：黄桂月
责任校对：吕　飞

图书在版编目（CIP）数据

2017－2018 年中国战略性新兴产业发展蓝皮书／中国电子信息产业发展研究院
　编著；卢山 主编 . —北京：人民出版社，2018.9
ISBN 978－7－01－019791－3

Ⅰ.①2… Ⅱ.①中… ②卢… Ⅲ.①新兴产业—产业发展—研究报告—中国—
　2017－2018 Ⅳ.①F279.244.4

中国版本图书馆 CIP 数据核字（2018）第 213456 号

2017－2018 年中国战略性新兴产业发展蓝皮书

2017－2018 NIAN ZHONGGUO ZHANLÜEXING XINXING CHANYE FAZHAN LANPISHU

中国电子信息产业发展研究院 编著

卢　山 主编

人民出版社 出版发行

（100706 北京市东城区隆福寺街 99 号）

北京市燕鑫印刷有限公司印刷　新华书店经销

2018 年 9 月第 1 版　2018 年 9 月北京第 1 次印刷
开本：710 毫米×1000 毫米 1/16　印张：15
字数：240 千字　印数：0,001—2,000

ISBN 978－7－01－019791－3　定价：60.00 元

邮购地址　100706　北京市东城区隆福寺街 99 号
人民东方图书销售中心　电话（010）65250042　65289539

版权所有·侵权必究
凡购买本社图书，如有印制质量问题，我社负责调换。
服务电话：（010）65250042

前 言

2017 年全球新兴产业持续快速发展，主要发达国家和经济体纷纷加大产业扶植力度，积极参与相关标准的制定和话语权争夺，旨在在全球竞争中实现本国对新兴产业某些领域发展的安全可控。在全球各国的密切关注下，新兴产业重点领域技术持续突破，诸如人工智能、新能源、石墨烯等行业竞争日益激烈，我国在诸多新兴产业领域中也都取得了长足的进步。2017 年我国战略性新兴产业高速发展，无论是营业收入还是利润率都远高于工业或制造业整体水平。在"双创"工作的指引下，我国新兴产业发展环境不断优化，5G、超算、核电、高铁等一大批高技术产品正在成为我国制造业影响全球的国家名片。

展望未来，战略性新兴产业还将成为全球竞争和带动全球经济触底反弹的关键。以新一代信息技术为代表的新兴产业预计会在 2018 年将实现多点突破，特别是在新能源汽车相关领域、航空航天领域以及人工智能领域和数字创意领域等，一些颠覆性技术的产生和相关技术的产业化，预计会为全球和我国新兴产业发展带来更多的发展机遇。

为系统梳理我国战略性新兴产业过去一年的进展，并勾勒未来发展前景和方向，赛迪智库规划研究所编撰了《2017—2018 年中国战略性新兴产业发展蓝皮书》，全书共分 4 部分 17 章。其中：

综合篇，分析了全球新兴产业的发展的新特征，还分析了我国新兴产业发展的基本情况和主要问题。

产业篇，围绕节能环保产业、新一代信息技术产业、生物产业、高端装备制造产业、新能源产业、新材料产业、新能源汽车产业、数字创意产业等八大产业，系统介绍国内外发展最新动态、年度热点事件以及重点领域和重点企业的有关进展情况。

热点篇，对供给侧结构性改革、新动能培育、制造业与互联网深度融合

1

等备受关注的议题进行讨论，聚焦北斗导航、人工智能、众包研发等热点领域进行深入分析。

展望篇，预测了2018年战略性新兴产业发展的总体形势，并对节能环保产业、新一代信息技术产业、生物产业、高端装备制造产业、新能源产业、新材料产业、新能源汽车产业、数字创意产业的发展方向进行研判。

希望本书的出版能够为工业和信息化主管部门提供参考。鉴于战略性新兴产业涉及领域广、热点问题多，本书的研究和撰写难免有欠妥和疏忽之处，欢迎广大读者批评指正。

目　　录

第三部分　热点篇

第四部分　展望篇

第一部分　综合篇

第一章　2017 年全球新兴产业发展概况

第一节　全球新兴产业发展新特征

新一轮的科技革命和产业变革正在如火如荼的进行中，2017 年全球也进入新兴产业蓬勃发展的关键时期。呈现的新特征表现为如下五个方面。

一、更加重视新兴产业规划引导及安全保障

2017 年，世界各国将新兴化产业提高到战略性地位，加强产业战略规划及前瞻研究，并从政府产业规划、政策引导、法律法规等手段对新兴产业的发展提供保障。一是加强战略规划。2017 年 1 月，英国宣布实施"现代工业战略"，研发资金计划新增 47 亿英镑，用于机器人技术、人工智能、"智能"能源技术以及 5G 无线等领域。2017 年，瑞士制定国家大数据专项计划并投资 2.5 亿瑞士法郎。二是加大产业扶持。将企业向新兴产业中引领。2017 年 7 月美国能源部制订的"前路计划"，联合美国六家领先科技公司以加快部署全美的超级计算机。2017 年 3 月，英国政府公布数字战略，其中详细提到政府对相关企业将如何提供进一步的支持与引导。三是强化安全可控。技术进步进程中会引发大规模失业的危险、网络安全、犯罪和无赖国家利用自主机器人技术等，针对这一社会问题，制定法律、法规等确保新兴产业向着积极、稳定、安全的方向发展。2017 年 3 月，英国政府公布《数字战略》中，为了应对自动驾驶技术、物联网、机器人、人工智能等带来的就业等挑战，英国推出了一系列措施，鼓励英国工人参加数字技能培训等保证工人的就业问题；《数字战略》中也强调了网络空间战略，旨在让英国拥有全球最安全的网络空

间；2017 年 6 月联合国国际电信联盟等联合国机构和 XPRIZE 基金会共同组织召开人工智能造福人类峰会，大会旨在讨论让人工智能符合可持续发展的目标。2017 年欧盟、美国、德国、韩国、中国、日本等均在人工智能领域出台了包括算法规制、人工智能伦理、自动驾驶等细分领域的政策、立法、标准。2017 年 10 月，日本总务省出台了《物联网安全综合对策》，对物联网安全对策进行提前部署等。

二、国家和企业积极参与标准制定争夺行业话语权

制定标准是国家在参与世界多变贸易体制中能否占主导地位的首要条件，也是企业参与市场竞争的法宝。2017 年，各国纷纷通过标准引领行业发展。一是国家间标准领域合作。2017 年中德标准化委员会会议与就中德双方在智能制造（工业 4.0）、电动汽车、智能网络汽车等领域标准化合作展开讨论。2017 年 9 月，由中国、美国、欧盟、日本等国组成的 EVS 工作组在加拿大渥太华共同探讨与修订了电动汽车领域的整车与电池安全国际标准，通过全球范围内的技术合作加强在新能源汽车领域的技术标准化与应用突破。二是国家范围内推进行业标准建设。2017 年 10 月，中国发布《中国机器人标准化白皮书》，为我国机器人标准立项和研制提供科学依据，推动机器人自主创新能力和促进机器人产业健康发展。2017 年 11 月美国电气和电子工程师协会（IEEE）发布三项人工智能新标准，设计高层次伦理问题。三是企业形成联盟探索制定技术标准。2017 年 1 月，福特、丰田、马自达、标致雪铁龙集团（PSA）、斯巴鲁富士重工和铃木形成智能设备连接联盟，旨在建立和发展汽车行业车载软件的标准化。2017 年 8 月，DENSO 公司、爱立信、英特尔公司、日本电报公司（NTT）、NTT DOCOMO、丰田信息技术中心有限公司和丰田汽车公司成立 Edge 联盟，该联盟着眼于设计、实现和监管互联网无人驾驶汽车的 edge 架构，并探讨制定联网汽车生态系统相关标准。

三、新兴产业的技术创新进度加快

企业的研发投入情况是新兴产业能否实现市场应用以及其实现速度的催化剂，技术的成熟度是市场化进度的指示标。一是企业在新兴产业上的研发

投入不断增大，企业研发活动高度集中。欧盟委员会于 2017 年年底发布的《产业研发投入计分牌》显示，全球 2500 强企业的研发总投入达到了 7416 亿欧元，占销售额的比重为 4.1%，欧盟企业研发投入增长为 7%，美国企业研发投入增长为 7.2%，中国企业研发投入增长为 18.8%。欧盟委员会预测企业在新兴产业上的研发投入在未来还将不断增大。该报告显示全球工业企业研发活动高度集中，排名前 50 名的企业研发投入占总投入的 40%，排名前 100 名的企业研发投入占总投入的 53%。二是技术进步的速度加快。各产业技术间的相互融合及渗透的作用下，新兴产业的技术进步速度也越来越快。以电池技术为例，电池的出现已经有 100 多年历史了，但技术进步缓慢，随着储能及新能源汽车领域的应用、推广及研发投入的增长，电池技术进入快速突破期。2017 年，日本开发出了电池内部不易产生短路的"全固态锂二次电池"、使用金属钛开发高性能蓄电池；俄罗斯研发出热电转换新型材料，可作航天器长期供电用电池；韩国开发出锂离子电池高性能电极活性材料等。

四、人工智能相关领域竞争尤为激烈

自从 2013 年全球燃起研发人工智能高潮后，各国纷纷将人工智能上升为国家战略，且出台相关前期的战略部署和规划，力争抢占产业技术的制高点。2017 年这一趋势更加明显，各国均将人工智能摆在了重要位置，提升其战略地位。一是各国进一步制订战略规划和行动计划。2017 年 7 月 20 日，中国推出《新一代人工智能发展规划》，这也是我国最高层次的人工智能领域专项规划，12 月 14 日，我国工业和信息化部进一步印发了《促进新一代人工智能产业发展三年行动计划（2018—2020 年)》；2017 年 3 月，法国经济部与教研部联合发布《人工智能战略》；2017 年，日本发布人工智能产业化路线图，通过 3 个阶段的实施，推进人工智能技术的应用，大幅提高制造业、物流、医疗、护理等行业的效率。二是企业层面在人工智能上的竞争异常剧烈。2017 年人工智能领域得到了迅猛发展，技术取得突破，几乎各个行业均参与到人工智能领域中，各大企业在推出自己的人工智能新品的同时，也在通过并购等多种方式进行产业布局。为此各大公司也展开了激烈的竞争，人工智能行业的巨头企业如谷歌、IBM、亚马逊、英特尔、苹果等，一方面通过不断投入研发来增强人工智能方面的技术；另一方面通过收购其他人工智能企业展开竞争，仅 2017 年第一季度，对人工智能企业的收购就发生了 30 起。同时其他的传统企业如福特、通用、三星、GE 和 Uber 等公司也强势跻入人工智能领域，美国通用汽车公司通过收购谷歌的一家科技公司加快无人驾驶技术开发；三星集团更是在 2017 年一年收购了 29 家初创公司。三是与人工智能配套的公共政策也争相出台。2017 年 1 月，未来生命研究院召开主题为"有益的人工智能"的阿西洛马会议，并达成了阿西洛马人工智能原则。2017 年 2 月，欧盟议会制定《机器人民事法律规则》。2017 年 6 月，德国交通部下属的伦理委员会发布一份《自动和联网驾驶》报告。2017 年 7 月，韩国国会议员提出《机器人基本法案》。2017 年 9 月，美国国会众议院通过一部自动驾驶法案，同时在 9 月，又提出另一部自动驾驶法案。2017 年 10 月，爱沙尼亚公布的人工智能法案给予人工智能以法律地位，认为人工智能是人类的代理人，并确定其在事故中的责任问题。2017 年 12 月，纽约市议会通过了算法问责法案，以解决算法歧视问题。

五、国家、企业、行业间加强多角度合作

在技术的快速进步及研发的外部性双重作用下，需要国家与企业之间在技术突破、市场应用等领域加强合作。在制定框架标准、安全性构建、技术研发等方面需要国家层面、行业层面、企业层面进行多样化的合作。一是国家间进行大型研发合作。2017 年 3 月，法国、德国、意大利、卢森堡、荷兰、葡萄牙和西班牙等 7 个欧盟成员国的部长在意大利首都罗马正式签署建立世界级综合性高性能计算基础设施的计划。2017 年 5 月，印度科技部在官网上发布，就智能建筑、物联网安全、智慧农业、智慧医疗、生物科技等领域的大型项目与英国、意大利、日本、美国等多个国家进行合作。欧盟第七框架研发计划（FP7）核裂变专项下的 ALLIANCE 项目旨在帮助中欧实现 ALLE-GRO 建设与运营。二是跨行业的投资和研发合作加强。科技快速进步的背景下，行业之间的合作也是多层面的。2017 年 3 月英特尔斥资 153 亿美元收购自动驾驶技术公司 Mobileye。2017 年印度尼西亚国营糖业公司 RNI、国家石油公司北塔米纳与日本丰田公司合作，联合开发以象草为原料的第二代生物燃

料。三是行业内部的企业合作得到强化。新兴产业在行业内部形成了行业联盟。2017 年 5 月 Facebook、亚马逊、谷歌、IBM、苹果携手英特尔、Salesforce、eBay、索尼、SAP、麦肯锡、Zalando、Cogitai 组建人工智能合作组织（Partnership on AI），旨在就人工智能研究的利弊方面进行实践经验的分享和信息的公开沟通。

第二节　主要发达国家新兴产业发展新动向

一、美国

（一）优势领域的最新动向

新一代信息技术。美国在新一代信息技术的应用推广方面取得重大进展。在 5G 领域，作为推动 5G 网络发展的主要通信公司之一，美国最大的移动运营商 Verizon 公司在 2017 年年初开展 5G 网络在美国 11 个城市的技术试验，并先后与康宁和 Prysmian 集团签订共计 13.5 亿美元的光纤光缆供货合约，以便大规模部署 5G 网络基础设施。2017 年 4 月，美国第二大移动运营商 AT&T 公司以 16 亿美元的价格收购拥有 5G 频率资源的 Straight Path Communications 公司。此后发布 5G 相关战略计划，包括部署 C - RAN 构架；在奥斯汀推出了固定无线 5G 试用版，与其 DirecTV Now 视频产品一起提供超快速宽带服务；发布包括云 DVR、大量直播频道等功能的新一代视频平台等。在物联网领域，为推进物联网认证计划的基础建设，美国在线信任联盟（The Online Trust Alliance，OTA）发布更新的《物联网信任框架》，作为物联网设备开发商、采购商和零售商的产品开发与风险评估指南。

新能源。美国核能技术得到有效突破。根据美国能源情报署（EIA）最新发布的数据，2017 年美国发电量平均每天为 110.1 亿千瓦时（全年 40186 亿千瓦时），其中 31.7% 为天然气发电，30.1% 为煤电，核电占 20.0%，非水可再生能源发电占 9.6%。美国通过推进小型模块化反应堆（SMR）重领世界核能技术浪潮。美国核能创业公司 NuScale Power 长期致力于推广资金投入更少、风险更低的小型模块化反应堆（SMR），而美国核管理委员会（Nuclear Regulatory Commission，NRC）也于 3 月 15 日同意开始 NuScale Power 关于建设小型模块化反应堆建设方案的审批流程，这是商业电力公司首次向美国核管理委员会申请建设小型模块化反应堆。美国并行技术公司（Concurrent Technologies）7 月表示，计划启动先进核制造中心（CANM），以填补在小型模块化反应堆（SMR）和先进反应堆发展领域存在的能力缺口。此外，美国科学家开发藻类芯片，将数百万个藻类液滴挤压到硬币大小的芯片上，形成一个遗传同源菌落，以鉴定能更快繁殖并产生更多脂质的超级藻类菌株，推动生物燃料技术发展。

新材料。美国政府、企业积极行动，在新材料领域推进关键技术研发。美国国防部等政府部门以及企业、学校和非营利性组织组成联合团体，共同出资建立美国制造（America Makes）研究所（原名为国家增材制造创新研究所），发起了金属铸件增材制造项目，通过在铸造业中融入成熟的 3D 打印技术、提供资金支持、技术培训等方式，促进美国金属铸件技术的升级。美国开发的增材制造计量测试平台，能够实现服务增材制造的多种功能。美国国家标准与技术研究院（NIST）工程实验室和物理计量实验室联合开发了一个集众多功能于一身的增材制造计量测试平台（即一个定制化的 3D 打印机），以便更好地了解增材制造过程并生产用户用于实时监控制造流程的工具。

人工智能。美国通过政府引导，推动人工智能布局。根据知名市场调查机构 Govini 公司最近发表的分析报告，美国国防部 2017 财年在云计算、大数据和人工智能技术等方面的投入高达 74 亿美元，比 2012 财年增加了 32%。虽然在过去五年里，云计算、人工智能和大数据研发经费都有增长，但人工智能占了开支增长的大部分，并被列为国防部获取长期军事优势和威慑战略的"技术基石"之一。2017 年 7 月 12 日，新美国安全中心发布《人工智能与国家安全》报告，认为 AI 技术进展目前虽然主要发生在民用企业或学术界，但未来随着技术的持续进步，AI 将像核武器、飞机、计算机和生物技术一样，日益成为可影响国家安全的变革性技术，通过变革军事优势、信息优势和经济优势等三方面影响国家安全，为美政府 AI 政策提供建议。美国通用电气公司（GE）等企业通过成立人工智能公司，致力于利用数据分析、机器人和人工智能技术，为油气、运输和能源行业等提供先进的检测服务，加快在人工智能领域的布局。

（二）政府采取的主要举措

加大激励引导。近五年，对先进计算能力的投资出现了 86% 的增长，在 2017 财年总计投入 4.25 亿美元，其中超过三分之一的经费是由 DARPA 支出的。国防部高级研究计划局（DARPA）在 2017 年上半年授出了 3 亿美元的合同，以寻求研发新的方法来延续微处理器的"摩尔定律"。此外，美国还于 2017 年 12 月 2 日启动税改计划，通过大规模减税法案，以提升美国经济竞争力、阻止就业岗位流失海外和为中产阶级减负。

提供立法支持。为应对物联网安全问题，美国提出《物联网网络安全改进法案》（the Internet of Things Cybersecurity Improvement Act of 2017, IoT-CIA），要求设备供应商遵循行业范围内的安全实践，例如确保可穿戴设备、智能传感器等设备能修复漏洞、更新密码、推向市场时不存在已知安全漏洞等。

设立专门机构。为协调联邦政府使用信息技术并通过信息技术提供服务的战略，美国政府于 2017 年 5 月成立了美国科技委员会（American Technology Council）。为了培养和发展国家制造生态系统，美国国防部批准美国机器人公司（American Robotics）成立先进机器人制造（Advanced Robotics Manufacturing Institute, ARM）研究所，以开发、展示和促进尽早采用新型的机器人解决方案。

二、德国

（一）优势领域的最新动向

新一代信息技术。德国加快 5G 网络布局。2017 年 7 月，德国联邦交通和数字基础设施部发布《德国 5G 战略》。德国致力于成为 5G 网络及应用的领导国家，主要措施包括：全面优化现有实验场的基础设施条件；建立起可持续性的竞争市场，设计出更多人性化的 5G 网络应用；借鉴世界各国的经验和知识，积极开展国际合作。《德国 5G 战略》介绍了落实 5G 战略的五个行动领域：加强 5G 网络输出，装备和完善 5G 网络所需频率，加强电信产业和 5G 网络应用产业的合作，进行更加协调、更有针对性的研究，实现 5G 网络城镇村全国覆盖。同时，德国联邦网络监管机构 Bundesnetzagentur 发布了可用于 5G 业务的移动频谱框架文件，旨在确保更多的投资和规划安全性，同时确定可用于 5G 服务的可能频率。

增材制造。德国 3D 打印技术进展迅猛。德国 Fraunhofer ILT 激光技术研究所继推出用于涂层和修复金属部件的 100 倍速激光金属材料沉积技术（EHLA）后，又与亚琛工业大学合作在德国亚琛（Aachen）开设一座号称世界最大的选择性激光熔融（SLM）3D 打印中心，以便生产汽车工业等领域具有定制功能的大尺寸功能原型。德国知名 3D 打印机制造商 RepRap 公司开发出一台全新的硅胶 3D 打印机，可以实现传统注射成型工艺很难甚至根本无法做出的几何结构。德国 Apium 公司推出了能打印多种高性能聚合物材料的 P 系列熔融沉积成型（FDM）3D 打印机——P155 和 P220。德国企业在 3D 打印新线材研发方面也取得重要突破。2017 年，德国 RepRap 公司推出了一系列具有良好性能和性质的新型 3D 打印线材，包括 ESD ABS、ASA、Performance ABS 等，还携手 ebalta Kunststoff GmbH 推出以液态加工而不需要熔化的 3D 打印的新型聚氨酯（PU）材料，在汽车，航空和建筑业等领域开辟了一系列新的特殊应用。德国 Advanced 公司也先后推出适用于选择性激光烧结（SLS）技术的 TPU 材料——AdSintTPU80shA 和全新聚丙烯粉末材料——AdSint PP flex，适合汽车、电子、体育，以及医疗方面的应用。

机器人。德国企业积极参与国际合作。2017 年 1 月 8 日，中国美的集团宣布收购全球领先的工业机器人制造商之一德国库卡集团（KUKA）已发行股本的 94.55%。库卡集团计划利用美的在消费领域的专长来开发帮助用户完成各种家务活的家用机器人。2017 年 4 月，德国自动化技术商 Festo（费斯托）与北京航空航天大学 ITR 软体机器人实验室合作研制的基于仿生学习网络（Bionic Learning Network）的软体章鱼触手机器人（Soft Robotic Octopus Gripper）在汉诺威工业展（Hannover Messe）亮相，仿生软体触手将吸附与缠绕两种方式有机结合，可实现对多种不同形状、不同尺寸、不同摆放姿态物体的安全稳定抓持，柔性特征使其可以更加高效、安全地与人类和自然界进行交互，未来有望广泛应用到医疗康复、服务等领域。

（二）政府采取的主要举措

加强国际交流合作。2017 年 7 月，德国 3D 打印电子专家 Neotech AMT 公司宣布了两项新项目：Hyb – Man 和 AMPECS。Hyb – Man 项目汇集了来自德国和荷兰的 11 个合作伙伴，将开发混合 3D 制造方法，以"灵活、一次性地正确生产"智能系统。AMPECS 项目获得了欧盟 Manunet 项目的资助，汇集了德国和西班牙公司，目标是开发一种"全增材"制造工艺，以 3D 打印使用陶瓷基板的电子元件。

鼓励技术跨界融合。德国联邦教育研究部（BMMF）与全球知名的机器人制造商 KUKA 等企业合作启动了一项新的金属 3D 打印项目——ProLMD，重点研究激光金属沉积（LMD）技术与 KUKA 的工业级机械臂的融合，以开发出能在复杂表面打印多种材料、打印速度达到 1—2 千克/小时的更强金属 3D 打印系统，推动自动化技术与 3D 打印技术的深度融合。

三、日本

（一）优势领域的最新动向

机器人。日本机器人行业蓬勃发展。日本机器人工业协会（Japan Robot Association，JARA）发布的数据显示，2017 年日本工业机器人的供货额（按会员企业供货额计算）较 2016 年增长 28.5%，达到 7126 亿日元，创 2007 年以来新高。同时，2017 年日本工业机器人出口额同比增长 36.2%，至 5284 亿日元，连续 4 年增加，并创下历史新高。为了解决严重的缺工问题，中国企业越来越多选择引进自动化设备，这也连带让日本的工业机器人有了爆炸性的成长，2017 年日本工业机器人对华出口额大幅增长 57.9%，至 2275 亿日元。

新能源汽车。日本主要汽车企业加大布局纯电动车领域。2017 年 8 月，日本丰田公司宣布收购日本马自达公司 5% 的股份建立资本合作，双方将共同在美国组建合资工厂研发电动汽车技术。9 月，丰田、马自达再度联合丰田集团旗下零部件公司电装（Denso）建立 EV Common Architecture Spirit Co. Ltd. 合资公司，合资公司将致力于电动车的制造，预计将于 2021 年投产。11 月 17 日，丰田和铃木公司达成合作，双方表示将在 2020 年左右面向印度市场投放电动汽车（EV）。12 月 13 日丰田汽车宣布在属于纯电动汽车（EV）等的核心零部件的电池业务领域，与松下合作，将联合开发新型电池。2017 年年底，丰田汽车公布了面向 2020 年到 2030 年电动车发展规划，计划 2020 年在全球范围内推出超过 10 款的电动车型，而且以中国市场为首，加快导入 EV 车型，力争在 2030 年实现电动化汽车年销量达到 550 万辆以上，其中 EV 与 FCEV 达到 100 万辆以上。

人工智能。日本推动政府部门、行业之间加强协作，大力推进人工智能发展。2017 年 5 月，经济产业省公布了《新产业构造蓝图》，其主要内容是应用推广人工智能、物联网等技术，普及自动驾驶汽车及建立新医疗系统。日本政府拟向国会提交《产业竞争力强化法》和《专利法》等相关法律的修正案，借以完善知识产权保护和利用规则、促进放宽限制及产业重组。日本京都大学与 70 余家制药和 IT 企业联合组成研究机构，旨在开发专门用于研发新药的人工智能技术和设备，日本政府为该项目提供了数目可观的资金支持。在政策鼓励支持下，日本企业对人工智能研发与应用给予重点关注。2016 年，丰田汽车在美国硅谷设立了人工智能研发基地，至 2020 年计划总投资 10 亿美元。富士通以 7 亿日元向理化研究所订购超级计算机用于人工智能开发，并计划于 5 年内持续投资 20 亿日元，在该所设立人工智能研发基地，合作进行有关基础研究。此外，富士通在法国投入 60 亿日元，进行人工智能研发的风险投资。

（二）政府采取的主要举措

整合资源，打破行政壁垒。目前，日本总务省、文部科学省和经济产业省主管的三大研究所是人工智能技术研究力量，这三家研究所分别承担通信技术、基础研究和产业转化平台功能。为了促进技术整合，上述三省于 2016 年打破行政壁垒，成立"人工智能技术战略会议"，总体任务是实现以人工智能为核心的、面向物联网社会与商业实际应用的研发与实证，三省共同召开相关会议，共同制定人工智能发展战略及共同发声，同时，建立相应的人工智能技术研发平台，实现计算机、软件、网络等基础设施及研发成果的实时共享。采取总务省、文部科学省、经济产业省三方协作，以及产学官协作模式，分工合作联合推进。此外，大数据是人工智能的基础。目前，日本经济产业省正着手提请国会修改相关现行法律，打破企业和消费者、不同行业间的数据使用壁垒，为建设智能社会创造更灵活的环境。

建立相对完整的激励机制。日本政府和企业界高度重视人工智能的发展，不仅将物联网（IoT）、人工智能（AI）和机器人三大方向作为第四次产业革命的核心，还在国家层面建立了相对完整的研发促进机制，并将 2017 年确定为人工智能元年。2017 年 3 月，日本政府的"人工智能技术战略会议"发布人工智能产业化路线图，分三个阶段推进利用人工智能大幅提高制造业、物流、医疗和护理行业效率的构想。日本政府将人工智能技术视为带动经济增长的"第 4 次工业革命"的核心尖端技术，并在 2017 年政府预算中对技术研发给予多方面的支持。为促进人工智能在新药研发方面的应用，日本政府提供 5 亿日元资金支持，推动包括京都大学、东京大学、理化学研究所、武田药品工业、富士通等企业界和学术机构参与项目研发，助力人工智提升"日本制造"的国际竞争力。

注重人才培养。为加快人工智能领域的人才培养，日本政府召开"未来投资会议"，提出用人工智能与大数据推进"第 4 次工业革命"是今后经济增长战略的核心，为配合"第 4 次工业革命"，培养具备满足 21 世纪的竞争力需求的高素质人才显得尤为重要，提出从 2020 年起，将编程列入中小学必修课程；从民间企业选派讲师到大中小学上课，以促进产学研合作；对在职员工接受社会培训给予更高的学费补贴。

第二章 我国战略性新兴产业发展形势

第一节 我国战略性新兴产业发展概况

一、产业规模持续扩大，新引擎作用愈加凸显

2017 年全年规模以上工业战略性新兴产业增加值比上年增长 11.0%；高技术制造业增加值增长 13.4%，占规模以上工业增加值的比重为 12.7%；装备制造业增加值增长 11.3%，占规模以上工业增加值的比重为 32.7%①。在行业营收方面，2017 年 1—7 个月我国战略性新兴产业的 27 个重点行业营收同比增长 13.8%，增速比 2016 年同期提高 2.3 个百分点，其中工业部分营业收入增速 13.8%，持续高于规模以上工业整体水平。2017 年全年规模以上服务业中，战略性新兴服务业营业收入 41235 亿元，比上年增长 17.3%；实现营业利润 7446 亿元，增长 30.2%。战略性新兴产业上市公司营业收入总额在上半年达到 1.69 万亿元，同比增长 19.8%。在景气指数方面，2017 年上半年战略性新兴产业行业景气指数为 155.2，企业家信心指数为 149.3，较 2016 年同期均大幅回升，企业景气高涨②。2016 年中国数字经济规模总量达 22.58 万亿元，跃居全球第二，占 GDP 比重达 30.3%，以数字经济为代表的新经济蓬勃发展③。数据显示，战略性新兴产业过去五年的年均增长逾 15%，约是国内生产总值增速的两倍，战略性新兴产业拉动经济增长的新引擎作用愈加凸

---

① 国家统计局：《中华人民共和国 2017 年国民经济和社会发展统计公报》，2018 年 2 月 28 日。
② 中国工程科技发展战略研究院：《2018 中国战略性新兴产业发展报告》，科学出版社 2017 年版。
③ 新华社：《世界互联网大会蓝皮书首次发布中国数字经济规模居全球第二》，2017 年 12 月 4 日。

显。2015 年战略性新兴产业增加值占国内生产总值的比重约为 8%，而在 2017 年年末，该比重约为 10%①。

二、重点领域实现引领性突破，国际竞争力显著增强

我国在新一代信息技术、核电装备、轨道交通、航空航天、海工装备等领域持续突破，在部分领域具有较强的国际竞争力。在新一代信息技术领域，华为推出的全球首个端到端的 3GPP 5G 预商用系统在第四届互联网大会上荣获"世界互联网领先科技成果奖"，该系统在商用成熟度和产品性能等方面全面达到世界领先水平，为"5G 时代"的到来打下坚实的技术基础。2017 年 6 月，由国家并行计算机工程技术研究中心使用中国自主芯片"申威 26010"研制的"神威·太湖之光"第三次出现在全球超算 500 强榜单（第四十九期）榜首的位置，实现三连冠。10 月，京东方 6 代柔性 OLED 面板产线正式量产，打破了韩国企业在柔性 OLED 面板市场的垄断格局。在核电装备领域，2017 年 10 月，"华龙一号"国内首台 ZH－65 型蒸汽发生器研制成功，并在性能上全面达到了国外三代核电蒸汽发生器的先进水平。11 月，具有完全自主知识产权、综合技术指标全面达到当前国际先进水平的"华龙一号"首台半转速汽轮发电机成功通过厂内"型式试验"。在轨道交通装备领域，2017 年 9 月具有完全自主知识产权的动车组列车复兴号在京沪高铁率先实现 350 公里时速运营，这使我国成为世界上高铁商业运营速度最快的国家。在航空装备领域，2017 年 11 月，我国拥有自主知识产权的新一代喷气式大型客机 C919 完成首次远距离转场飞行，截至 2017 年 12 月，C919 已接到国内外订单 780 余架。按国际适航安全标准研制的第三架 ARJ21 新支线喷气客机投入商业运营，标志着中国支线喷气客机正向批产化稳步迈进。中国自主研制全球最大水陆两栖飞机 AG600 首飞成功，填补了我国在大型水陆两栖飞机领域的研制空白。在海工装备领域，"蛟龙号"世界首次完成超 6000 米深海仪器回收；全球最大的海上钻井平台"蓝鲸 2 号"完成首航，最大作业水深 3658 米，最大钻井深度 15250 米，适用于全球 95% 的深海作业，世界上其他海洋石油装备都不

---

① 《今年底战略性新兴产业增加值占 GDP 比重将达 10% 左右》，新华网，2017 年 7 月 5 日。

能与之匹敌。在基因检测领域，我国首次成功运用完全自主研发的第三代基因测序仪进行无创产前检测（NIPT）检测，也是目前全球唯一利用单分子测序技术进行临床检测获得成功的案例。

三、创新载体建设成果显著，协同创新体系加速形成

一大批以企业为主体的技术中心、公共技术平台、行业产业联盟等创新载体密集出现，产学研用联合的协同创新体系加速形成。从产业交流平台建设来看，一些旨在推动政产学研用资交流互动的平台相继出现。2017 年 3 月工信部指导下的产业研究和交流平台——新兴产业百人会成立。新兴产业百人会自成立以来已经举办了以"北斗产业发展"（北京）、"石墨烯材料的推广与应用"（宁波）、"人工智能发展趋势与产业化"（成都）为主题的三场专题论坛，并于 2018 年 1 月在深圳举办了"2018 未来产业深圳峰会"，近百位专家、百家媒体和近千位嘉宾参与，在聚合新兴产业发展势能，宣传国家产业政策，搭建企业与金融机构合作等方面，取得了较大的社会影响，促进了政产学研用资的有效互动①。从创新平台载体建设看，京津冀大数据产业协同创新平台启动，该平台将聚焦联合人才培养、人才引进、人才流动与共享、大数据人才创新试点示范等，为区域大数据产业提供人才与智力支撑。国家发改委在 2017 年度新审理确定的国家地方联合工程研究中心有 111 家。截至 2016 年 9 月，国家工程实验室 167 家，国家重点实验室约 350 家。其中，四川省自 2013 年以来，创新平台数量每年均以 2 倍以上的速度增加。截至 2017 年 10 月，四川全省国家工程实验室达 6 个，国家企业技术中心达 66 家，国家地方联合创新平台总数达 34 个，省级工程研究中心达 102 个②。而在军民协同创新方面，截至 2017 年 9 月，陕西省全省军工单位与高校和地方企业建立了 26 个国家重点实验室，4 个国家级和 25 个省级工程中心，10 个国家级和 43 个省级企业技术中心，24 个博士后工作站，20 个国家级和省级技能大师工

---

① 《"2018 未来产业深圳峰会"成功召开》，新华社，2018 年 1 月 16 日。
② 国家发改委高技术产业司：《四川省重大创新平台密集布局加速提升创新能力》，2017 年 10 月 18 日。

作室①。

四、产业集聚特征明显，区域协作态势逐步显现

从区域布局看，我国战略性新兴产业已有长三角、珠三角、环渤海和中西部部分地区四大增长极。其中，长三角地区作为我国新兴产业发展的核心聚集区域，上海、无锡、杭州、宁波等城市在物联网、生物医药、石墨烯、海洋工程、云计算等领域拥有较强实力。环渤海地区在航空航天、新一代信息技术、节能环保等领域的发展较为迅速。珠三角地区在发展移动互联网、新能源汽车、节能环保等领域则具有特色优势。根据国家信息中心数据，2017 年上半年景气指数最高的五个省份中有三个中部省份，分别是安徽、江西和湖南②。安徽省在人工智能和平板显示领域，江西省在中药制造和通用航空领域，湖南省在数字创意和智能装备领域，都已经形成了在全国具有比较优势的产业集聚发展区。贵州在大数据领域的优势已经成为城市的新名片，江西近年又大力打造虚拟现实 VR 产业基地，目标建立世界级的虚拟现实产业中心。此外，西南地区是我国重要的核电装备制造和硅材料基地，西北地区则集聚了大部分的太阳能光伏发电和风电项目。

表 2–1 我国新兴产业总体布局

区域	重点领域	重点城市
环渤海地区	新一代信息技术、航空航天、海工装备、节能环保	北京、天津、青岛、大连、济南、沈阳、石家庄
长三角地区	物联网、石墨烯、云计算、生物医药制造	上海、杭州、宁波、无锡、南京、常州
珠三角地区	移动互联、新能源汽车、节能环保	广州、深圳、东莞、中山、顺德、惠州、厦门
中西部地区	电子信息、光电子、硅基新材料、大数据、新能源（风能、光伏）	成都、重庆、南昌、合肥、武汉、西安、宝鸡

---

① 国防科工局：《陕西：军民协同创新体系建设取得实效》，《军民两用技术与产品》2017 年第 19 期。

② 中国工程科技发展战略研究院：《2018 中国战略性新兴产业发展报告》，科学出版社 2017 年版。

从区域协调性看，新兴产业的区域间协作分工逐步显现。例如，在新一代信息技术领域，珠江三角洲地区主要承担制造职能，形成了多级零部件供应企业。长江三角洲兼具制造和研发职能。在中西部地区，四川省在集成电路、软件与信息服务业、北斗导航等领域实力领先。在新能源汽车领域，东北、环渤海、长三角、珠三角、中西部五大片区内都集中分布了整车生产企业，驱动电机、动力电池等核心零部件在空间布局上初步呈现出集聚态势。如在动力电池方面，天津市拥有力神、贝特瑞、比克等动力电池龙头企业，是电池生产的重要基地。上海依托上汽集团等整车企业，在锂离子电池、燃料电池等方面不断加强投入。在驱动电机领域，北京市针对电动汽车专门成立电机企业。

五、顶层设计持续完善，产业发展环境进一步优化

在顶层设计方面，自《关于加快培育和发展战略性新兴产业的决定》于2010年10月发布至今，仅国务院发布的涉及新兴产业领域的相关文件超过26项（不含各部委），涉及新一代信息技术、节能环保、新能源汽车、生物、装备制造等领域。近年如大数据、人工智能等作为国际竞争焦点、对维护国家安全具有重大影响力的细分产业也上升到了国家战略。2017年7月国务院印发《新一代人工智能发展规划》，规划描绘了未来我国新一代人工智能发展分三步走的战略目标，并到2030年使中国人工智能理论、技术与应用总体达到世界领先水平，成为世界主要人工智能创新中心。此外，根据国家发展与改革委员会在2017年1月发布的《战略性新兴产业重点产品和服务指导目录（2016版）》，当前我国战略性新兴产业涉及5大领域8个产业（相关服务业单独列出）、40个重点方向下的174个子方向，近4000项细分产品和服务[1]。

在地方政策方面，目前全国已有超过20个省或自治区发布了"十三五"时期战略性新兴产业相关发展规划，将战略性新兴产业作为优先重点发展的产业，并持续优化产业发展环境。2017年8月，广东提出优化新兴产业管理模式、完善产业技术创新体系、推动创新成果转化应用、强化产业发展人才

---

[1] 《战略性新兴产业重点产品和服务指导目录（2016版）》（国家发改委发〔2017〕1号），2017年1月25日。

支撑、积极拓展新兴产业开放合作、完善投融资政策体系等六个方面共 24 项政策措施。2017 年 9 月，浙江省出台的《浙江省培育发展战略性新兴产业行动计划（2017—2020 年）》提出战略性新兴产业相关财政资金要用于推动产业发展的关键环节，将统筹安排创新强省专项资金，以对战略性新兴产业重大创业创新项目给予支持。同时提出简化各项优惠政策的办理流程，及时解决政策执行过程中出现的问题①。安徽提出将加快组建运营总规模 600 亿元的安徽产业发展基金，拟加大对中小企业支持力度。同时，严格考核评估，对重大新兴产业基地、重大新兴产业工程和重大新兴产业专项实行动态调整管理。湖北则安排财政出资 400 亿元，引导社会资本设立 2000 亿元左右的长江经济带产业基金，投向战略性新兴产业。

表 2－2　2010—2017 年国务院发布的涉及新兴产业领域的相关文件

文件名	发布时间	发布单位
《关于加快培育和发展战略性新兴产业的决定》	2010 年 10 月	国务院
《国务院关于印发节能与新能源汽车产业发展规划（2012—2020 年）的通知》	2012 年 6 月	国务院
《国务院关于印发"十二五"节能环保产业发展规划的通知》	2012 年 6 月	国务院
《"十二五"国家战略性新兴产业发展规划》	2012 年 7 月	国务院
《国务院关于印发节能减排"十二五"规划的通知》	2012 年 8 月	国务院
《国务院关于印发生物产业发展规划的通知》	2012 年 12 月	国务院
《国务院关于印发能源发展"十二五"规划的通知》	2013 年 1 月	国务院
《国务院关于推进物联网有序健康发展的指导意见》	2013 年 2 月	国务院
《国务院关于印发国家重大科技基础设施建设中长期规划（2012—2030 年）的通知》	2013 年 2 月	国务院
《国务院办公厅关于加快新能源汽车推广应用的指导意见》	2014 年 7 月	国务院办公厅
《国务院关于加快科技服务业发展的若干意见》	2014 年 10 月	国务院
《国务院关于创新重点领域投融资机制鼓励社会投资的指导意见》	2014 年 11 月	国务院
《国务院关于促进云计算创新发展培育信息产业新业态的意见》	2015 年 1 月	国务院

①　《浙江省培育发展战略性新兴产业行动计划（2017—2020 年）》（浙政办发〔2017〕100 号），2017 年 9 月 7 日。

续表

文件名	发布时间	发布单位
《中国制造 2025》	2015 年 5 月	国务院
《国务院关于推进国际产能和装备制造合作的指导意见》	2015 年 6 月	国务院
《国务院关于大力推进大众创业万众创新若干政策措施的意见》	2015 年 6 月	国务院
《国务院关于积极推进"互联网＋"行动的指导意见》	2015 年 7 月	国务院
《国务院关于印发促进大数据发展行动纲要的通知》	2015 年 8 月	国务院
《中医药发展战略规划纲要（2016—2030 年）》	2016 年 2 月	国务院
《关于促进医药产业健康发展的指导意见》	2016 年 3 月	国务院办公厅
《国务院关于深化制造业与互联网融合发展的指导意见》	2016 年 5 月	国务院
《"健康中国 2030"规划纲要》	2016 年 10 月	国务院
《"十三五"国家战略性新兴产业发展规划》	2016 年 11 月	国务院
《"十三五"节能减排综合工作方案》	2016 年 12 月	国务院
《"十三五"国家信息化规划》	2016 年 12 月	国务院
《新一代人工智能发展规划》	2017 年 7 月	国务院

第二节　我国战略性新兴产业发展中存在的问题

一、体制束缚犹在，地方及中小企业发展积极性受困

我国战略性新兴产业仍面临一系列体制机制障碍。一方面，现有地方政府政绩考核机制降低发展新兴产业的积极性[①]。尽管中央屡次强调政绩考核不能"唯 GDP 论"，但"财政收入""工业增速""固定资产投资"等地区宏观经济指标在地方政府考核指标中仍然占有很大比重。作为地方经济长期以来的发展思路，要素驱动增长方式依靠成熟产业项目拉动，风险小、周期短、可预期，通过短时间内的大规模要素投入、拉进大项目、引入大企业，便可给地区带来较大经济增量。而战略性新兴产业作为创新驱动的知识密集型产

---

① 中国工程科技发展战略研究院：《2018 中国战略性新兴产业发展报告》，科学出版社 2017 年版。

业，往往具有风险高、投入多、周期长等特点，从投入到获得大批经济增量时间较长，且面临较大风险。深圳、北京等战略性新兴产业策源地城市的发展经验表明，在转型初期地区生产总值占比会出现一定时期的下降。当面临短期与长期的利益权衡时，地方政府很难接受因转型升级发展战略性新兴产业带来的地区生产总值增速阶段性下降的风险，进而发展战略性新兴产业的积极性大为降低。另一方面，目前鼓励战略性新兴产业发展的配套机制上不完善，大批科技型中小企业融资困难。国有资本受制度束缚，更偏好风险小、周期短、时效快，甚至产能过剩的新兴产业项目，民营企业获得政府给予的科研经费很有限。

二、供给创新有限，创新生态环境仍需健全

创新是战略性新兴产业发展的核心，但目前我国新兴产业发展的供给创新能力有限，创新生态环境尚未健全。主要体现在：一是在创新投入和创新竞争力上跟发达国家相比仍有不小差距，而且我国企业核心技术的自主创新能力依然不强。根据经济合作与发展组织（OECD）的数据，在研发强度（研发投入占 GDP 比重）方面，我国研发强度虽然高于欧盟整体水平，但是仍远低于日本、德国和美国（见图 2-1）。在创新综合竞争力方面，根据世界知识产权组织发布的《2017 年全球创新指数》，中国创新排名从 2013 年的第 35 位升至第 22 位（见图 2-2），是唯一进入前 25 名的中等收入国家。但同作为制造业大国，我国创新指数排名仍远低于美国、英国、德国、韩国、日本、法国、以色列等国家。此外，我国战略性新兴企业在核心和前沿技术的自主研发能力、创新能力依然较弱，科研成果转化率不高，具有核心技术支撑及知识产权的成果缺乏。例如我国在石墨烯领域专利数和论文数分别占全球总量的 40.4% 和 44%，但是能够商业化的成果偏少。重科研轻应用，致使科研与应用严重脱节，对市场的变化和需求敏感度不高，不擅预测、把握不透。而国外则重应用和下游，技术焦点已经从制备环节转到了应用环节。二是有效供给不足加剧供需结构性失衡。在当今买方市场下，供给不能自行创造需求，供给需要适应需求，供需双方信息不对称使得供给侧无法满足需求侧的变化，导致中高端供给无法实现（如海外抢购事件时有发生）、低端需求供

过剩，引发供需结构性失衡。三是创新生态环境尚未健全。一方面，市场在创新资源配置方面的作用尚不够强；另一方面，我国新兴产业"双创"发展还面临缺乏融资渠道、社会认可和安全稳妥的社会保障等问题。

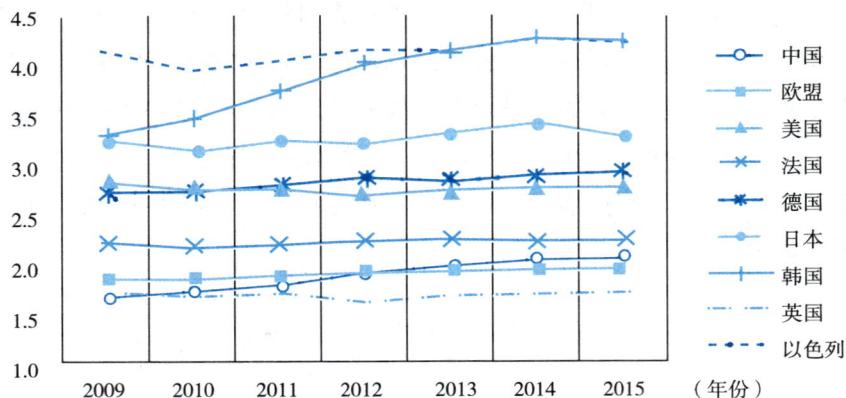

图 2-1   2009—2015 年部分国家和地区研发强度

资料来源：OECD 数据库。

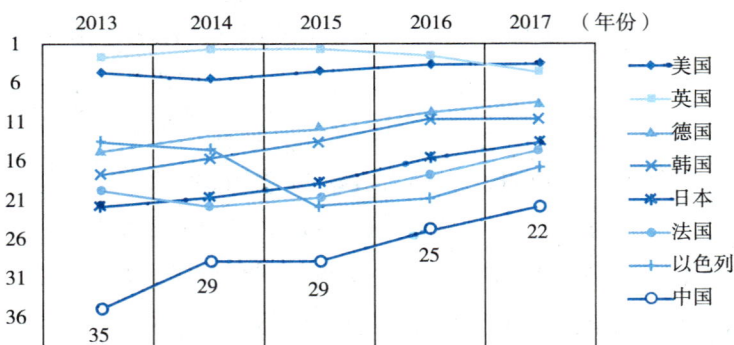

图 2-2   世界主要制造业大国创新指数排名

资料来源：世界知识产权组织。

三、应用推广力度不足，市场制度建设滞后

我国新兴产业面临创新产品供需对接不到位，消费者对新产品接受度不高的问题。例如，目前我国已有相当部分企业的创新产品性能已达到国内、国际领先水平，但新产品、新应用的应用示范欠缺，推广难度大且成本高，

市场接受度不高，国内用户不愿意承担使用国内产品的风险。如我国北斗系统景观取得颠覆性突破，但目前的市场占有率仍然较低。目前 GPS 已经形成成熟的市场应用模式，占据了中国卫星导航应用市场九成多的份额。而北斗卫星导航试验系统虽已在渔业、测绘、交通运输等领域得到应用，但在民用领域应用所占的比重仍然较低。此外，我国新兴产业市场制度建设滞后，市场环境跟不上新兴产业领域发展形势。一方面，由于新兴领域发展变化快，新兴产业往往面临制度规范滞后等问题，一些新技术概念被过度炒作和消费，造成大众误区，严重影响产业健康发展。例如，为解决城市交通拥堵出现的立体快巴（巴铁）创意，媒体做了过度解读和引导，在社会上引起不小的争议，严重打击了创新者和投资者的积极性，进而导致发展受挫。新能源汽车、网联汽车等在未来的发展中也可能面临类似情况。而在另一方面，一些新兴行业的相关标准偏低甚至缺乏标准，低端同质化产品竞争严重，同时损害优质创新产品的市场。

四、教育体系滞后，高层次综合型人才难满需要

发展壮大战略性新兴产业的首要资源是人才，但当前我国战略性新兴产业人才供需结构不合理，缺乏产业所需人才储备，特别是高精尖人才。人才问题突出表现在：一是教育培养体系滞后产业发展。当前高等教育培养的人才往往与传统产业相关，而针对短期内发展前景不明朗的产业缺乏优质的师资和生源。二是高端人才的需求总量缺口较大，人才的供需结构性矛盾较为突出。战略性新兴产业的快速发展需要大量高技术人才作为支撑，而传统产业特别是供给侧改革中产能过剩产业非高技能工人供给过剩，但多领域、跨学科具有领头作用的高素质人才严重缺乏，因此结构性供需矛盾难以在短期内缓解。部分高技术新兴产业行业表现得尤为突出，如目前人才短缺问题已经是制约我国人工智能发展的最大短板。三是地域差距带来人才资源分布不均衡。京津冀、长三角、珠三角地区人才较集中，为该地区战略性新兴产业发展提供了相对足够的人才支持，而东北、西部等区域人才资源更为短缺。

第三节　我国战略性新兴产业发展的若干建议

面对目前战略性新兴产业的发展现状和问题，建议深入完善相关产业配套体系，进一步优化新兴产业空间布局，加快促进新技术新产品的应用推广，鼓励商业模式创新激活市场需求，构建高效的新兴产业融资体系，健全人才培养机制，提高开放合作水平等，为我国战略性新兴产业发展提供良好的发展环境。

一、进一步完善产业政策体系，改进体制机制

应结合产业发展的阶段性特点，从发展的实际需求出发，进一步完善战略性新兴产业政策体系和发展规划。在产业发展的起步阶段，应加强前瞻性部署，通过国家科技重大专项加大对关键性、前沿性和共性技术的支持，充分发挥科技创新的主导作用。着力推动政府、高校、企业共同组建技术联盟，加强对产业共性技术的研发，提升行业整体竞争力。在产业的推广阶段，应规范行业准入标准，建立行业监管机制，构建产品标准和质量控制体系，营造良好的市场秩序。在市场应用阶段，要完善软硬件配套设施，建立战略性新兴产业的一条龙服务体系。探索首台（套）产品的倾斜扶持，加大政府采购力度，适时调整进出口目录，促进新产品推广应用。

二、优化产业布局，推进区域协作发展

更加注重从全局角度引导新兴产业发展，结合动态变化和产业聚集特征，科学规划、合理推进战略性新兴产业的空间布局。从宏观层面来看，战略性新兴产业受制于成长周期、消费习惯等因素，在未来一定时期内的市场容量是有限的，因此政府要做好全局规划并加强监督，避免过度投资，导致相似产业低水平重复发展过剩产能。从区域层面来看，新兴产业布局规划的制定，要体现区域比较优势，充分考虑各地区的资源优势、区位优势、产业优势、人才和科技优势等，选择在本地区有基础条件、能够取得率先突破的细分产

业进行优先发展。此外，要鼓励开展区域之间的合作，以产业链、价值链为纽带，通过产业链上下游配套合作，共建区域性产业集聚区。

三、强化创新驱动，加强关键核心技术攻关

加快建设以企业为主体、市场为导向的创新体系，不断完善创新支撑体系建设，力争在关键核心技术、高端共性技术上取得重要突破。一是要紧密结合技术研发与市场需求，选择开发附加值高、带动性强、在未来具有庞大产业规模和市场规模的技术与产品。二是不断延伸和拓展产业链的广度和深度，加快发展一批拥有核心技术和自主知识产权的新兴产业链条，推动产业向高端、高辐射方向发展。三是加大知识产权保护，保护创新者的积极性。四是大力推动商业模式创新，加大新产品的推广力度，引导消费者需求。

四、完善融资体系，推进产融结合发展

推动战略性新兴产业更好发展需要建立多层次的融资体系。一是政府层面可通过产业投资基金、贴息贷款、税收补贴等方式，引导多渠道资金支持战略性新兴产业发展；在控制风险的基础上，推出符合新兴产业发展的信贷产品。二是金融机构层面可考虑企业和项目的成长性，建立合理的项目评级授信体系，将信贷重点向战略性新兴产业领域倾斜。三是社会中介层面应加强对无形资产的评估能力，大力发展知识产权质押融资担保模式，完善融资担保体系，鼓励各类担保机构对战略性新兴产业融资提供担保，进而分散风险。

五、健全人才培养机制，加快培育新兴产业所需人才

战略性新兴产业的发展需要大量的专业高端人才作为支撑，人才是新兴产业发展的重要战略资源。一是要依托人才引进专项资金和高端人才项目资金，重点引进高层次创新创业人才和创新团队。二是要进行制度创新，改良人才培养模式，在团队产品开发、生产、服务实践中培养各类人才。以重大项目、重点学科、重点产业的建设为载体，依托科研院校和企业进行人才联合培养。推动科研机构和企业共同设立实训基地，培养创新型实践人才。三

是需完善相关考核机制和激励机制。通过探索建立技术专利入股等政策，将人才引进、培养与科技创业有机结合，充分调动创新创业的积极性。

六、构建全面开放体系，推动国际合作

借鉴国外发展模式和特点，鼓励和引导有条件的新兴产业"走出去"，充分利用国际和国内两大资源，提升产业发展核心竞争力，加快形成一批具有较强国际竞争力的新兴产业企业集团。鼓励央企、国企、民企结合实际情况采取多种形式的联合重组和吸收兼并，并进一步吸引人才、技术、科技成果等创新资源。鼓励高技术创新型人才的交流合作，支持新兴企业利用资本市场扩大融资，增强产业抗风险能力。依托"一带一路"倡议，推动国际产能合作，将我国战略性新兴产业发展中积累的优势、先进、绿色的多余产能和经验输出去，促进世界经济的包容性增长。

第二部分　产业篇

第三章 节能环保产业

第一节 国内外节能环保产业发展动态

一、国内外产业整体概况

（一）节能环保产业增速持续增长

当前，随着全球生态环境问题的不断加剧，各国纷纷推出绿色新政，加速布局节能环保产业。美国、英国、日本、加拿大在环保产业发展上最具有代表性，例如，英国政府在清洁发展战略的基础上进一步发布了未来 25 年的环境保护规划，通过严格管措控制塑料废品。党的十九大报告提出，中国经济已由高速增长阶段转向高质量发展阶段，正处在转变发展方式、优化经济结构、转换增长动力的攻关期，强调推进绿色发展、着力解决突出环境问题、加大生态系统保护力度。近年来，我国节能环保产业快速发展，2017 年节能环保产业规模预计达到 5.8 万亿元①，行业全年净利润增速保持在 25% 左右②，节能环保产业从 2013 年到 2017 年增速均保持在 15% 左右，预计到 2020 年产值将超过 8 万亿元③。根据全国工商联环境商会统计，2017 年上半年，深沪股市有 33 家环保上市公司净利润过亿元。技术装备水平显著提升，

---

① 工信部：《2018 年全国工业节能与综合利用工作座谈会》，2018 年 1 月 19 日，见 http：//www. miit. gov. cn/newweb/n1146285/n1146352/n3054355/n3057542/n3057545/c6018871/content. html。

② 《2017 年我国环保行业细分领域需求规模测算》，中国产业信息网，2017 年 12 月 21 日，见 http：//www. chyxx. com/industry/201712/595132. html。

③ 《我国节能环保产业发展趋势、现状及问题分析》，北极星环保网，2017 年 11 月 23 日，见 http：//huanbao. bjx. com. cn/news/20171123/863384. shtml。

中国膜生物反应器、高压压滤机等环保装备技术水平已达到国际领先水平，除尘脱硫、城镇污水处理等装备供给能力世界领先，废弃物利用产品附加值不断提高，呈现高值化、精细化特征；服务模式不断创新，合同能源、合同节水服务能力提升明显，第三方污染治理试点进展顺利，小城镇、工业园区等环境综合托管积极推进，PPP等合作方式在探索中不断成熟①。中国环保产业经过近三十年的发展，"多而弱""小而散"的状态正在快速改变，行业内并购案例和金额不断增加，一批综合实力强、管理水平先进、具有市场带动能力的龙头企业和产业集团正在脱颖而出。

（二）产业技术研发水平进一步提升

节能环保产业对市场需求变动的感应最为灵敏。伴随全社会对绿色发展的认识逐步提升，对环境保护技术进步的研究逐渐深入，环保市场需求将向更加专业、更加精准的方向升级，自然引发环保产品内容和质量的高端化。市场需求变动引起的产品升级倒逼机制，将有力推动节能环保企业积极主动加大技术研发力度，加速技术革新，同时，这也将巩固企业的核心竞争力，激发企业品牌效应，从而拓展并占有更大范围的环保市场。目前，我国电除尘技术已经达到国际领先水平，一些水污染处理技术与装备研制的水平也向国际迈进，火电脱硫脱硝技术、生活垃圾处理技术等目前处于产业化初期；噪声与振动控制装备和技术在国际处于先进水平。近日，中国环境保护产业协会遴选了2017年国家重点环境保护实用技术公示名录共计58项（见表3－1）。同时，2017年度国家科学技术奖励大会共评选出17项环境领域国家奖项，包括卤代持久性有机污染物环境污染特征与物化控制原理等3项国家自然科学奖，燃煤机组超低排放关键技术研发及应用等5项国家技术发明奖，工业排放烟气用聚四乙烯基过滤材料关键技术及产业化等9项国家科技进步奖。

---

① 《环保产业连续五年保持15%的增速》，清洁产品在线，2017年12月20日，见 http：//www.jiagle.com/qingjie_ news/1364696.html。

表 3－1　2017 年国家重点环境保护实用技术公示名录（节选）

序号	技术名称	申报单位
1	BioComb 一体化污水处理设备	北京博汇特环保科技股份有限公司
2	BioDopp 污水处理生化工艺	北京博汇特环保科技股份有限公司
3	STCC 碳系载体生物滤池技术	武汉新天达美环境科技股份有限公司
4	保温生物膜曝气生态处理工艺（TBO 工艺）	安徽美自然环境科技有限公司
5	基于 MAS－BSF 的分散性生活污水智能一体化处理系统	重庆梅安森科技股份有限公司
6	中小城镇生活污水低动力、无人值守集成设备	山东国辰实业集团有限公司
7	多级复合移动床生物膜反应器（MC－MBBR）污水处理系统	广西益江环保科技股份有限公司
8	厌氧－接触氧化生物膜法处理技术（ACM 生物反应器）	广西博世科环保科技股份有限公司
9	有机废水结合填料的 DMBR 生物处理技术	南宁市桂润环境工程有限公司
10	电镀废水接近零排放及资源再回用工艺技术	陕西福天宝环保科技有限公司
11	络合重金属废水离子交换处理技术	上海轻工业研究所有限公司
12	选矿、冶炼行业重金属废水治理的短程膜分离处理工艺技术	南宁市桂润环境工程有限公司
13	纳米陶瓷膜污水处理技术	广西碧清源环保投资有限公司
14	重金属废水生物制剂深度处理与回用技术	赛恩斯环保股份有限公司
15	冷轧带钢高压水射流喷丸绿色除鳞成套技术	长沙矿冶研究院有限责任公司
16	高含盐废水处理回用近零排放集成工艺	德蓝水技术股份有限公司
17	污水高级氧化深度处理技术及一体化装置	北京金大万翔环保科技有限公司 北京易水净环保科技有限公司 北京恩菲环保股份有限公司
18	万吨级难处理有机废水催化氧化深度处理技术	南京神克隆科技有限公司
19	垃圾渗沥液处理关键集成技术	南京万德斯环保科技股份有限公司
20	高效节能磁悬浮离心鼓风机技术	亿昇（天津）科技有限公司
21	河道多元生态平衡生物修复方法	佛山市玉凰生态环境科技有限公司
22	城镇污水处理厂污泥压滤好氧中温发酵处理生产土地改良营养土技术	广西鸿生源环保股份有限公司
23	炭黑专业高性能过滤材料	安徽省绩溪华林环保科技股份有限公司
24	超净电袋复合除尘技术	福建龙净环保股份有限公司

续表

序号	技术名称	申报单位
25	烧结脱硫湿烟气静电除雾深度净化技术	山东国舜建设集团有限公司
26	燃煤烟气氨法脱硫组合超低排放技术及装置	亚太环保股份有限公司 无锡友联热电股份有限公司 西安大唐电力设计研究院有限公司
27	氨法脱硫协调声波凝并强化除雾技术	江苏新世纪江南环保股份有限公司
28	燃煤烟气干式超低排放技术及装置	福建龙净环保股份有限公司 福建龙净脱硫脱硝工程有限公司
29	镁法脱硫副产物回收硫酸镁技术	常州联慧资源环境科技有限公司
30	燃气锅炉超低氮燃烧技术	北京沈涛环境科技有限公司

资料来源：中国环境保护产业协会，2017 年 12 月。

（三）跨境并购成为龙头企业重要战略方向

2017 年，我国节能环保行业并购热度不减，并呈现加速趋势。借助上一年节能环保行业国内并购重组的热潮，许多环保企业实现了规模的进一步扩张，竞争实力的进一步增强。2017 年，我国环保产业共发生 86 起并购，涉及金额 385 亿元，环保领域有实力的龙头企业转向海外市场，跨境并购成为企业重要战略方向。从标的所在地看，海外市场从欧美、新加坡逐渐拓展到加拿大、澳洲、巴西等地。例如，博世科拟收购加拿大 Remed X Remediation、葛洲坝拟收购巴西圣保罗圣诺伦索供水系统公司、巴安水务拟收购美国 DHT、再升科技拟收购意大利比里奥、中国航天建设集团并购德国 WKS 的交割签约完成，北控税务拟收购澳洲 Trility Group、中国天楹拟收购江苏德展西班牙股份。

二、我国产业存在的问题

（一）节能环保技术原始创新不足

纵观 2017 年，我国在节能环保领域的技术创新取得了一定进展，特别是节能环保装备技术水平得以进一步优化升级，重点节能环保产品能够满足市场需求。但是，节能环保领域的技术原始或者内生创新能力远远不足，这与节能环保产业组织结构特征主要以小微企业为主有着重要的关联。目前，我国环保产业企业中仅有11%左右的企业有研发活动，这些企业的研发资金占销售收入约为3.33%，远低于欧美15%—20%的水平①。同时，市场化的运行机制还不成熟，主要体现在技术交易、技术转移、技术扩散等环节尚未完全实现市场化运行，科技和经济联系得不紧密进一步导致了科技成果转化率低，更不用提实现技术产品的规模化生产。与发达国家相比，我国节能环保产业起步晚，由于中小微型企业居多，导致企业研发能力十分有限，严重缺乏核心的关键技术。以水处理为例，目前我国的大多数的工业、生活污水处理等常规设备都能达到国产化的要求，但是对于价值链高端的高活性污泥和家用净水设备返渗透膜的制造，由于核心技术的不健全，仍落后于发达国家。

（二）市场化投融资机制尚未形成

现阶段，我国环境污染治理进入全面治理时期，节能环保产业需要投入大量的资金。目前，市场价格机制的调节作用未得到有效发挥，使得社会资本投入环境污染治理领域没有得到一定的投资回报。现有的投融资体系和政策尚不完善，企业上市融资、企业债、地方债进入环境治理领域受到限制。根据数据显示，虽然城镇污水处理设施的社会化运营比例已达到50%左右，但目前工业污染治理的社会化运营比例只有5%左右，而工业污染已占到总污染的70%以上。我国节能环保产业发展时间还不长，绝大部分企业规模不大，注册资本较小，会计财务制度不健全的问题普遍存在，因此导致银行等金融机构对节能环保企业贷款审核的信用评级不高，即使部分节能服务公司拥有自主知识产权的技术专利等，但是因为缺少土地、厂房等可靠性高的抵押物，获得商业银行的信贷资金支持十分困难。

（三）市场竞争秩序有待进一步规范

近年来，我国节能环保市场开放程度逐步提高，但是，我国在节能环保领域市场竞争秩序维护方面的管理机制还不健全。目前节能环保市场综合管理模式和规范条例等尚不完善，导致目前市场竞争秩序尚处于混乱状态。主

---

① 《我国节能环保产业发展趋势、现状及问题分析》，北极星环保网，2017年11月23日，见ht-tp：//huanbao.bjx.com.cn/news/20171123/863384.shtml。

要表现为：有些地方存在不诚信经营的现象，低质低价恶性竞争，严重阻碍了市场的公平竞争，造成劣币驱逐良币，影响了全国统一开放市场的形成；中小微环保服务运营厂商在技术、管理、服务等方面的水平差别较大，有的企业甚至不顾及环境治理标准，刻意采取环境服务低收费的恶劣行为以抢占市场，低价低质恶性竞争的现象比较严重。

三、我国产业政策动态

党的十九大报告对大气、水、土壤修复等方面的工作重点做出明确指示：当前既要创造更多物质财富和精神财富以满足人民日益增长的美好生活需要，也要提供更多优质生态产品以满足人民日益增长的优美生态环境需要。我国高度重视节能环保产业，各项环保政策频繁出台，环保立法逐渐规范和完善，2017 年成为环保政策的爆发年，"环保标准十三五"规划、环保税法实施条例、垃圾分类制度、污染防治攻坚战、生态保护红线等各项政策不断推进。

在标准制定领域，环保部印发了《国家环境保护标准"十三五"发展规划》，规划指出环保部将大力推动约 900 项环保标准制修订工作，发布约 800 项环保标准，涉及质量标准和污染物排放（控制）标准约 100 项、环境监测类标准约 400 项、环境基础类标准和管理规范类标准约 300 项[①]。环保部还印发了《环境空气自动监测标准传递管理规定（试行）》，明确臭氧一级、二级和三级标准传递机构的定位和职责，统一了全国各级环境监测机构和运维机构的臭氧传递标准和工作标准，初步构建了我国环境空气臭氧自动监测量值传递和溯源体系[②]。环保部公布了《建设项目环境影响评价分类管理名录》，要求建设项目根据项目特征和所在区域的环境敏感程度，全面考量建设项目造成周边环境污染的可能性，按照建设项目的环评结果实施分类监管。工信部印发了《工业节能与绿色标准化行动计划（2017—2019 年）》，提出未来将修订 300 多项重点领域标准。与此同时，国家标准委正式发布了我国第一项

---

① 《进一步完善环境保护标准体系建设》，新华网，2017 年 4 月 26 日，见 http：//www. xinhuanet com/energy/2017 –04/26/c_ 1120873981. htm。

② 《打响环保攻坚战描绘美丽中国蓝图》，《经济参考报》2017 年 12 月 25 日，见 http：// jjckb. xinhuanet. com/2017 –12/25/c_ 136850032. htm。

绿色供应链标准即《绿色制造制造企业绿色供应链管理导则》 （GB/T 33635—2017），明确了制造企业产品设计、材料选用、生产、采购、回收利用、废弃物无害化处置等全生命周期过程及供应链上下游供应商、物流商、回收利用等企业有关产品/物料的绿色性管理要求，有助于引导制造企业实施绿色供应链管理，构建以资源节约、环境友好为导向的绿色供应链体系，强化绿色生产，提升企业核心竞争力。

在污染防治方面，中央经济工作会议明确把污染防治作为今后 3 年的三大攻坚战之一①。大气污染领域，环保部联合多部门发布了《京津冀及周边地区 2017—2018 年秋冬季大气污染综合治理攻坚行动方案》，要使主要污染物排放总量大幅减少，生态环境质量总体改善，重点是打赢蓝天保卫战，调整产业结构，淘汰落后产能，调整能源结构，加大节能力度和考核。未来几年，严格的环保政策很可能将成为新常态，这将改变地方政府的激励机制，并继续限制上游产业的生产，特别是供暖季高污染行业的生产②。垃圾处理领域，国家发改委、住建部发布了《生活垃圾分类制度实施方案》，旨在推进生活垃圾分类遵循减量化、资源化、无害化原则，加快建立分类投放、分类收集、分类运输、分类处理的垃圾处理系统，形成以法治为基础、政府推动、全民参与、城乡统筹、因地制宜的垃圾分类制度③。在排污治理方面，环保部发布《固定污染源排污许可分类管理名录（2017 年版）》，规定到 2020 年共有 78 个行业和 4 个通用工序要纳入排污许可管理，同时规定，除这些行业外，如果已被环保部门确定为重点排污单位和排污量达到规定数量的，也需要纳入排污许可管理。对于《排污许可名录》以外的企业事业单位和其他生产经营者，暂不需要申请排污许可证。

在法律法规制定方面，《中华人民共和国环境保护税法实施条例》作为保证《中华人民共和国环境保护税法》顺利实施的法规，对纳税人和征税对象、

---

① 《打响环保攻坚战描绘美丽中国蓝图》，《经济参考报》2017 年 12 月 25 日，见 http: // jjckb. xinhuanet. com/2017 – 12/25/c_ 136850032. htm。

② 《打响环保攻坚战描绘美丽中国蓝图》，《经济参考报》2017 年 12 月 25 日，见 http: // jjckb. xinhuanet. com/2017 – 12/25/c_ 136850032. htm。

③ 《国务院办公厅关于转发国家发展改革委住房城乡建设部生活垃圾分类制度实施方案的通知》，《中华人民共和国国务院公报》，2017 年 4 月 20 日。

计税依据和方法标准、不予免税以及跨省问题做出了详细的规定。《中华人民共和国土壤污染防治法（草案）》向社会广泛征求意见。在生态保护红线方面，中办、国办共同印发《关于划定并严守生态保护红线的若干意见》，指出2017年年底前，京津冀区域、长江经济带沿线各省（直辖市）划定生态保护红线，2018年年底前，其他省（自治区、直辖市）划定生态保护红线；2020年年底前，全面完成全国生态保护红线划定，基本建立生态保护红线制度，国土生态空间得到优化和有效保护，生态功能保持稳定，国家生态安全格局更加完善。到2030年，生态保护红线布局进一步优化，生态保护红线制度有效实施，生态功能显著提升，国家生态安全得到全面保障①。

2017年我国节能环保领域的具体相关政策法规如表3－2所示：

表3－2　2017年中国节能环保领域相关文件

序号	文件名	发布时间	发布单位
1	农药包装废弃物回收处理管理办法（征求意见稿）	2017年12月26日	环保部、农业部
2	饮料酒制造业污染防治技术政策（征求意见稿）	2017年12月21日	环保部
3	中国严格限制的有毒化学品名录	2017年12月20日	环保部
4	全国碳排放权交易市场建设方案（发电行业）	2017年12月18日	发改委
5	重点流域水环境综合治理中央预算内投资计划管理办法	2017年12月9日	发改委
6	重点排污单位名录管理规定（试行）	2017年11月27日	环保部
7	关于规范政府和社会资本合作（PPP）综合信息平台项目库管理的通知	2017年11月16日	财政部
8	京津冀及周边地区2017—2018年秋冬季大气污染综合治理攻坚行动方案	2017年8月21日	国家发改委、工信部、公安部、环保部等多部委。

---

① 《解读〈关于划定并严守生态保护红线的若干意见〉》，人民网，2017年2月8日，见 http：// politics. people. com. cn/n1/2017/0207/c1001 - 29064520. html。

续表

序号	文件名	发布时间	发布单位
9	固定污染源排污许可分类管理名录（2017年版）	2017年7月28日	环保部
10	土壤污染防治法（草案）	2017年7月27日	全国人大
11	建设项目环境影响评价分类管理名录	2017年6月29日	环保部
12	中华人民共和国环境保护税法实施条例	2017年6月26日	财政部、税务总局、环保部
13	国务院关于修改《建设项目环境保护管理条例》	2017年6月21日	国务院
14	国家环境保护标准"十三五"发展规划	2017年4月10日	环保部
15	生活垃圾分类制度实施方案	2017年3月18日	国家发改委、住建部
16	关于划定并严守生态保护红线的若干意见	2017年2月7日	中共中央办公厅、国务院办公厅

资料来源：赛迪智库整理，2018年1月。

第二节　中国节能环保产业重点领域分析

一、大气污染治理领域

1. 发展概况

一是大气污染防治取得积极成效。2017年是大气污染防治行动计划第一阶段的收官考核之年。2017年1—11月，全国338个地级以上城市PM10浓度比2013年同期下降了20.4%，京津冀、长三角、珠三角PM2.5浓度比2013年同期分别下降了38.2%、31.7%、25.6%，下降幅度均大幅高于考核标准。受大气污染防治行动计划推动，我国大气污染防治产业近年来也迎来了一轮快速发展，燃煤电厂超低排放改造、非电行业烟气治理、VOCs治理、机动车尾气治理等产业均有了长足发展。

二是大气污染治理政策体系趋于完善。2017年，《火电厂污染防治技术政策》《大气污染防治行动计划》《城市环境空气质量变化程度排名方案》《"十三五"挥发性有机物污染防治工作方案》等政策法规密集出台，我国大气污染治理领域的政策体系进一步完善。

三是地区间联合防治力度不断加大。继 2016 年《京津冀大气污染防治强化措施（2016—2017 年）》发布实施之后，环保部继续联合多方力量发布《京津冀及周边地区 2017—2018 年秋冬季大气污染综合治理攻坚行动方案》，方案根据国家要求与区域特点，从顶层设计的高度加大大气污染治理力度。

2. 技术进展

挥发性有机物（VOCs）是造成大气污染的重要原因。2017 年，中国工业节能与清洁生产协会发布了《重点行业挥发性有机物（VOCs）削减技术示范推荐目录（2017 年）》及《重点行业挥发性有机物（VOCs）削减技术示范应用案例（2017 年）》，削减技术示范范围从源头控制到工艺过程再到末端治理，包括了无溶剂聚氨酯覆膜胶技术、印刷包装无溶剂符合工艺技术、氮气保护全 UV 干燥技术、紫外线橡胶黏合技术、环保节能型万吨级废轮胎再生橡胶成套装备与技术、聚氨酯黏合剂生产线技术等。汽车及其零部件生产环节 VOCs 排放是引发大气 VOCs 污染的重要因素，针对其浓度高、强度大、持续时间长的特点，中国汽车技术研究中心制定了《汽车行业挥发性有机物削减路线图》，该路线图制定了汽车行业 VOCs 排放目标，将引导汽车工业的技术进步。

二、土壤污染治理领域

1. 发展概况

一是土壤污染立法进程进一步加快。2017 年，《中华人民共和国土壤污染防治法（草案）》正式向社会公众征求意见。土壤污染防治立法是 2016 年《土壤污染防治行动计划》明确提出的重要任务，该法案一旦通过，将是我国第一部土壤污染防治领域的专门法律，在土壤污染治理及修复领域具有里程碑式的重要意义。草案已经过两次审议，二审规定省级政府可以制定地方土壤污染风险管控标准，并提出实行建设用地土壤污染风险管控和修复名录，由省级人民政府环保部门会同国土资源部门来确定。

二是土壤修复产业规模逐渐扩大。2017 年，我国土壤修复产业政策红利不断释放，政府财政资金支持力度不断增加，进一步加速了土壤治理市场空间的扩容。根据《经济参考报》消息①，"十三五"以来，中央财政土壤污染防治专项资金累计达 150 亿元，我国土壤修复产业规模由 2015 年的 30 亿元增长至 2016 年的 90 亿元，预计 2017 年产业规模将达到 240 亿元，"十三五"时期土壤修复产业规模有望突破千亿元。

2. 技术进展

2017 年，科技部联合多部门组织编制并发布了《土壤污染防治先进技术装备目录》，主要包括了异位间接热脱附技术、异位直接热脱附技术、原位气相抽提修复技术、多相抽提修复技术、类芬顿氧化法污染土壤修复技术、污染土壤异位淋洗修复技术、基于天然矿物混合材料的重金属污染场地稳定化技术、基于生物质灰复合材料治理土壤重金属污染的钝化/稳定化技术、水田土壤镉生物有效态钝化/稳定化技术、砷污染土壤蜈蚣草修复技术、土壤与修复药剂自动混合一体化技术等在国内处于领先地位的技术。

三、环保装备制造领域

1. 发展概况

一是环保制造产业增长快速。根据中国环保机械行业协会提供的数据，2017 年 1—9 月，我国环保装备产量达 1979476 台套，同比增长 16.5%，其中环境污染防治专用设备 583221 台套，同比增长 6.84%；环境监测专用仪器仪表 1396255 台套，同比增长 21%；大气污染防治设备 355136 台套，同比增长 2.8%；水质污染防治设备 181938 台套，同比增长 12.9%；固体废弃物处理设备 39001 台套，同比增长 19.56%；噪声与振动设备 967 台套②。

二是环保装备产业集中度进一步提高。根据 2017 年工信部发布的《关于加快推进环保装备制造业发展的指导意见》，到 2020 年，中国将培育十家百亿元规模的环保装备制造业龙头企业，并且在 2016 年全行业实现产值 6200亿元的基础上，争取到 2020 年行业产值达到 1 万亿元。

---

①　《土壤修万亿市场空间待启》，《经济参考报》2017 年 11 月 27 日，见 http://dz. jjckb. cn/www/pages/webpage2009/html/2017 – 11/27/content_ 38417. html。

②　工信部：《环保装备制造业春天已至》，2017 年 11 月 7 日，见 http://www. miit. gov. cn/n1146285/n1146352/n3054355/n3057542/n3057548/c5898172/content. html。

2. 技术进展

2017 年，我国环保装备企业技术研发水平不断提高。例如，中车大同公司通过小规模污水处理装置项目科技立项，采取资本并购方式，吸收转化环保装备研制领域的最新科技成果实现了新型村镇污水处理装置的完全自主研发，该装置采用多项先进工艺技术，可以满足农村小规模污水处理需求，有效补齐农村生态环境"短板"；成都易态科技公司自主研发了基于金属间化合物多孔/膜材料的高温气体过滤技术，该技术经权威鉴定为国际领先水平，稳定性高，在多个工业领域成功应用。

第三节　中国节能环保产业年度热点事件

一、《国家环境保护标准"十三五"发展规划》正式发布

2017 年 4 月，为进一步完善环境保护标准体系，充分发挥标准对改善环境质量、防范环境风险的积极作用，在总结"十二五"环境保护标准工作基础上，环保部印发《国家环境保护标准"十三五"发展规划》。根据《规划》，"十三五"期间，环保部将全面开展900多项环保标准制修订工作，发布从质量标准和污染物排放（控制）标准、环境监测类标准到环境基础类标准和管理规范类标准等约800项环保标准，支持环境管理重点工作。随着"气十条""水十条"和"土十条"的发布，各领域的环保工作不断深入，我国环境管理工作开始从以控制环境污染为目标导向，向以改善环境质量为目标导向转变，并将逐步建立以排污许可为核心的固定污染源环境管理制度①，明确"十三五"期间环保标准工作的方向和任务。

二、《中华人民共和国水污染防治法》修改通过

2017 年 6 月，十二届全国人大常委会第二十八次会议表决通过了对《中

---

① 《进一步完善环境保护标准体系建设》，新华网，2017 年 4 月 26 日，见 http：//www. xinhuanet. com/energy/2017 - 04/26/c_ 1120873981. htm。

华人民共和国水污染防治法》的修订意见。新修订的水污染防治法进一步明确地方政府在水污染防治方面的重要责任，加快实施总量控制制度和排污许可制度，同时加大对水污染违法行为的惩戒力度。值得注意的是河长制被纳入到了新法案中，体现了党中央对强化党政领导对水污染防治、水环境治理的决心。我国水污染防治法从 1984 年发布后，先后经历了 1996 年、2008 年两次修订完善，2017 年是该法律第三次修订，新修订的法案将于 2018 年 1 月 1 日起正式施行。

三、《重点流域水污染防治规划（2016—2020 年)》正式发布

2017 年 8 月，《重点流域水污染防治规划（2016—2020 年)》（以下简称《规划》）由国务院正式批复，该《规划》进一步完善了我国水污染防治工作体系。《规划》进一步分解了"水十条"的水质目标，将水质目标分解到了各流域，确定实施分级分类精细化管理①，是我国首份覆盖全国范围重点流域水污染防治的规划，是首次形成水环境全面管理的规划，对于推动实施"水十条"具有重要意义。

四、秋冬季大气污染综合治理方案首次出台

2017 年 9 月，环保部联合多部委以及北京、天津、河北、山东、山西、河南等省市发布了治理秋冬大气污染的方案。方案提出，"2 + 26"城市将实施更加严格的措施，包括燃煤、工业、机动车、扬尘、重污染天气应对等方面共 11 大项、32 小项措施。环保部大气环境管理司司长刘炳江表示，与往年相比，这是我国首次针对秋冬季制定专门的治理方案，并第一次提出秋冬季大气质量改善目标，即"2 + 26"城市 PM2.5 平均浓度和重污染天数双双同比下降 15% 以上；第一次为"2 + 26"城市"量身定做"了量化任务，以往任务是原则性的多，这次量化具体到区、县层面，有利于抓好贯彻实施②。

---

① 《打响环保攻坚战　描绘美丽中国蓝图》，《经济参考报》2017 年 12 月 25 日，见 http：//jjckb. xinhuanet. com/2017 - 12/25/c_ 136850032. htm。

② 《打响环保攻坚战　描绘美丽中国蓝图》，《经济参考报》2017 年 12 月 25 日，见 http：//jjckb. xinhuanet. com/2017 - 12/25/c_ 136850032. htm。

五、排污许可制度正式实施

根据国务院办公厅印发的《控制污染物排放许可制实施方案》和环境保护部《排污许可证管理暂行规定》，2017年4月7日，第一张全国统一编码的排污许可证在海南省生态环境保护厅发出。排污许可证是企事业单位生产运行期排污行为的唯一行政许可，企事业单位须持证排污，一企一证。我国正加速构建以排污许可为基础的新型环境管理制度体系。新制度的实施能够从制度高度进一步明确多方权责，特别是企业在尊法守法、诚信经营方面的责任，确保政府监管落到实处，激发企业由事后被动治理向事前积极主动防范转变的能动性，从而推动环保产业发展和新技术研发应用。

六、2017—2018 节能服务产业年度峰会

2018年1月25至26日，中国节能协会节能服务产业委员会（EMCA）主办的"2017—2018节能服务产业年度峰会"在北京举行。"节能服务产业年度峰会"是节能服务行业一年一度的最具权威的品牌盛会，有着行业"达沃斯"的美誉，迄今已成功举办了十三届。本届论坛以"节能服务新时代，绿水青山中国梦"为主题，汇聚了各级政府节能主管部门、全国各类节能服务公司、金融投资机构以及积极致力于节能减排事业的各类企事业单位、科研院所、国际机构、行业协会、用能企业、第三方服务机构及新闻媒体等各界代表。全面回顾总结2017节能服务产业发展状况与发展经验，展示产业发展成就；在"十三五"的关键之年，共议热题、共论方向、共谋发展、共享未来，全力推进"节能服务倍增计划"和"绿水青山中国梦"目标的实现。同时，针对不同领域还举办多个分论坛，其中包括节能服务产业投融资创想汇、绿色照明服务与智慧管理论坛、碳市场发展与碳资产管理研讨会、综合能源服务与能效提升论坛、清洁供暖服务与节能降碳论坛等。

第四节 中国节能环保产业重点企业分析

一、节能服务公司百强

随着供给侧结构性改革的深入，用能单位节能投入的主观意愿逐渐增强，2017 年中国工业节能与清洁生产协会按照"节能量"作为唯一标准评选出了"全国节能服务公司百强榜"（见表 3 – 3）。2017 年我国节能服务公司百强企业整体呈现出资产规模小幅增加、产值持续增长的态势。根据节能服务百强企业数据统计，截至 2016 年年底，入围的百强从业人员共计 2.06 万人，百强平均注册资金为 9377 万元，资产总额达到 357.95 亿元，主营业务收入总额达到 547.13 亿元，项目投资额达到 1073.55 亿元，形成年节能能力 1471.95 万吨标准煤和年减排二氧化碳能力 3945.22 万吨，较 2015 年分别增长 10.2%、5.8%、9.5%、15.3%、41.1%、14.1% 和 14.1%。

表 3 – 3 2017 年度全国节能服务公司百强（前 5 名）

序号	公司
1	南方电网综合能源有限公司
2	广州智光节能有限公司
3	国电龙源节能技术有限公司
4	深圳市康普斯节能技术股份有限公司
5	四川点石能源股份有限公司

资料来源：中国工业节能与清洁生产协会，2017 年 12 月。

二、再生资源企业百强

2017 年 12 月，中国再生资源回收利用协会公布了《2016 中国再生资源百强企业排行榜及百强企业经营状况报告》（见表 3 – 4）。报告显示，再生资源百强企业呈现以下特点：2016 年再生资源百强销售规模 1593 亿元，比上年增加 21%；经营量 4819.2 万吨，比上年增加 26.7%；产值 833.46 亿元，比上年增加 60.5%；综合毛利率 18%，比上年增加 3 个百分点；净利润率 6.6%；比上年提高 1.5 个百分点；百强分拣中心 3485 个，比上年减少 13%。百强企业销售规模占全行业 27%，比上年下降 1.5 个百分点；回收量占全行业的 19.6%，比上年减少 1.6 个百分点。2016 年经济运行缓中趋稳、稳中向好，再生资源企业也一样，虽然经历了发展的低谷，但能紧紧抓住机遇，开始逐步走出困境，总体态势呈现稳中求进。同时，2016 年行业发展呈现销售止跌趋稳、稳中求进，专业经营企业业绩继续优于综合经营企业，分拣中心减少倒逼行业规范化发展等特点和趋势，区域间和企业间发展的不平衡仍然存在。

表 3－4　2016 年中国再生资源百强企业排行榜（前 30 位）

排序	区域	单位	2016 年销售额（单位：亿元）
1	华东地区	宁波金田投资控股有限公司	526.858
2	东北地区	环嘉集团有限公司	251.643
3	东北地区	葛洲坝环嘉（大连）再生资源有限公司	123.399
4	华南地区	清远华清再生资源投资开发有限公司	103.234
5	华南地区	广东新供销天保再生资源集团有限公司	54.257
6	华中地区	江西保太有色金属集团有限公司	44.076
7	西南地区	重庆中钢投资（集团）有限公司	40.182
8	华东地区	江苏省纸联再生资源有限公司	37.583
9	华东地区	江苏华耀再生资源有限公司	33.096
10	华北地区	天津北再再生资源有限公司	31.32
11	西南地区	四川省保和富山再生资源开发有限公司	31.123
12	西北地区	兰州市再生资源回收公司	23.95
13	华北地区	潍坊大环再生资源有限公司	22.136
14	华东地区	浙江华鼎集团有限责任公司	21.515
15	华东地区	安徽省天城再生资源有限公司	16.929
16	西南地区	重庆市再生资源（集团）有限公司	16.831
17	华东地区	永康市物华回收有限公司	14.3

排序	区域	单位	2016 年销售额 （单位：亿元）
18	华南地区	中国再生资源开发有限公司深圳分公司	12.87
19	华中地区	岳阳华泰资源开发利用有限责任公司（中国纸业）	11.956
20	华北地区	北京博坤再生资源开发有限公司	10.994
21	华东地区	山东永平再生资源股份有限公司	10.977
22	东北地区	哈尔滨亚泰矿产再生资源有限公司	10.1577
23	东北地区	辽宁胜达化纤有限公司	9.885
24	华中地区	河南葛天再生资源有限公司	9.873
25	华东地区	中国天楹股份有限公司	9.805
26	华北地区	天津物产化轻旭阳国际贸易有限公司	8.45
27	华南地区	福建三宏再生资源科技有限公司	7.767
28	西北地区	宁夏达源再生资源开发有限公司	6.624
29	西北地区	新疆再生资源集团有限公司	6.551
30	华东地区	江苏中物联再生资源有限公司	5.568

资料来源：中国再生资源利用协会，2017 年 12 月。

三、固体废弃物行业影响力企业

2017 年，中国固废网组织开展了 2017 年度中国固废行业企业评选工作，从市场能力、投融资能力、生态能力、品牌力、企业家及团队能力等维度评定了包括固废行业十大影响力企业、固废行业最具社会责任投资运营企业、固废行业细分领域及单项能力领跑企业、最具投资价值企业、最具实力/潜力跨界企业等奖项。其中，固废行业十大影响力企业（见表 3 – 5）具备高品牌知名度及市场拓展能力、优秀的管理能力、多元的融资渠道与资本运营能力，以综合实力领跑中国固废行业；同时，从换位收运及垃圾分选、专业化服务、土壤修复、渗滤液、污泥、危险废弃物、生活垃圾、有机废弃物等细分领域分别评选出行业标杆企业及领跑企业，是我国固废行业快速成长企业的典型代表。

表 3 – 5　2017 年度中国固废行业影响力企业（排名不分先后）

序号	企　　业
1	上海康恒环境股份有限公司
2	中国环境保护集团有限公司
3	启迪桑德环境资源股份有限公司
4	中国光大国际有限公司
5	杭州锦江集团有限公司
6	上海环境集团股份有限公司
7	绿色动力环保集团股份有限公司
8	首创环境控股有限公司
9	瀚蓝环境股份有限公司
10	旺能环境股份有限公司
11	广州环保投资集团有限公司
12	重庆三峰环境产业集团有限公司

资料来源：中国固废网，2017 年 12 月。

第四章 新一代信息技术产业

第一节 国内新一代信息技术产业发展动态

一、整体概况

我国新一代信息技术正进入高速发展阶段，目前已是全球领先的数字技术投资与应用大国，特别是近几年增速大大高于全球平均速度，部分新一代信息技术实现关键突破，达到全球领先水平。2016 年我国电子信息产业主营业务收入达到 17 万亿元，是 2012 年的 1.55 倍，年均增速 11.6%，其中电子信息制造业为 9.5%，软件业为 18.1%[①]，增速始终居各主要行业前列，信息技术对我国 GDP 增长的贡献率达到 40%，有力支撑了国民经济的稳定增长。预计到 2025 年，新一代信息技术产业的市场规模将在 2015 年的基础上翻一番，突破 10 万亿元。从产业结构来看，软件业的比重持续提高，这也反映出我国电子信息产业的结构正在逐步优化。"互联网＋"行动的推进，打破了传统的行业分类，使很多企业实现了技术跨越，将自动化、智能化提前并行实现，出现了融合性、跨界的新产业，如手机行业，年销售额千亿的企业可能没有生产工厂，成为没有制造工厂的制造商；家电制造商可能不再单独建研发中心而转为做平台商，汇聚成百上千个中小企业在网络平台上进行研发，创造了开放研发、协同研发的新模式，带动了相关产业的迅猛发展。相关研究显示，2017 年大数据产业规模达 19570 亿元，到 2020 年将达到 5 万亿元[②]。

---

① 资料来源：工业和信息化部《中国电子信息产业综合发展指数研究报告》，（2017 年）。
② 资料来源：《2017 中国大数据产业发展白皮书》，中国大数据产业生态联盟。

2016 年我国物联网产业应用市场规模达到 9500 亿元，比 2015 年增长 26.67%，预计 2020 年有望达到 25000 亿元。随着人工智能在交通、个人助理、医疗健康、金融、安防、教育以及电商零售等领域的规模应用，我国人工智能产业规模增长迅速，据国家工业信息安全发展研究中心数据，2016 年，我国人工智能领域核心技术产业已超百亿规模，带动上下游相关产业规模增加超过千亿元。

二、存在问题

（一）核心技术缺失现象突出

我国新一代信息技术处于全球产业链及价值链的中低端位置，核心技术缺失现象突出。面对日益增长的市场需求，国内企业在技术层面虽取得了很大提升，但还远不能满足产品需求。以集成电路产业为例，高端设计、高端制造和关键封装测试装备及材料仍主要依赖进口。如近两年中兴通讯向伊朗等国家出售通信设备，该行为被美国方面认为违反了相关出口禁令，于 2017 年 3 月份被判缴 8.92 亿美元罚款，该事件的关键问题便是中兴对美国的一些核心技术依赖，使得我国始终存在技术和法律上的风险。

（二）领导式龙头企业缺乏

随着国家从战略层面开始重视新一代信息技术产业的发展，很多中小企业也开始紧追发展浪潮，百度、阿里巴巴、腾讯、京东、搜狗等大型企业也纷纷倾注了部分资源，但是都没有达到领军主导位置。以人工智能产业为例，本身存在着基本设施、技术研发和流通应用三个层次的融会贯通问题，随着科技的发展，人工智能迎来了第三次发展高潮，但我国在算法的突破上还存在许多关键问题没有克服，如在深度学习方面，缺乏推理能力、短时间记忆能力及无监督学习能力。我国目前已投入大量的资金及人力，但仍然缺乏领导式的龙头企业来带动，行业在公众心中的认同度还远远不够。

（三）生产要素成本持续上升

近年来，我国劳动力、土地等要素成本以及环保成本都在快速上升。生产要素成本的持续快速上涨导致我国对中低端电子信息相关制造、代工产业的资本吸引力减弱，同时也压制了自主发展高端电子信息产业的空间，沿海地区的小而散、小而弱的外向型电子信息产业面临严峻挑战，设想的转向内陆的中高端电子信息产业尚未成熟便被成本压制，结构性的产业空心化问题凸显。

（四）技术进步需求与投入不足矛盾突出

我国的新一代信息技术产业已陆续出现了部分骨干企业，但由于新兴企业往往盈利能力不足，投融资不畅，使得部分企业很难获得短期内快速成长。以中芯国际为例，尽管 2016 年获得利润 3.766 亿美元，但其投资一套全新设备的成本就高达 50 亿美元，自有资金远难达到需求，投融资不仅成本高，难度也大，发展瓶颈难以突破。

三、政策动态

为了进一步促进我国新一代信息技术产业的健康发展，2017 年我国陆续出台多项文件，确保便利的政策条件和有利的政策环境，进一步增强国际竞争力、保障国家安全、转变经济增长方式。

2017 年 3 月，工业和信息化部发布了《云计算发展三年行动计划（2017—2019 年）》，提出要以加快重点行业领域应用为着力点，以增强创新发展能力为主攻方向，夯实产业基础，优化发展环境，完善产业生态，健全标准体系，强化安全保障，推动我国云计算产业向高端化、国际化方向发展，全面提升我国云计算产业实力和信息化应用水平[①]。

2017 年 7 月，国务院正式发布《新一代人工智能发展规划》，提出了面向 2030 年我国新一代人工智能发展的指导思想、战略目标、重点任务和保障措施。规划指出，到 2020 年，人工智能总体技术和应用与世界先进水平同步，人工智能产业成为新的重要经济增长点[②]。

2017 年 7 月，国家发改委发布了《关于促进分享经济发展的指导性意见》，提出要进一步营造公平规范的市场环境，促进分享经济更好更快发展，

---

① 《工业控制系统信息安全行动计划（2018—2020 年）》。
② 《新一代人工智能发展规划》。

充分发挥分享经济在经济社会发展中的生力军作用，包括探索建立分享经济多方协同治理机制、界定各方权利义务和追责标准、建立健全消费者投诉和纠纷解决机制、鼓励企业有效有序竞争、推进各类信用信息平台对接等。

2017年11月19日国务院常务会审议通过《深化"互联网＋先进制造业"发展工业互联网的指导意见》，提出"要支持有能力的企业发展大型工业云平台，推动实体经济转型升级，打造制造强国、网络强国"。

2017年12月12日，工业和信息化部发布了《工业控制系统信息安全行动计划（2018—2020年)》，提出要坚持总体国家安全观，以落实企业主体责任为关键，紧紧围绕新时期两化深度融合发展需求，重点提升工控安全态势感知、安全防护和应急处置能力，促进产业创新发展，建立多级联防联动工作机制，为制造强国和网络强国战略建设奠定坚实基础①。

第二节　中国新一代信息技术产业重点领域分析

一、集成电路及专用装备

（一）发展概况

2017年随着国际物联网、智能汽车、人工智能等产业发展的带动，半导体行业规模持续快速增长，2017年全球半导体销售收入接近4000亿美元，同比增长约17%。创下2011年以来，半导体产业的最高增速。我国集成电路满足下游行业需求的能力不断提升，同时我国已经成为全球最大的半导体需求国家，产能规模也在不断快速增长，目前占全球的产能已经超过10%，自21世纪以来，占比提高约8个百分点。目前我国本土集成电路供需存在很大的缺口。2016年我国集成电路市场规模超过4300亿元，同比增长20%。2017年1—6月中国集成电路产业销售额为2201.3亿元，同比增长19.1%。其中，设计业同比增长21.1%，销售额为830.1亿元；制造业增速依然最快达到

---

① 《工业控制系统信息安全行动计划（2018—2020年)》。

25.6%，销售额为 571.2 亿元；封装测试业销售额 800.1 亿元，同比增长 13.2%。2017 年 10 月，我国集成电路进口 307.82 亿块，进口金额 244.09 亿美元，出口 171.37 亿块，出口金额 55.38 亿美元，贸易逆差较 2017 年年初水平又增长了很多，2017 年 1—11 月，我国集成电路产量为 1417 亿块，同比增长 19.4%。出口交货值同比增长约 15%。但整体来看，我国集成电路产业与发达国家相比技术水平和行业影响力方面还有很大差距，与联发科、高通等还有很长路的要走。特别是在核心通用芯片领域，还比较落后。目前国内有竞争力的主要集成电路生产企业还是之前的几家龙头企业，包括海思、展讯等。其他一些问题如人才储备有限，创新研发能力不强，先进工艺落后国际先进水平 2—3 代等。创业公司在 AI 芯片开发中面临的资金和推广应用难题等，这些问题也都需要加快解决。

（二）技术进展

2017 年我国集成电路，关键设备供货能力得到显著提升。特别是国产 CPU 在性能上提升比较明显，龙芯、飞腾、申威、兆芯等 CPU 单核性能比 2010 年提高了 5 倍左右。特别是在一些特殊领域，如党政军领域，使用率比较高。2017 年龙芯中科发布了龙芯二代产品，其中一些产品的芯能超过了英特尔的凌动系列。方寸宽带也达到了国际先进水平。与芯片相关的硅片行业在 2017 年价格涨势比较大，为我国下游产业发展带来不确定，而与此同时，我国硅片制造能力因为受到技术、设备封锁等，一直比较弱，之前在 4—6、8 英寸硅片生产上具有技术能力，但在 12 英寸硅片生产方面技术能力不强。2017 年作为标志性事件，一批硅片生产项目投资投产，包括上海新昇的 12 英寸硅片项目开始进行小批量硅片试产，中环股份、黄河水电、云芯硅片等大尺寸硅片项目的投产等。2017 年硅基氮化镓半导体生产线在我国投产，硅基氮化镓半导体是具有较大应用潜力和市场的半导体材料，对于缩小器件的尺寸具有实用价值，在消费电子类产品应用前景较好，预计未来年均复合增长率会在 50% 以上。封装测试方面，2017 年通富微电在厦门启动了先进封装测试产业基地，华天科技、长电科技等也在积极布局先进封装测试生产线，为我国先进封装技术发展起到了积极的引导作用。人工智能芯片方面，人工智能增速加快，全球人工智能年均增长率在 20% 左右，而我国则高达 50%。

2017 年寒武纪科技完成了 1 亿美元 A 轮融资，成为全球 AI 芯片领域第一个独角兽初创公司。半导体设备行业一直受到国外先进技术企业长期封锁，为了突破核心关键技术，半导体设备一直是国家 02 专项的重点支持方向。截至 2017 年，在半导体设备领域培育了一些具有零突破意义的企业，如北方华创，通过多年的努力，在刻蚀机、氧化炉、磁控溅射、低压化学气相沉淀、清洗机等方面形成了适合生产 28 纳米以上的设备和工艺，推进了产业化。中微半导体凭借生产的可用于 22 纳米、7 纳米的刻蚀设备成为台积电 7 纳米制程的半导体设备提供商。

二、信息通信设备

（一）发展概况

2017 年我国电信业务总量增长接近 70%，4G 平均下载速率提高约 30%。5G 通信方面，从 3G 技术起，我国就已拥有了自主创新的 TD－SCDMA 标准，带领我国通信技术迈入国际标准行列，为我国在全球移动通信领域掌握国际话语权创造了重大机遇。延续 3G 技术的崛起，我国自主的 4G 标准 TD－LTE 快速推出，并成为国际 4G 标准之一，进一步改变了欧美国家长期主导移动通信标准的局面。2013 年年底我国三大运营商均获得 4G 网络经营许可，2016 年工业和信息化部就启动了 5G 技术研发试验，我国 5G 发展进入技术研发及标准研制的关键阶段。2017 年工信部已经启动了两个阶段的测试（目前第三阶段的测试也已启动）。截至 2016 年年底，我国手机网民规模已经接近 7 亿人。如此大规模的市场是我国无线通信产业发展的巨大优势。近年来基础电信企业也进一步加快了移动通信网络的建设，据工信部《2016 年通信运营业统计公报》显示：2016 年移动通信基站总数达 559 万个，当年新增 92.6 万个；其中 4G 基站总数 263 万个，当年新增 86.1 万个。2017 年，中国移动持续加强 4G 网络的建设，上半年共建设 4G 基站 165 万个，成为全球规模最大、技术先进、网络覆盖和网络品质领先的 4G TD－LTE 网络，4G 用户净增 5862 万，总数达到 5.94 亿，4G 渗透率达到 69%。下半年移动通信网络覆盖范围和服务能力继续提升。2017 年 12 月 3GPP TSG RAN 全体会议成功完成了首个商用部署的 5G NR 标准的制定，这一成果将推动全球 5G 产业化进程，为

2019 年在全球 5G 大规模地应用奠定了基础。在该标准中中国移动牵头完成了面向独立组网的 5G 系统架构和流程标准制定。在 5G 第二阶段研发测试中，海量链接、低延迟、热点高容量场景等方面测试结果均达到了预期目标，我国通信设备企业也基于 3GPP 的标准率先于全球开发出了 5G 预商用系统。在量子计算方面，我国量子计算和量子通信技术已经处在世界领先地位。2017年 5 月我国研制出了世界上第一台光量子计算机。我国量子计算机研究达到了世界最先进的水平。2017 年 8 月，我国的墨子号卫星实现了从卫星到地面的量子秘钥分发和从地面到卫星的量子隐形传态。2017 年 9 月，世界上首条通信保密干线正式开通，即京沪干线，这说明世界上首个天地一体的广域量子通信网络初步建立。智能终端方面，2017 年全球智能手机产量 14.6 亿部，同比增长 6.5%，中国品牌强势增长较快，国产手机品牌开拓国际市场的能力也越来越强，国外市场的开拓带动了手机产量的持续增加。2017 年仅华为手机销售量就超过了 1 亿部。其中小米手机同比增长 76%。OPPO 智能手机产量同比增长 17.8%，vivo 智能手机同比增长 19.5%。

（二）技术进展

2017 年中国移动 5G 联动中心开展了多点的联合创新，成果主要包括智慧停车解决方案、机房巡检机器人、智能穿戴报告等十个项目。2017 年工业和信息化部将全面推进移动物联网建设，为此发布了《关于全面推进移动物联网（NB－IoT）建设发展的通知》，通知鼓励各地根据自身发展需要，发展基于 NB－IoT 的新技术和新应用。2017 年将实现机器与机器链接数量超过2000 万，2020 年这一数据实现 6 亿，据悉该项技术在 4G 通信条件下就能够得以使用。2017 年 5 月中国电信宣布建成了全球首个覆盖最广的移动物联网商用网络，该网络的建成，可以利用其低成本、广覆盖等优势，在智能抄表、智能停车、智能制造等领域得到广泛的应用。据预测，未来全球 5G 产业规模将达到 12 万亿美元，将带动 2200 万个就业机会。面对巨大的市场，一些新的 5G 相关技术正在加快部署，2017 年用无人机作为 5G 基站的研究正在中国进行。中国移动福建某移动分公司利用无人机作基站演练，取得了一些成果。据报道这次实验的无人机是多旋翼无人机，它可以搭载自组网电台、集群微型基站、LTE 微型基站等多种通信系统，从而可以丰富通信应用配置方式，帮助在特定区域开通通信服务。2017 年新型智能终端技术发展迅速，推出了一批智能产品，如在 2017 移动智能终端峰会上获得墨提斯奖的 HiPee 尿检仪，是由果实科技研发生产，该产品可以让人们在家里就能检测到家人的尿检情况。2017 年蓝牙技术包括蓝牙音箱技术得到长足发展。

三、操作系统及工业软件

（一）发展概况

经过多年的快速发展，我国软件产业取得了长足的进步，行业规模和发展质量都有了显著的提升。2017 年 1—11 月，我国软件业务收入增长稳中有升，软件和信息技术服务业完成业务收入 4.9 万亿元，同比增长 14.5%，软件产品销售收入约 1.5 万亿元，同比增长 12.6%。增速较 2016 年同期有所下降，但工业软件发展逐渐加快，2016 年我国工业软件市场规模超过 1200 亿元，2017 年工业软件增速为 20.3%，比行业总体增速快约 8 个百分点；目前工业软件中，产品研发类软件占比约为 8%，信息管理类占比约为 15%，生产控制类软件占比约为 13.5%，其余为嵌入式的软件开发。部分在线运营服务、电子商务平台技术服务持续增长，信息安全类软件产品也保持着快速增长，基本与行业整体水平持平，为 14% 左右。2017 年为深入落实国家安全战略，加快工控安全保障体系建设，工信部正式印发了《工业控制系统信息安全行动计划（2018—2010）》，整体思路是要为"两个强国"建设奠定基础，确保信息安全与信息化建设同步。主要目标是要建成一网一库三平台。分地区来看，传统软件产业大省在保持快速增长的同时，一些中西部地区软件产业则实现了高速增长。出口方面，软件出口增速并不显著，1—11 月软件出口增速同比仅为 1.7% 左右，规模约 450 亿美元。增速同比回落超过 5%，回落幅度较大。2017 年软件产业虽然取得成就但目前来看，与制造业整体形势一样，软件行业也存在"大而不强"的现象。涉及的核心技术、核心基础软件，特别是工业方面的核心软件，很多还要依赖进口。由于知识产权等方面的原因，行业内开放共享方面还比较落后，还需要对行业进行大规模的资源整合，加快技术迭代能力。从国际来看，我国软件产业的整体影响力还不强，议价能力还比较弱，对国际产业生态的影响还与产业规模不相匹配，还需要加快

"走出去"和"引进来"，提高国际化水平。软件市场定价与软件价值不匹配问题有待解决。人才方面，与印度等软件发达国家相比，我国的人才结构性矛盾突出，领军型人才、复合型人才和高技能人才紧缺，部分领域的人才培养不能满足产业发展需求。

（二）技术进展

在人工智能软件方面，2017 年作为工信部的重点工作，人工智能取得巨大成就，作为对应，该年在智能软件开发方面也有很多标志性的成果。包括：百度：DuerOS 2.0 发布，用以搭载该公司生产的智能硬件。腾讯云正式发布 Supermind，用来规划网络建设路线，大幅缩短规划时间，节约时间成本；2017 年年底，中国移动面向业界发布首个 AI 平台"九天"，是一个深度学习训练平台；中科视拓推出一站式企业级深度学习平台 SeeTaaS，主要用于人脸识别、无人机视觉等；在操作系统方面，手机操作系统方面，操作系统一直是中国电子信息产业发展的痛点，拥有操作系统自主技术一直是我国电子信息产业发展的期望。特别是在移动操作系统方面，苹果和安卓一直是全球智能手机的核心操作系统。我国智能手机发展历程中，还没有自己的手机操作系统，这对于融合发展的移动互联世界来说，无疑隐藏了安全风险。基于此，元心科技研究院 2016 年年初开始发布手机操作系统，截至 2017 年，元心系统已经发布了 3.0 产品。该系统主要应用在党政军等特殊领域，同时，在联想展讯等安全手机、部分可穿戴产品、定制领域等也有使用。该系统基本实现了技术自主可控、安全可信。已有 81.6% 的自主代码率。汽车操作系统方面，2017 年世界自动驾驶技术全面发展，操作系统和自动驾驶平台技术长足进步，汽车操作系统正在成为全球知名企业角力的新舞台。如 2017 年百度将把黑莓的 QNX 车辆操作系统同自己的 Apollo 自动驾驶汽车平台进行捆绑，同时还将黑莓的较为成熟的车载娱乐系统软件整合进 Apollo。通过上述技术合作，黑莓得以进入汽车自动驾驶领域，而百度拟打造的汽车软件业务也得到了巩固。在国外，与百度的 Apollo 平台相对应，Intel 公司在 2017 年发布了 Intel Go 系统，该系统一个针对自动驾驶汽车的开发平台。系统能够进行实时数据处理，未来还可以利用 5G 技术链接云端。

第三节　中国新一代信息技术产业年度热点事件

一、首批国家新一代人工智能开放创新平台名单公布

2017年11月15日，"新一代人工智能发展规划暨重大科技项目启动会"在北京顺利召开。会上宣布成立了新一代人工智能发展规划推进办公室和新一代人工智能战略咨询委员会，并公布了首批4家国家新一代人工智能开放创新平台名单，分别是依托百度公司的自动驾驶国家新一代人工智能开放创新平台、依托阿里云的城市大脑国家新一代人工智能开放创新平台、依托腾讯的医疗影像国家新一代人工智能开放创新平台和依托科大讯飞的智能语音国家新一代人工智能开放创新平台。

二、5G核心网架构正式确认

2017年6月初，3GPP（第三代合作伙伴计划）正式确认5G核心网采用中国移动牵头提出的SBA架构作为统一基础架构。11月14日，工信部发布5G系统在中频段频谱使用规划，明确将3300—3400MHz、3400—3600MHz和4800—5000MHz频段作为5G系统的工作频段。我国成为国际上率先发布5G系统在中频段内频率使用规划的国家。12月初，由中国通信企业牵头设计的面向5G独立组网标准（SA）的5G系统架构和流程标准制定完成，这标志着全面实现5G目标的新架构确定。值得特别关注的是，在5G标准制定过程中，标准组织的关键职位有30余个由中国人担任，占据投票权的23%以上，发表的文稿数量占30%，牵头项目占40%，中国在5G标准建立过程中话语权大幅提升。

三、阿里云发布Link物联网平台将智能赋予物联网

10月12日，阿里云在2017杭州·云栖大会上正式发布Link物联网平台，未来将通过阿里云在云计算和人工智能等领域的融合发展，形成智能化

的物联网（智联网）。相关资料显示，阿里云 Link 物联网平台将战略投入物联网云端一体化使能平台、物联网市场、ICA 全球标准联盟等三大基础设施，推动生活、工业、城市等三大领域的智联网。在未来 5 年内，将持续投入，实现"服务 100 万开发者、沉淀 100 万物联网应用解决方案、链接 100 亿物联网设备，撬动全球物联网产业实现万亿市场规模"目标。云端一体化能使合作伙伴获得一站式的物联网基础能力，包括开发、技术、内容、物联网 OS、边缘计算等。

四、智能网联汽车发展速度超预期

在工业制造智能化和互联网模式多元化的双引擎驱动下，电子信息、移动通信、人工智能等技术与汽车产业加速融合，我国智能网联汽车蓬勃发展，发展速度明显超过预期，其发展进度有望比技术路线图设定的目标提前。ADAS（Advanced Driver Assistance Systems，高级辅助驾驶系统）产品率先实现了商业化，市场渗透率逐步提高。长安汽车推出了智能互联 SUV，完成了 2000 公里的无人驾驶测试，预计 2018 年量产高速全自动驾驶汽车。华为、大唐等企业推出了 LTE－V（Long Term Evolution－Vehicle，车间通信长期演进技术）系统，相比 DSRC（Dedicated Short Range Communication，专用短距离通信），具有兼容蜂窝网、可平稳过渡至 5G 系统等优势，目前已发展成为我国特色的车联网通信系统。

五、高端芯片研发和产业化实现新突破

2017 年，集成电路、传感器、新型显示等关键领域均实现了关键技术突破，采用国产超算 CPU 的"神威·太湖之光"超级计算机连续蝉联全球超算 500 强榜首。3D NAND 闪存芯片研发取得重要突破，长江存储 32 层 3D NAND Flash 芯片送样验证。华为发布麒麟 970 智能芯片，其 AI 性能密度大幅优于 CPU 和 GPU。寒武纪、地平线发布 AI 芯片。飞腾、龙芯、兆芯等国产 CPU 性能持续提升，满足桌面办公应用需求，我国正在一步步缩小与国际领先技术的差距，高端芯片的研发和产业化不断向前迈进。

六、中国 5G 技术研发实验第二阶段核心网测试完成

2017 年 10 月 19 日，爱立信顺利完成并且通过了中国 5G 技术研发实验第二阶段的 5G 核心网测试。该测试主要包含服务化架构、主要业务流程、网络切片和边缘计算等 5G 关键技术，此次测试充分验证了爱立信 5G 核心网系统的重要功能和业务能力。爱立信从 2016 年起开始积极参与中国的 5G 技术研发试验，目前已完成了第一、二阶段的核心网关键技术验证。为 2020 年 5G 实现大规模商业部署，爱立信表示，将持续跟踪推进 5G 标准化进程，进一步加大研发投入，深入了解中国 5G 商业部署的需求，力争在 2020 年实现 5G 的大规模商业部署。

七、中国首条 6 代柔性 OLED 面板生产线正式量产

2017 年 5 月，中国首条 6 代柔性 OLED（有机发光二极管）生产线——BOE（京东方）成都第 6 代柔性 OLED 生产线正式投入生产。目前市面上手机多数使用的是 LCD（液晶面板），而 OLED 面板的显示技术是主动发光，相较于 LCD 面板具有更好的层次感、真实感和色彩饱和度。作为中国首条、全球第二条量产的 6 代柔性 OLED 面板线，BOE 打破了韩国企业在这个市场的垄断格局，大幅降低了采购成本，使我国在面板行业更具话语权。

第四节　中国新一代信息技术产业重点企业分析

一、重点企业概况

2017 年我国宏观环境持续好转，我国新一代信息技术产业的重点企业整体运行情况良好，电子信息制造业呈现稳健增长态势。生产增速高位趋稳。2017 年 1—11 月，规模以上电子信息制造业增加值同比增长 13.9%，同比加快 4.3 个百分点；快于全部规模以上工业增速 7.3 个百分点，占规模以上工

业增加值比重为 7.6%①。行业投资高速增长。2017 年 1—11 月，计算机、通信和其他电子设备制造业完成固定资产投资 11527 亿元，同比增长 23.3%，增速高于同期制造业平均水平 19.2 个百分点。分领域看，通信设备和电子器件行业投资增长较快。电子元件和电子计算机行业投资增长平缓，低于全行业平均水平。② 效益水平也同样可观，2017 年 1—11 月，电子制造业实现主营业务收入 118633 亿元，同比增长 13.8%，实现利润 6253 亿元，同比增长 18.4%。

二、中国电子信息百强企业

2017 年（第三十一届）中国电子信息百强企业，华为技术有限公司连续十届蝉联榜首，联想集团、海尔集团分列二、三名（详见表 4 - 1）。新一届百强榜单呈现以下特点：第一，整体规模继续扩大，主营业务收入合计超过 3 万亿元，同比增长 12.9%；总资产合计近 4 万亿元，同比增长 22.8%。第二，研发投入持续上升，合计投入研发经费 1890 亿元，同比增长 19.6%，平均研发投入强度达到 6.3%，较 2016 年提高 0.4 个百分点。第三，质量品牌建设日趋完善，百强企业积极布局智能制造和"互联网＋"，积极助力"大众创业、万众创新"，全面推行绿色制造，社会影响力进一步提升。第四，经济和社会贡献突出，百强企业实现税金总额 1179 亿元，从业人员合计 184 万人，分别占全行业总量的 60% 和 15% 以上。

表 4 - 1　2017 年中国电子信息百强企业排名

排名	公司名称	排名	公司名称
1	华为技术有限公司	6	四川长虹电子控股集团有限公司
2	联想集团	7	海信集团有限公司
3	海尔集团	8	比亚迪股份有限公司
4	TCL 集团股份有限公司	9	北大方正集团有限公司
5	中兴通讯股份有限公司	10	京东方科技集团股份有限公司

---

① 资料来源：工业和信息化部，《2017 年 1—11 月电子信息制造业运行情况》，2018 年 1 月。

② 资料来源：中国电子信息行业联合会，《2017 年 1—11 月电子信息行业经济运行情况》，2018 年 1 月

排名	公司名称	排名	公司名称
11	浪潮集团有限公司	39	宁波均胜电子股份有限公司
12	小米通讯技术有限公司	40	华勤通讯技术有限公司
13	紫光集团有限公司	41	震雄铜业集团有限公司
14	亨通集团有限公司	42	万马联合控股集团有限公司
15	杭州海康威视数字技术股份有限公司	43	许继集团有限公司
16	上海仪电（集团）有限公司	44	康佳集团股份有限公司
17	中天科技集团有限公司	45	上海诺基亚贝尔股份有限公司
18	创维集团有限公司	46	浙江富春江通信集团有限公司
19	通鼎集团有限公司	47	舜宇集团有限公司
20	同方股份有限公司	48	株洲中车时代电气股份有限公司
21	中芯国际集成电路制造有限公司	49	陕西电子信息集团有限公司
22	河南森源集团有限公司	50	新华三技术有限公司
23	航天信息股份有限公司	51	广州无线电集团有限公司
24	晶龙实业集团有限公司	52	南通华达微电子集团有限公司
25	南京南瑞集团公司	53	浙江大华技术股份有限公司
26	武汉邮电科学研究院	54	闻泰通讯股份有限公司
27	富通集团有限公司	55	深圳市三诺投资控股有限公司
28	深圳欧菲光科技股份有限公司	56	普联技术有限公司
29	大唐电信科技产业集团	57	浙江晶科能源有限公司
30	四川九洲电器集团有限责任公司	58	天马微电子股份有限公司
31	永鼎集团有限公司	59	中国四联仪器仪表集团有限公司
32	联合汽车电子有限公司	60	欣旺达电子股份有限公司
33	东旭集团有限公司	61	润峰电力有限公司
34	福建省电子信息（集团）有限责任公司	62	广东生益科技股份有限公司
35	江苏新潮科技集团有限公司	63	芜湖长信科技股份有限公司
36	深圳华强集团有限公司	64	东软集团股份有限公司
37	歌尔股份有限公司	65	铜陵精达铜材（集团）有限责任公司
38	江苏宏图高科技股份有限公司	66	上海龙旗科技股份有限公司

续表

排名	公司名称	排名	公司名称
67	深圳市泰衡诺科技有限公司	84	阳光电源股份有限公司
68	上海华虹（集团）有限公司	85	横店集团东磁有限公司
69	华讯方舟科技有限公司	86	风帆有限责任公司
70	深圳市共进电子股份有限公司	87	深圳市神舟电脑股份有限公司
71	哈尔滨光宇集团股份有限公司	88	广州佳都集团有限公司
72	浙江南都电源动力股份有限公司	89	华润微电子有限公司
73	深圳市兆驰股份有限公司	90	厦门宏发电声股份有限公司
74	东方日升新能源股份有限公司	91	普天东方通信集团
75	万利达集团有限公司	92	浙江星星科技股份有限公司
76	安徽天康（集团）股份有限公司	93	山东鲁鑫贵金属有限公司
77	福州福大自动化科技有限公司	94	河南科隆集团有限公司
78	上海与德通讯技术有限公司	95	惠科股份有限公司
79	中冶赛迪集团有限公司	96	北京华胜天成科技股份有限公司
80	深圳市长盈精密技术股份有限公司	97	上海斐讯数据通信技术有限公司
81	深圳市康冠技术有限公司	98	利亚德光电股份有限公司
82	宇龙计算机通信科技（深圳）有限公司	99	深南电路股份有限公司
83	骆驼集团股份有限公司	100	曙光信息产业股份有限公司

三、中国软件和信息技术服务综合竞争力百强企业

2017 年 6 月，工业和信息化部发布了 2017 年（第二届）中国软件和信息技术服务综合竞争力百强企业名单（见表 4 - 2），华为、腾讯、中兴通讯、阿里巴巴、航天信息、浪潮、百度、中软国际、东软、京东名列 2017 年软件百强前 10 名。2016 年百强企业软件业务收入合计 10271 亿元，比上届增长 18.6%；实现利润总额 2765 亿元，比上届增长 19.8%。百强企业深入贯彻国家战略，高度重视知识产权积累，自主创新成效显著，经济社会贡献突出。

表 4－2　2017 年中国软件和信息技术服务综合竞争力百强企业名单

排名	公司名称	排名	公司名称
1	华为技术有限公司	29	亚信科技（中国）有限公司
2	腾讯科技（深圳）有限公司	30	株洲南车时代电气股份有限公司
3	中兴通讯股份有限公司	31	中科软科技股份有限公司
4	阿里巴巴（中国）网络技术有限公司	32	软通动力信息技术（集团）有限公司
5	航天信息股份有限公司	33	金山软件有限公司
6	浪潮集团有限公司	34	福州福大自动化科技有限公司
7	百度在线网络技术（北京）有限公司	35	广州广电运通金融电子股份有限公司
8	中软国际有限公司	36	广州佳都集团有限公司
9	东软集团股份有限公司	37	武汉邮电科学研究院
10	京东集团	38	北京华胜天成科技股份有限公司
11	中国软件与技术服务股份有限公司	39	北京小米移动软件有限公司
12	网易（杭州）网络有限公司	40	中国电子科技网络信息安全有限公司
13	南京南瑞集团公司	41	用友网络科技股份有限公司
14	杭州海康威视数字技术股份有限公司	42	国电南京自动化股份有限公司
15	浙江大华技术股份有限公司	43	深圳市华讯方舟科技有限公司
16	海尔集团公司	44	北京全路通信信号研究设计院集团有限公司
17	海信集团有限公司	45	大族激光科技产业集团股份有限公司
18	国网信息通信产业集团有限公司	46	深圳市金证科技股份有限公司
19	文思海辉技术有限公司	47	中控科技集团有限公司
20	上海宝信软件股份有限公司	48	北京神州泰岳软件股份有限公司
21	东华软件股份公司	49	启明信息技术股份有限公司
22	神州数码系统集成服务有限公司	50	石化盈科信息技术有限责任公司
23	中国银联股份有限公司	51	上海贝尔软件有限公司
24	中国民航信息网络股份有限公司	52	平安科技（深圳）有限公司
25	上海华东电脑股份有限公司	53	南京联创科技集团股份有限公司
26	太极计算机股份有限公司	54	北京华宇软件股份有限公司
27	浙大网新科技股份有限公司	55	四川九洲电器集团有限责任公司
28	同方股份有限公司	56	山东中创软件工程股份有限公司

排名	公司名称	排名	公司名称
57	中冶赛迪集团有限公司	79	广联达科技股份有限公司
58	深圳怡化电脑股份有限公司	80	深圳天源迪科信息技术股份有限公司
59	江苏省通信服务有限公司	81	高德信息技术有限公司
60	福建星网锐捷通讯股份有限公司	82	北京四方继保自动化股份有限公司
61	万达信息股份有限公司	83	联动优势科技有限公司
62	四川省通信产业服务有限公司	84	北京四维图新科技股份有限公司
63	上海华讯网络系统有限公司	85	大唐电信科技股份有限公司
64	广州海格通信集团股份有限公司	86	卡斯柯信号有限公司
65	云南南天电子信息产业股份有限公司	87	东方电子集团有限公司
66	恒生电子股份有限公司	88	福建网龙计算机网络信息技术有限公司
67	博彦科技股份有限公司	89	讯飞智元信息科技有限公司
68	启明星辰信息技术集团股份有限公司	90	北京神舟航天软件技术有限公司
69	银江股份有限公司	91	深圳市紫金支点技术股份有限公司
70	北大方正集团有限公司	92	苍穹数码技术股份有限公司
71	信雅达系统工程股份有限公司	93	大连华信计算机技术股份有限公司
72	北明软件有限公司	94	深信服科技股份有限公司
73	博雅软件股份有限公司	95	北京先进数通信息技术股份公司
74	先锋软件股份有限公司	96	长城计算机软件与系统有限公司
75	北京中油瑞飞信息技术有限责任公司	97	亿阳信通股份有限公司
76	金蝶软件（中国）有限公司	98	深圳市长亮科技股份有限公司
77	北京易华录信息技术股份有限公司	99	恒宝股份有限公司
78	和利时科技集团有限公司	100	厦门市美亚柏科信息股份有限公司

第五章　生物产业

第一节　国内外生物产业发展动态

一、全球生物产业发展概况

生物产业作为 21 世纪的朝阳产业，对人类生产、生活的影响越来越大，其发展受到人们越来越多的重视。目前，全球多数国家都将发展生物产业作为国家战略的一部分，制定相应政策加速抢占生物经济制高点。特别是随着生命科学和生物技术的持续创新与重大突破，世界正在酝酿着新的产业革命。2017 年，全球生物产业持续高速增长，基础研究、应用研究、技术开发和产业化之间的边界日趋模糊，科技创新链条更加灵巧，创新周期大大缩短，技术创新、商业模式和金融资本深度融合，加速推动了产业变革的步伐。

（一）生物产业规模持续扩张

生物产业是当今发展最快的领域之一。目前，全球生物产业已从高成长阶段逐渐步入稳步发展阶段，生物医药产业和生物农业发展日趋成熟，生物制造产业、生物能源产业和生物环保产业蓬勃兴起。相关研究显示，全球生物技术市场以 15% 的年复合增长率增长，至 2020 年全球生物技术市场规模将达 6068 亿美元，其中生物制药主宰整个市场。另据经济合作和发展组织（OECD）的《面向 2030 年的生物经济》报告预测显示，全球范围内生物经济到 2030 年将初具规模，并对经济社会发展带来重大影响。

（二）生物技术取得较大突破

生物产业进入 21 世纪以来，以分子设计、基因操作和基因组学为核心的技术突破，推动了以生命科学为支撑的生物产业深刻改革。2017 年，全球生物产业研发投入持续增长，基础研究和生命科学技术取得一系列成就。其中，以基因治疗、免疫疗法、传染病、癌症、再生医学、自身免疫疾病、神经生物学等为代表的生命科学领域取得了突破性进展。生物产业研发费用持续增长，增速保持在 2% 左右。其中生物医药产业研发投入更高，相关统计显示，全球大型制药公司研发投入强度在 13.5% 左右，知名生物技术公司的研发投入占销售额的比重更在 20% 以上。

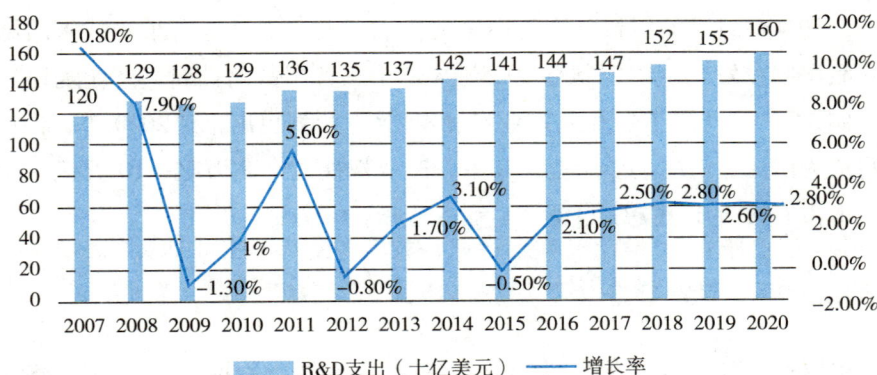

图 5-1　全球生物技术研发费用统计（2006—2020 年）

资料来源：赛迪智库根据公开资料整理，2018 年 1 月。

而在生物技术方面，各大医药巨头取得了一系列新成果。例如，罗氏推出的 Cedex Bio 新一代生物过程分析系统，能够用于菌体或细胞的代谢物、底物浓度的准确分析，实时监测和优化整个发酵过程。勃林格殷格翰宣布，使用一次性生物反应器的生物制药生产基地正式启用。作为国内首批开展生物制药合同生产（CMO）的试点企业之一，勃林格殷格翰将为全球客户提供从工艺开发到临床试验的全方位服务。药明生物宣布其 3 万升生物制药生产基地正式全面投产，该基地是目前世界上最大的使用一次性反应器的生物制药 GMP 生产基地，同样是目前我国已投产的最大的生物药生产基地之一。喜康生物与 GE 医疗宣布首个采用 GE 医疗模块化生物制药解决方案 KUBioTM 的生物制药工厂在武汉正式落成，该方案将全球制药生产线建设领域比较标准的三年时间缩短为一年，显著加速了创新型生物药物的上市速度。FDA 正式批准首款赫赛汀生物类似物 Ogivri（trastuzumab - dkst）上市，用以治疗包括过度表达 HER2 的乳腺癌和转移性胃癌。

（三）各国加大对生物产业的政策支持力度

作为 21 世纪重点发展的战略性产业，各国纷纷制订专项发展计划，从政策、科技、人才、资金等角度加大对生物产业的支持与投入。如美国将生物医药产业作为新的经济增长点，实施"生物技术产业激励政策"。欧洲推出《工业生物技术路线图》，印度公布《国家生物技术发展战略》，德国政府发布《生物经济战略》，韩国发布《生物经济基本战略》，日本政府将"绿色技术创新和生命科学的创新"作为国家的重点战略，加速抢占生物技术的制高点。我国则在发布《中国制造 2025》《"十三五"战略性新兴产业规划》之后，制定了《"十三五"生物产业发展规划》，规划提出，到 2020 年，生物产业将成为国民经济的主导产业，其中，产业规模达到 8 万亿—10 万亿，产业增加值占 GDP 的比重超过 4%。

二、我国生物产业发展概况

生物产业作为我国战略性新兴产业之一，契合了我国新常态下经济发展要素驱动型向创新驱动型的转变，将生物产业作为引领经济发展的着力点，对于我国结构调整、经济转型、产业升级具有强大的支撑作用。特别是，2017 年召开的党的十九大，明确指出要瞄准世界科技前沿，强化基础研究，实现前瞻性基础研究、引领性原创成果重大突破，倡导健康文明生活方式，预防控制重大疾病，为生物产业特别是生命科学技术的发展指明了方向。

（一）我国生物产业市场规模持续快速增长

近年来，我国生物产业进入"质的飞跃"和"系统能力提升"的重要时期，从以"跟跑"与"并跑"为主，向部分领域进入"领跑"的阶段转变。2017 年，我国生物产业市场规模不断扩大，医药工业、生物农业、生物制造、生物服务等诸多领域取得新突破，一批可以和国外大型跨国公司同台竞争的行业龙头企业迅速发展，并在部分领域形成了较强的核心竞争力。据《中国生物工业投资分析报告 2017》研究显示，2017 年，我国广义生物产业规模预估为 5.5 万亿元，预期到 2020 年，我国广义生物产业产值有望达到 8 万亿至

10 万亿元，其中，生物医药市场规模将达 4.5 万亿元、生物农业市场规模将达 1 亿元、生物制造市场规模将达 1 亿元、生物环保市场规模将达 2000 亿元，市场前景极其广阔。

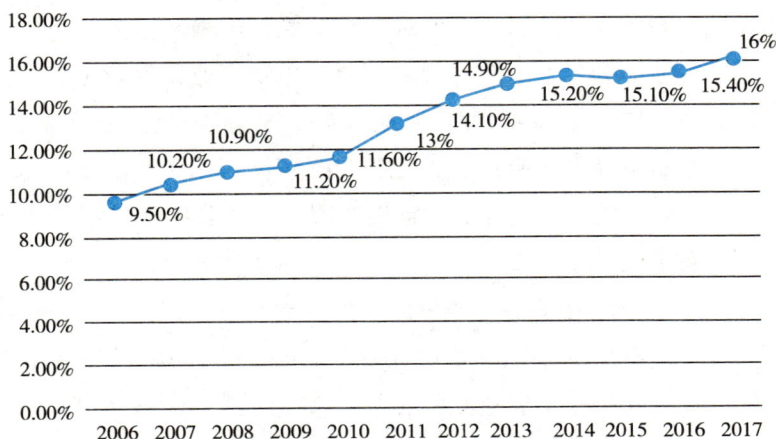

图 5-2　我国生物产业在全球占比变化趋势

资料来源：赛迪智库根据公开资料整理，2018 年 1 月。

（二）生物技术取得一批较为显著的成果

我国生物产业总体上在发展中国家居领先地位。经过近 30 年发展，中国在生物信息、基因组、蛋白质工程、生物芯片、干细胞等生命科学前沿领域具有较高的研究水平。2017 年，我国生命科学与生物技术领域取得积极进展，论文和专利数量呈现增长态势。我国科学家在干细胞、结构生物学和表观遗传学等方面取得了丰硕成果，如，MDCK 细胞二阶生产工艺已申请"悬浮 MDCK 细胞相关疫苗生产的二阶培养工艺技术"。中国科学家破解肝癌早诊早治难题，该成果的转化推广将极大地提高肝癌早期诊断的准确率，对于提高肝癌患者的整体疗效具有重大意义。我国首个国产九价宫颈癌疫苗的临床试验申请已通过审评，获准开展临床试验，并将在厦门生产。我国科学家与美国等国家的科学家共同推动了人工合成真核生物酵母基因组国际合作计划并取得重大突破，我国科学家为主完成了 syn II、syn V、syn X、syn XII 共 4 条染色体的从头设计与全合成，研究成果以专刊及封面文章在 Science 杂志上发表。中国团队首次发布大规模肿瘤单细胞水平免疫图谱，该项工作是国际上首次大规模针对肿瘤相关 T 细胞的单细胞组学研究，提供了极有价值的数据资源，为多角度理解肝癌相关的 T 细胞特征奠定了基础。

（三）国家政策对生物医药产业做了更多倾斜

大力发展生物产业，是培育新的经济增长点，增强未来国际竞争新优势的需要。2016 年以来，"十三五"规划纲要把生物产业作为六个战略性新兴产业之一，提出生物产业倍增计划，加速推动基因组学等生物技术规模应用，建设网络化应用示范体系，推进个性化医疗、新型药物、生物育种等新一代生物技术产品和服务的规模化发展，推进基因库、细胞库等基础平台建设①。2017 年 1 月，国家发改委印发了《"十三五"生物产业发展规划》，规划提出，到 2020 年，生物产业将成为国民经济的主导产业，其中，产业规模达到 8 万亿—10 万亿，产业增加值占 GDP 的比重超过 4%②。2017 年 5 月，科技部发布《"十三五"生物技术创新专项规划》，提出瞄准生物技术基础前沿、重大关键技术、产业化应用等方向，坚持"自主创新、重点跨越、支撑发展、引领未来"的方针，集中资源系统性布局，强化原始创新和集成创新，抢占生物技术竞争的战略制高点，加快培育生物技术高新企业和新兴产业，推进由生物技术大国向生物技术强国转变，为支撑"建设世界科技强国""中国制造 2025"等战略目标的实现③。2017 年 6 月，国家科技部、国家卫计委、体育总局、食品药品监管总局、国家中医药管理局、中央军委后勤保障部等六部委联合印发《"十三五"卫生与健康科技创新专项规划》。规划中明确要求加强干细胞和再生医学、免疫治疗、基因治疗、细胞治疗等关键技术研究，加快生物治疗前沿技术的临床应用，创新治疗技术。2017 年 10 月，中共中央办公厅、国务院办公厅印发了《关于深化审评审批制度改革鼓励药品医疗器械创新的意见》，提出加快临床急需药品医疗器械审评审批，支持罕见病治疗药品医疗器械研发，支持中药传承和创新，建立专利强制许可药品优先审评审批制度等重大措施。

---

① 《中华人民共和国国民经济和社会发展第十三个五年规划纲要》。
② 国家发展改革委：《"十三五"生物产业发展规划》。
③ 科技部：《"十三五"生物技术创新专项规划》。

表 5-1 《"十三五"生物产业发展规划》提出的目标

细分领域	市场规模发展目标
生物产业	到 2020 年,生物产业规模达到 8 万亿—10 万亿元,生物产业增加值占 GDP 的比重超过 4%
生物医药	到 2020 年,实现医药工业销售收入 4.5 万亿元,增加值占全国工业增加值 3.6%
生物医学工程	到 2020 年,生物医学工程产业年产值达 6000 亿元,初步建立基于信息技术与生物技术深度融合的现代智能医疗器械产品及服务体系
生物农业	到 2020 年,实现生物农业总产值 1 万亿元,2 家以上领军企业进入全球种业前 10 强
生物制造	到 2020 年,现代生物制造产业产值超 1 万亿元,生物基产品在全部化学品产量中的比重达 25%
生物能源	到 2020 年,生物能源年替代化石能源量超过 5600 万吨标准煤,在发电、供气、供热、燃油等领域实现全面规模化应用
生物环保	到 2020 年,生物环保产业产值超过 2000 亿元
生物服务	到 2020 年,培育出全球生物服务行业龙头企业,带动一大批我国原创的创新药和治疗方法在国内国外上市

资料来源:赛迪智库根据公开资料整理,2018 年 1 月。

(四) 生物产业结构和布局仍存在问题

1. 产业结构和产业链布局不合理有待优化调整

在产业结构方面,以生物医药独大的产业结构亟待调整。2017 年,我国医药工业主营业务收入和利润总额在经济新常态下有所放缓,但仍高于生物产业整体增速,占生物产业比重依然高于其他行业。我国虽然是全球第二大种业市场,但生物种子企业规模"多、小、散",研发投入不足,使得国内良种率偏低。作为转基因食物销售一大市场,但本身转基因育种的商业化道路却充满坎坷,缺乏研发主动权。生物饲料和生物农药等行业的整体研发水平和产业化水平较低,同国外相比差距较大。目前,我国生物产业资源大都分布在研发、生产、销售等中下游环节,而原材料和特色生物资源所在的产业链的上游环节则发展受阻。

2. 产品市场定价和准入策略面临严峻挑战

目前,随着第一代生物技术公司的支柱抗体药专利的过期,生物仿制药将大规模崛起,而传统抗体药物的研发已不能带来较好的收益,这使得创新药的研发受到一定的影响，对产品市场定价和准入策略都带来了挑战。但是，我国生物产业自主创新能力较为薄弱，科技成果转化率较低，且缺乏相应的成熟资本的投资，使得我国创新药研发、临床和生产环节面临较大困难。如何搭上专利药到期，仿制药加速发展的东风，做好市场定价和准入机制的完善工作是摆在我国生物医药产业面前的一个挑战。

3. 并购市场风起云涌但国家化道路迫在眉睫

2017 年，国际医药巨头并购市场开始放缓，以慢慢消化前面达成的大型交易，我国医药巨头海外并购市场则是另外一种场景。例如，2017 年 10 月复星医药药品制造业务的国际化进程将进一步加速，复星医药以 71.42 亿元收购印度仿制药企业 GlandPharma74% 股权，成为迄今中国制药企业交易金额最大的海外并购案。2017 年 12 月，万东医疗公司与 AresLifeSciencesL. P. 等签署了《股权购买协议》，拟以 2.48 亿欧元收购百胜医疗除库存股以外的全部股权。但大举海外并购的热潮背后却存在另外一个问题，我国拥有超 4000 家制药企业，但仅有不到 80 家企业的 100 个产品在美、欧、日等得到审批或进行注册，我国的医药产业国际化道路迫在眉睫。

第二节　中国生物产业重点领域分析

生物产业作为我国战略新兴产业之一，主要分为生物医药、生物农业、生物能源、生物制造产业和生物服务产业等，这几大细分行业经过多年快速发展已经拥有较多的技术积累和产业基础，对我国结构调整、经济转型、产业升级形成了较大的支撑作用。

一、生物医药

（一）发展概况

1. 市场规模持续增长

2017 年，我国大力实施"健康中国 2030"战略，全面推进供给侧结构性改革，医药制药业总体运行态势明显向好。数据显示，2017 年上半年医药工业产值 16113 亿元，同比增长 11%，总体来看医药工业呈现出 L 形增长态势。2017 年年初，我国生物医药类的上市公司共有 238 家，涉及生物制品、医疗服务、医疗器械等领域，资产规模达 1.4 万亿元，营业收入为 9816 亿元，净利润为 845 亿元。在药物研发方面，各类新药开发进程加快，原创性成果不断产生，国家食品药品监督管理总局共批准了风湿与免疫、感染和内分泌系统等领域的 11 个新药上市。2017 年整个市场共发生投资案例 9120 笔，其中涉及生物技术与医疗健康的便有 1008 起，涉及金额高达 771.66 亿元。

（亿元）

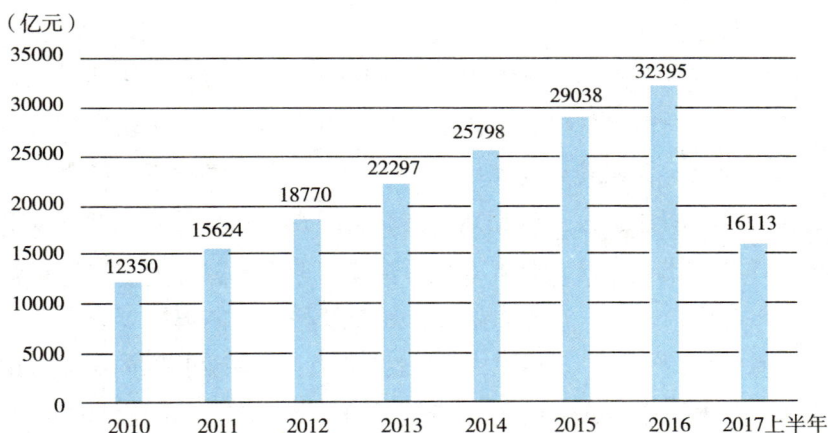

图 5 - 3　2010—2017 年生物医药市场规模

资料来源：赛迪智库根据公开资料整理，2018 年 1 月。

2. 医药政策频出

2017 年医药行业政策频出，涉及药品研发、生产、流通到支付的全产业链，目的是加速行业整合并与国际接轨，重塑医药产业格局。年初，中共中央办公厅、国务院办公厅印发了《关于深化审评审批制度改革鼓励药品医疗器械创新的意见》，对医疗器械创新、监管等领域改革做了重大部署。在医保控费、医药行业供给侧改革背景下，未来细分领域的标准和监管将迎来巨变，尤其是随着国际原研药专利的集中到期，药品降价成大势所趋。数据显示，2017 年谈判药品的平均降幅达到 44%，最高的达到 70%。但从长远来看，创新药、优质药仍是未来发展的方向，布局创新药、优质药的企业将迎来强者恒强的时代。

（二）技术进展

1. 基础研究取得新的突破

2017 年，我国有许多优秀科研机构的科学家们都做出了意义重大、影响深远的研究成果。主要有中国复旦大学遗传工程国家重点实验室王陈继课题组、美国梅奥医学中心黄浩杰团队、第二军医大学孙颖浩团队发现新型前列腺癌生物标志物，有望改善癌症的个体化疗法。中国清华大学、福建农林大学、中国台湾长庚纪念医院、美国科罗拉多大学博尔德分校和日本科学技术振兴机构发现组织蛋白酶 B 调节辐射诱导旁观者效应，有望改善化疗结果。第二军医大学基础医学部生物物理学教研室雷长海教授和胡适博士课题组设计出新型肿瘤靶向治疗策略和抗体药物。天津大学元英进团队取得真核生物基因组设计与化学合成的重大突破。山东大学生命科学学院、微生物技术国家重点实验室"青年千人"张亮然教授课题组在减数分裂研究领域取得突破性进展，详细阐述了减数分裂重组在两性之间的差异，并揭示了导致胚胎非整倍体的根本原因。南京农业大学王源超教授科研团队揭示了病原菌攻击宿主的全新致病机制——"诱饵模式"，这是人类首次在更精准的层面认识这类严重危害植物的病原菌分子机理，为改良农作物的持久抗病性提供了新方向。浙江大学生命科学研究院朱永群教授团队揭示病原菌攻击宿主细胞新机制。北京未来基因诊断高精尖创新中心张泽民研究组及美国 AMGEN 公司的欧阳文君研究组首次在单细胞水平上描绘了肝癌微环境中的免疫图谱。武汉大学基础医学院院长李红良教授团队首次揭示了多泡体（MVB）调控蛋白 Tmbim1 在非酒精性脂肪肝病（NAFLD）和非酒精性脂肪肝炎（NASH）中的关键负调控作用，并深入阐明其分子机制，该研究是肝脏代谢性疾病研究领域的又一重要发现。中国科学技术大学生命科学学院高平课题组、张华凤课题组揭示肿瘤代谢基因调控的新机制。清华大学生命学院施一公研究组首次报道人源剪切体原子分辨率结构。北京生命科学研究所邵峰博士课题组发现细胞焦亡新机制。中国医学科学院院长、中国工程院院士曹雪涛研究团队提出抗病毒天然免疫表观调控新机制。

2. 生物制品取得较大成功

2017 年，国际首个重组埃博拉病毒病疫苗研发成功并获准上市，重组埃博拉病毒病疫苗（腺病毒载体）获得新药证书和药品批准文号。国产第三代基因测序仪采用单分子荧光测序技术，该技术基于全内反射先进光学，利用光学信号进行碱基识别，可实现边合成边测序。我国科研人员通过将传统中医眼像分析理论与现代工程技术相结合，研制成功全球首个白睛无影成像智能分析系统。细胞治疗产品技术指导原则发布，多个 CAR - T 产品申报临床，对规范细胞治疗产品的研发，提高其安全性、有效性和质量可控性水平，从而对推动和促进我国细胞治疗领域的健康发展具有重要意义。我国科学家针对早发型儿童高度近视，通过大群体筛查、突变基因敲入动物模型等方法，发现并验证了全新的高度近视致病基因 BSG。治疗霍奇金淋巴瘤的单抗完成Ⅲ期临床试验，成为首个提交上市申请的国产 PD - 1 单抗。基于表观遗传学和单细胞组学的肝癌早期诊断及免疫治疗取得重大进展。重组质粒—肝细胞生长因子注射液是我国自主研制的基因治疗创新药物，已经完成的Ⅰ、Ⅱ期临床试验。首个国产九价宫颈癌疫苗获准开展临床试验。

二、生物农业

（一）发展概况

生物农业包含生物种业、生物肥料、生物农药、生物饲料等方面。生物农业逐渐成为农业发展新的增长点，为引领整个经济社会的绿色发展提供强劲动力。生物种业方面，近几年来我国坚持种业创新，开启了我国传统种业迈向现代种业的新跨越。数据显示，2016 年我国新品种权申请量 2523 件，比五年前翻了一番，我国自主选育品种面积占比达到 95%，国产品种主导地位进一步增强。企业主体地位不断凸显，国内上市种子企业 50 多家，总市值超千亿元；前 50 强年研发投入约占销售收入 7.4%，较五年前提高 3 个百分点，前 50 强所占市场份额达到 35% 以上，企业市场集中度不断提高。生物肥料方面，以微生物农药、植物源农药、天敌生物等类别为主，从目前技术和市场应用上看，微生物肥料占主导地位，与传统化肥相比市场体量依然偏小。目前生物肥料企业有 1000 多家，由于生物肥料的生态型、环保型特性，市场需求和发展前景广阔，传统化肥企业也纷纷布局。生物农药方面，应用推广范围不断扩大，生物农药中的不同类别的品种发展势头良好，生物农药年产量达到近 30 万吨（包括原药和制剂）。自 2015 年农业部持续推进农药使用减量增效，我国连续三年农药使用量实现负增长，据测算，2017 年农药利用率达到 38.8%，比 2015 年提高了 2.2 个百分点，大力发展生物农药是未来发展的方向和必然趋势。生物饲料方面，我国目前还属于起步阶段，产业化和行业标准是研究的热点领域，生物饲料在食品安全、环境污染、品质风味和消费升级中所处的地位也愈发凸显。

（二）技术进展

我国生物农业技术已在生物育种、转基因农作物研发、高产等方面取得积极进展。2017 年 9 月，袁隆平宣布了一项最新成果，在水稻育种上可以把亲本中的含镉或者吸镉的基因敲掉，这是育种技术的一个重大突破，对土壤污染较重的地区，如何避免污染元素在作物中的代际传播具有重要意义。此外，《"十三五"国家科技创新规划》提出，将加大转基因棉花、玉米、大豆研发力度，推进新型抗虫棉、抗虫玉米、抗除草剂大豆等重大农产品产业化。我国 2013 年已经成功将基因组编辑技术 CRISPR－Cas9 应用于主要粮食作物。生物农业与互联网技术的深度融合，进一步解决农业生产、农产品市场、农业技术知识等方面的信息不对称问题。如农业物联网应用在农业生产环节上，实现对农作物生长温度、湿度、光照等所需条件的精准监控。

三、生物环保产业

（一）发展概况

生物环保产业是指在环境保护方面运用生物技术达到保护生态的目的的产业。我国作为"世界工厂"，环境污染治理任重而道远，生物环保产业面临巨大的产业发展机遇。国家层面高度重视生物环保技术的发展，在"十三五"生物产业规划中，明确提出促进环保技术应用取得突破，到 2020 年，生物环保产业产值超过 2000 亿元，对水土挥发性污染物和生物监测等重点领域提出了明确要求。近年来，生物环保产业快速发展，2013 年以来，生物环保产业产值年均增长 15%，但由于生物环保产业是环保产业的一个分支，直接市场规模本身就不大，因此目前生物技术企业的营业额占生物技术产业的整体比重较小，企业和技术的全球领先地位主要还是由美国等发达国家主导。

（二）技术进展

生物环保技术的应用领域包括环境监控、治理或修复、清洁生产、污染物资源化等方面，技术应用又以废水处理为代表，随着技术不断发展，在废气治理和土壤修复等领域的应用也进一步拓展。在废水处理方面，目前常见技术有生物膜处理法、活性污泥法等。重点发展高性能的水处理絮凝剂、混凝剂等生物技术产品，研究开发新型好氧、厌氧和复合的高效反应器等新工艺。在治理土壤污染方面，主要采用物理治理和微生物治理技术。即通过植物吸收、归集、降解土壤中污染物的功能，实现改良土壤的目的。通过微生物代谢功能，或者将人工培养的混合到土壤中，降解土壤中的污染物，以达到净化土壤的目的。近几年，将多种方法联合起来的技术是得到广泛应用并取得良好效果的方法。如将微生物治理法和植物法相结合，微生物自动对有害的物质进行降解，植物根部吸收并归集有害物质。在治理大气污染方面，主要是通过微生物对硫代谢的作用，实现对工业废气的治理目的。总体来看，生物环保技术是理想的治理污染的办法，但由于水污染和土壤污染种类复杂、形式多样，还有很多污染源不能有效地得到解决。

四、生物能源产业

（一）发展概况

我国生物能源包括生物质能、生物柴油、生物质沼气、生物质发电等领域。我国农林生物质规模化发电还处于起步阶段，技术还主要集中在欧美等发达国家。虽然我国生物质资源丰富，但整体上我国生物质能利用还存在原料收集成本高，高端设备依赖进口，单位造价高等问题。近年来，随着国家加大对可再生能源技术的资金支持，注重设备制造、检测认证等产业服务体系建设，我国生物质发电装机规模呈现逐年上涨趋势。据预测，2017 年我国生物质发电行业市场规模超过 200 亿元，生物质年发电量超过 500 亿千瓦时，位居全球第二位。企业发展方面，越来越多的科研机构、科技企业也不断参与到研究和发展生物质能资源中来，国有、民营和外资企业都纷纷投资布局我国生物质发电建设运营。除了传统的秸秆等农作物，高产的能源作物如甘薯、甜高粱、巨藻、绿玉树、木薯、芭蕉芋等日益受到关注，为生物能源发展提供更多资源保障。

（二）技术进展

全国生物质能利用技术多元化发展，生物质发电、液体燃料、燃气、成型燃料等技术方式不断进步，目前生物质发电、液体燃料等领域技术取得较大突破。如生物质发电方面，通过直接燃烧发电、气化发电、沼气发电和垃圾发电几种模式。技术工艺主要集中在生物转化和热化学转化方面。目前，农林生物质定向热化学转化技术已取得积极进展，首次成功开发出规模化应用的工程化成套关键技术。液体燃料技术方面，以蓝细菌光合生物合成乙醇方面取得积极进展，与生物炼制法相比，此技术可大大减少原材料预处理、底物提炼过程的损耗。农林生物质定向转化制备液体燃料取得新进展，通过卧式、立式有机组合的连续化高温高压无蒸煮液化装置及工程化生产与控制系统，大大提高原料转化率，降低能耗，已建成年处理 8 万吨木质纤维制备乙酰丙酸及酯、10 万吨/年生物柴油、全球最大的 5000 吨/年催化裂解制备富烃燃油和国内外首条 6 万立方米/年木质素酚醛泡沫等连续化生产线。

五、生物服务产业

（一）发展概况

生物服务产业是生物产业新兴领域，主要是指依靠生物技术和其他现代科技手段，为生物产业自身的发展提供专项技术服务。从 2013 年《生物产业发展规划》首次将"生物服务"列为生物产业发展的七个重点领域之一，到 2017 年"十三五"规划的重点支持，以 CRO、CMO 为代表的生物服务产业取得了快速的发展。

1. CRO 行业加速扩容，但差距依旧明显

数据显示，我国 CRO 市场规模已于 2014 年达到 296 亿元，2017 年则达到 500 亿元左右，增速在 20% 以上，远高于全球增速。目前，我国 CRO 企业可以划分为三个层次：大型跨国企业（昆泰、科文斯、PPD 等）和国内大型 CRO 企业（药明康德、尚华医药等）承担了大量跨国药企在我国的新药研发工作；国内大中型 CRO 企业（泰格医药、博济医药等）实力逐渐增强，实力

向大型跨国 CRO 企业靠拢；大量小型 CRO 企业主要提供单一的业务，国内 CRO 行业并购整合和业务创新是未来发展趋势。从总体上看，与欧美发达国家相比，国内 CRO 行业在市场规模、业务范围、行业认知度等方面竞争力较弱，差距依旧明显。随着对创新药、原研药的需求加大，国内领先的 CRO 企业将加强与跨国制药公司的原料供应和战略合作。

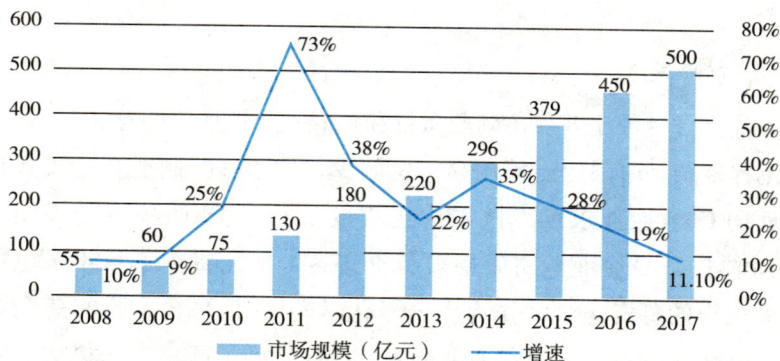

图 5－4 2008—2017 年我国 CRO 市场规模与增速

资料来源：Nature Review Drug Discovery，赛迪智库整理，2018 年 1 月。

2. CMO 行业快速增长，潜力得到发掘

我国 CMO 企业在国际市场上属于新兴势力，虽然发展时间短，但增长快且潜力巨大，凭借人才、基础设施和成本结构等方面的竞争优势，近几年保

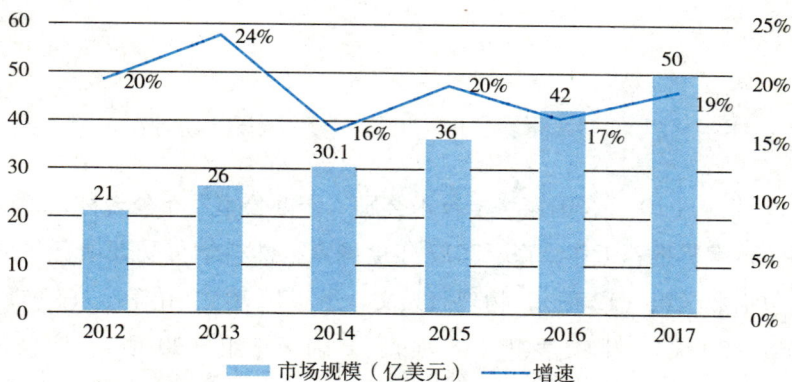

图 5－5 2012—2017 年我国 CRO 市场规模与增速

资料来源：Informa 报告，赛迪智库整理，2018 年 1 月。

持了 10% 以上的增速。根据 Informa 的预测，2010 年，中国医药合同定制研发生产市场规模为 17 亿美元，2017 年，将达到 50 亿美元左右。但我国大部分医药 CMO 企业的发展主要是凭借人口红利，通过牺牲环境和消耗资源代工而来，其所产生的"三废"量大，废物成分复杂，污染危害严重。未来，我国 CMO 企业将会面临资源成本的逐步提高，环保监管的日趋严格，企业转型压力巨大。

（二）市场进展

国务院出台《关于开展仿制药质量和疗效一致性评价的意见》，由于一致性评价流程复杂、时限短、费用高、资源少，使得一些制造企业放弃自身研发，转而向 CRO 企业求助，这在一定程度上扩大 CRO 的市场规模。2017 年 7 月，本土 CRO 企业药明康德拟募资 57.41 亿元将创下 6 年来生物医药行业最大规模的募资纪录，作为小分子化学药 CRO 平台，为制药企业和研发机构在药物研发过程中提供专业服务。6 月，量子高科宣布以 23.80 亿元收购 CRO 企业睿智化学；更早些时候，百花村收购华威医药，转型医药研发，亚太药业收购上海新高峰等，表明 CRO 企业正在受到产业及资本的热捧。

第三节　中国生物产业年度热点事件

一、18 个生物产业项目入围 2017 年度国家科学技术奖受理项目

2017 年 3 月 10 日，国家科学技术奖励工作办公室发布公告称，2017 年度国家科学技术奖推荐工作结束。2017 年度国家自然科学奖受理项目共分为 10 个组，包括数学组（12 项）、物理与天文学组（10 项）、化学组（29 项）、地球科学组（30 项）、生物学组（18 项）、基础医学组（20 项）、信息科学组（30 项）、材料科学组（23 项）、工程技术科学组（25 项）以及力学组（8 项）。以下表 5 – 2 是生物学组项目：

表5－2　入围2017年度国家科学技术奖受理的生物组项目名单

序号	项目名称
1	促进稻麦同化物向籽粒转运和籽粒灌浆的调控途径与生理机制
2	中国特有新科——芒苞草科的系统学研究
3	水稻高产优质性状形成的分子机理及品种设计
4	复杂疾病的基因组学分析方法及遗传机制研究
5	水产重要病原菌外膜功能蛋白组学的研究
6	典型防护林衰退与恢复机制研究
7	植物重要受体激酶的结构及功能研究
8	抑郁症发病机制及治疗新靶点的研究
9	西藏高原湿地现状认识创新及生态保护高效应用
10	植物适应逆境的生理生态学研究
11	旱地作物根土系统生态适应与调控机制研究
12	表观遗传调控关键蛋白的结构功能研究
13	被子植物受精和早期胚胎发生分子机制的研究
14	作物硅素吸收与抗逆机理
15	多细胞生物细胞自噬分子机制的研究
16	飞蝗两型转变的分子调控机制研究
17	东亚地区淡水鱼类生物多样性历史的系统发育重建与物种分化研究
18	陆生和水生无脊椎动物类群的分类与分化格局

资料来源：赛迪智库根据公开资料整理，2018年1月。

二、"十三五"生物技术创新专项发布

2017年5月，按照《中华人民共和国国民经济和社会发展第十三个五年规划纲要》《国家创新驱动发展战略纲要》《"十三五"国家科技创新规划》等的总体部署，为加快推进生物技术与生物技术产业发展，科技部制定了《"十三五"生物技术创新专项规划》（以下简称《规划》）。包括基因测序、免疫疗法、基因编辑、微生物组等热门技术都被《规划》"点名"。《规划》提出，要面向国家重大战略需求和世界科技前沿，到2020年，实现生物技术领域的整体"并跑"、部分"领跑"，基础研究取得重大原创性成果，突破一批核心关键技术，完善生物技术标准体系，培育一批具有重大创新能力的企

业，基本形成较完整的生物技术创新体系，生物技术产业初具规模，国际竞争力大幅提升。在发展目标中提出，要打造 10—20 个产值过 100 亿的生物医药专业园区①。

三、全球最准第三代基因测序仪深圳亮相

2017 年 7 月 31 日，南方科技大学孔雀团队发布了自主研发的第三代基因测序仪 GenoCare，这是目前全球准确率最高且唯一用于临床应用的第三代基因测序仪，其技术水平已经达到"亚洲第一，世界领先"，占据基因产业的创新制高点。它不仅克服了单分子测序相对低通量的缺点，同时也提供了 RNA 直接测序的可能性。未来，将覆盖科研和临床两个领域，商业前景无限。

四、引入信息论刷新基因测序精度

北京大学生物动态光学成像中心/北京未来基因诊断高精尖创新中心/生命科学联合中心/工学院黄岩谊教授课题组在此前谢晓亮教授首创的荧光发生测序技术基础上发展了一种全新概念的测序方法——纠错编码（简称 ECC）测序法。ECC 测序法采取一种独特的边合成边测序（SBS）策略，利用多轮测序过程中产生的简并序列间的信息冗余，大幅度增加了测序精度。该方法是对第 2 代测序方法的完善，其基本原理与 2 代测序方法相一致，创新之处在于打破思维定式，迂回计算出碱基信息。

五、模块化生物制药工厂诞生

生物药物从研发到上市，耗时漫长，也牵制了大量的资金。究其原因，除了研发与临床阶段无法避免的高耗时外，符合 GMP 要求的工厂建设同样耗费了大量时间，如何缩短建设时间成为决定未来竞争成败的一个关键。2017年，喜康生物与 GE 医疗宣布首个采用 GE 医疗模块化生物制药解决方案 KU-BioTM 的生物制药工厂在武汉正式落成。该方案将全球制药生产线建设领域比较标准的三年时间缩短为一年，显著加速了创新型生物药物的上市速度。

---

① 科技部：《"十三五"生物技术创新专项规划》。

时至今年，GE 医疗 KUBioTM 模式复制到广东，在中新广州知识城建立了模块化生物制药工厂集群，为新药研发成果转化提供"一站式"公共服务平台。

六、大型生物反应器全面投产

生物制品生产工艺的开发过程一般需要经历工程细胞库的构建、摇瓶工艺开发、小试工艺开发、中试放大、生产发酵、目的蛋白的纯化和制剂等步骤。在生产过程中，生物反应器的体积直接决定了每一批次得到的目的蛋白的质量。在我国由于大型生物反应器制造工艺的限制，万升级别的生物反应器极其罕见，这些生产中所面临的困难同样是制约我国生物制药产业发展的瓶颈。2017 年 12 月，上海药明生物宣布其 3 万升生物制药生产基地正式全面投产。该基地是目前世界上最大的使用一次性反应器的生物制药 GMP 生产基地，同样是目前我国已投产的最大的生物药医生产基地之一。在该生产基地中，药明生物已有 134 个项目在运行，其中 35 个项目已经进入一二期临床试验阶段，92 个处在临床前阶段。这一基地的投产标志着我国在大型生物反应器上的制造能力及应用大型生物反应器的协同能力得到了显著提升。

七、两票制全面落地深刻影响医药行业

2017 年 2 月，国务院办公厅印发了《关于进一步改革完善药品生产流通使用政策的若干意见》（以下简称《意见》）。《意见》围绕解决医药领域突出问题，从药品生产、流通、使用全链条、全流程发力，提出了系统改革措施，明确提出争取到 2018 年在全国全面推开药品购销"两票制"。两票制将对行业带来深远影响，未来，各省的主要药品流通企业将大幅缩减，商业配送业务将向全国性和区域性流通龙头集中，反过来对制药企业也将产生较大影响。

第四节　中国生物产业重点企业分析

生物产业作为我国战略新兴产业之一，主要分为生物医药、生物农业、生物能源、生物制造和生物服务产业等，这几大细分行业经过多年快速发展，

已经形成了一大批成长迅速、规模不断扩大的大中小型企业，对我国结构调整、经济转型、产业升级形成了较大的支撑作用。

表 5 – 3　2017 年生物产业主要细分领域和重点企业

主要领域	重点企业
生物医药	天坛生物、安科生物、信立泰、复星实业、海王生物、北生药业、东阿阿胶、通化东宝、云南白药、丰原药业、四环生物、华神集团、科华生物、华兰生物、舒泰神、千金药业、广州药业、力生制药、智飞生物、通化东宝、西藏药业、益佰制药、天目药业、长春高新、达安基因、中新药业、海正药业等、中源协和等
生物医学工程	万东医疗、新华医疗、鱼跃医疗、乐普医疗、阳普医疗、九安医疗等
生物农业	凯迪生态、民和股份、中粮生化、神农基因、登海种业、隆平高科等
生物质能	凯迪生态、韶能股份、中粮生化、龙力生物、华西能源、科迪股份、迪森股份等
生物服务	博济医药、宝诺科技、尚华医药、亚太药业、依格斯、凯维斯、百花村、药明康德、泰龙药业、方恩医药、赛德胜、海金格

资料来源：赛迪智库根据公开资料整理，2017 年 1 月。

一、《财富》中国 500 强医药企业

2017 年年初，全国共有药品生产企业 5065 家，约为美国医药企业数量的 4 倍，但年销售收入过百亿的企业仅为 11 家，排名前 100 位企业的销售收入所占比重只有 30% 左右。现将 2017 年《财富》中国 500 强医药企业陈述如下：

表 5 – 4　2017 年《财富》中国 500 强医药企业榜单

排名	公司	2016 年营业收入（百万元）	简介
53	华润医药	134108.3	为华润集团整合发展国内医药产业的全资企业，在心血管、大输液、生殖健康、基因治疗、天然药物、中成药、医疗器械等领域居于中国领先地位
56	上海医药集团	120764.7	主营业务覆盖医药研发与制造、分销与零售全产业链，是中国为数不多的在医药产品和分销市场方面均居领先地位的医药上市公司
247	中国医药	25737.9	产业形态涉及研发、种植加工、生产、分销、物流、进出口贸易、学术推广、技术服务等全产业链条
252	华东医药	25379.7	主要从事抗生素、中成药、化学合成药、基因工程药品的生产销售，以及中西药、中药材、医疗器械等的批零经销业务

续表

排名	公司	2016 年营业收入（百万元）	简介
267	云南白药	22410.6	前身为成立于1971年6月，1993年经济体制改革后成立云南白药实业股份有限公司，经营涉及化学原料药、化学药制剂、中成药、中药材、生物制品、保健食品、化妆品及饮料的研制、生产及销售
280	康美药业	21642.3	是国内率先把互联网布局中医药全产业链，以中药饮片生产为核心，全面打造"大健康＋大平台＋大数据＋大服务"体系的中医药全产业链精准服务型"互联网＋"大型上市企业
302	广州白云山	20035.7	主要从事中成药及植物药、化学原料药及制剂、生物医药制剂等领域的研究和开发以及制造与经营业务
346	浙江英特	17257.3	是由中国中化集团和浙江省国资委合资的中化蓝天集团旗下的上市公司，以经营药品、中药、生物器械为主营业务
418	哈药集团	14126.9	为中外合资企业，国有股占45％，主营涵盖抗生素、非处方药及保健品、传统与现代中药、生物医药、动物疫苗及医药商业
423	天力士制药集团	13945.5	主营现代中药、化学药、生物药、保健品、功能性食品等，涵盖科研、种植、生产、营销等领域
439	深圳海王生物	13605.9	形成涵盖医药产品研发、医药制造、医药商业流通和连锁零售的完整产业链条
442	中国生物制药	13543.4	中药现代制剂及化学药品
472	人福医药	12331	涉及麻醉药、生育调节药、维吾尔药，生物制品、基因工程药
473	山东步长制药	12320.9	公司以专利中成药为核心，致力于中药现代化，形成了立足心脑血管市场、覆盖中成药传统优势领域、聚焦大病种、培育大品种的立体产品格局
477	北京同仁堂	12090.7	以现代中药为核心，发展生命健康产业，是国际知名的现代中医药集团。

资料来源：赛迪智库根据公开资料整理，2018 年 1 月。

二、2017 年生物医药 A 股上市企业

目前，我国生物医药市场企业 34 家，绝大多数企业分布在环渤海、长三角和珠三角区域，江西、陕西、湖南、云南在部分城市也形成了一定的生物医药产业规模。现将重点生物医药上市企业陈列如下。

表 5 – 5　2017 年生物医药 A 股上市企业分省地图

序号	地区	公司名称	2017 年净利润（预计）	主要产品
1	北京	舒泰神	2.57 亿元	国家Ⅰ类新药—注射用鼠神经生长因子"苏肽生"和国内唯一具有清肠和便秘两个适应症的清肠便秘类药物—聚乙二醇电解质散剂"舒泰清"
2	北京	利德曼	0.72 亿元	生物化学、体外诊断试剂及医疗器械等
3		九强生物	2.99 亿元	生化诊断试剂、有同型半胱氨酸、胱抑素 C 等
4		天坛生物	11.76 亿元	疫苗、血液制剂、诊断用品等生物制品
5		双鹭药业	5.2 亿元	基因工程和生化药物研究开发、生产和经营
6		科华生物	2.56 亿元	诊断用品
7	上海	复星医药	32.2 亿元	新陈代谢及消化道、心血管、抗肿瘤及免疫调节、神经系统、抗感染等治疗领域
8		上海莱士	18.55 亿元	血液制品人血蛋白、人免疫球蛋白和凝血因子
9		交大昂立	1.1 亿元	微生物制剂和中草药制剂
10	安徽	安科生物	2.2 亿元	细胞工程产品、基因工程产品等生物技术药品的研发和核心技术能力的构建
11		国农科技	–0.1 亿元	注射用克林霉素磷酸酯、注射用三磷酸腺苷二钠氯化镁等产品的研发和销售。
12	广东	达安基因	1.17 亿元	以分子诊断技术为主导的，集临床检验试剂和仪器的研发、生产、销售以及全国连锁医学独立实验室临床检验服务为一体
13		冠昊生物	0.67 亿元	生物材料技术和细胞与干细胞技术
14		溢多利	0.5 亿元	生物药品、生物酶制剂、微生物制剂、功能性添加剂以及绿色生物制造工程

续表

序号	地区	公司名称	2017年净利润（预计）	主要产品
15	广西	莱茵生物	1.25亿元	罗汉果甜甙、甜菊糖甙、红景天提取物、积雪草提取物、淫羊藿提取物、越橘提取物、葡萄籽提取物等植物标准化提取物及高纯度活性单体的研发、生产及销售
16		双成药业	0.12亿元	基泰（注射用胸腺法新）、注射用生长抑素、注射用胸腺五肽化学合成多肽药物
17	河南	华兰生物	8.97亿元	血液制品研发和生产
18		安图生物	4.5亿元	体外诊断试剂及仪器的研发、生产和销售
19	湖南	南华生物	-0.25亿元	干细胞及其他细胞资源保存、细胞应用研究、干细胞和组织工程器官再造产品的研发、干细胞临床移植等于一体。
20		长春高新	6.5亿元	生物制药、中成药生产及销售
21	吉林	长生生物	5.8亿元	生物高技术产品的研制、生产与生物技术咨询服务
22		通化东宝	8.2亿元	人胰岛素生产
23	江苏	四环生物	0.45亿元	生物制剂药、化学药、抗肿瘤药和保健品
24	江西	博雅生物	3.94亿元	血液制品及其他相关健康产品的生产、研发与销售
25	内蒙古	东宝生物	0.25亿元	"金鹿"牌明胶、"圆素"牌胶原蛋白及"白云"牌磷酸氢钙等生物制品
26	四川	迈克生物	3.9亿元	体外诊断产品的研发、生产、销售和服务
27	陕西	金花股份	0.39亿元	化学药品、中成药品和保健品的研发、生产为主导，涉及医药物流等领域
28	天津	中源协和	0.04亿元	干细胞基因临床转化
29	云南	沃森生物	-5.3亿元	人用疫苗产品研发、生产、销售
30		花园生物	1.5亿元	医药化工、生物化工及饲料添加剂产品的研制、开发和生产
31		美康生物	2.1亿元	医学诊断产品研发、生产、销售及服务
32	浙江	钱江生化	0.55亿元	农用杀菌剂井冈霉素系列、农用杀虫剂阿维菌素系列、植物生长调节剂赤霉素系列以及兽药黄霉素、硫酸粘菌素、盐霉素等生物农药
33		我武生物	1.81亿元	过敏性疾病诊断及治疗产品的研发、生产和销售
34	重庆	智飞生物	3.8亿元	疫苗研发、生产、配送为一体

资料来源：赛迪智库根据公开资料整理，2018年1月。

三、生物农业重点企业

我国生物农业起步虽晚，但发展速度很快，在生物育种、生物农药、生物饲料等领域涌现出一批具有竞争力的优势企业。现将主要龙头企业分述如下。

表5-6　生物农业龙头企业

企业名称	主要领域	行业地位
民和股份	种鸡饲养、饲料添加剂预混料生产、有机肥、生物有机肥的生产与销售、粪污沼气发电项目等	农业产业化国家重点龙头企业、中国畜牧业协会禽业分会副会长单位
神农基因	农产品种子，包括杂交水稻、玉米、蔬菜瓜果棉花等种子，以杂交水稻种子的选育、制种、销售和技术服务为主	公司拥有的《杂交水稻制种超高产的方法》和《杂交水稻制种方法》发明专利，拥有国际领先的居于杂交水稻种业高端和核心地位的自主知识产权
登海种业	农作物新品种的选育、生产、分装、销售（凭许可证经营）；农业高新技术研发及成果转让，研发成果的推广、咨询、培训服务等	玉米种子行业中的龙头企业，位居中国种业五十强第三位，是"国家认定企业技术中心"、"国家玉米工程技术研究中心（山东）"
隆平高科	以水稻、玉米、蔬菜为主的高科技农作物种子、种苗的生产、加工、包装、培育、繁殖、推广和销售；新型农药、化肥的研制、推广、销售；政策允许的农副产品优质深加工及销售；提供农业高新技术开发及成果转让、农业技术咨询、培训服务等	中国农业产业化的重点龙头企业，国家创新型星火科技龙头企业，隆平高科牌水稻种子被评为中国名牌产品

资料来源：赛迪智库根据公开资料整理，2018年1月。

四、生物质能重点企业

2016年年底，国家能源局印发了《生物质能"十三五"规划》，生物质能产业有望迎来快速发展。规划提出，到2020年，生物质能基本实现商业化和规模化利用。生物质能行业龙头企业将会显著受益于政策利好，现将主要骨干企业分述如下。

表 5 - 7　生物质能重点企业介绍

企业名称	主要领域	行业地位
韶能股份	以生物质能发电、生态植物纤维制品、精密（智能）制造投资开发与经营等	电力总装机 103 万千瓦，其中水电装机 67 万千瓦，综合利用发电装机 24 万千瓦，生物质能发电装机 12 万千瓦
龙力生物	以玉米芯、玉米为原料，采用现代生物工程技术生产功能糖、淀粉及淀粉糖等产品，并循环利用功能糖生产中产生的玉米芯废渣生产第 2 代燃料乙醇等新能源产品及木质素等高分子材料产品	全国最大、市场占有率最高的低聚木糖生产企业，玉米芯酶法制备低聚木糖与纤维素燃料乙醇分别被列入"国家高技术产业化示范工程项目"，作为首家非粮生产二代纤维燃料乙醇而获得了国家燃料乙醇定点资格
华西能源	生物质燃料锅炉、垃圾焚烧锅炉、电站锅炉、碱回收锅炉、油泥砂锅炉、高炉煤气锅炉、工业锅炉以及其他各类特种锅炉研发、设计、制造等	专注节能减排新能源锅炉的研制，具有国内领先水平的生物质、油页岩、碱回收、煤矸石、油气、高炉煤气等为燃料的高新锅炉技术

资料来源：赛迪智库根据公开资料整理，2018 年 1 月。

五、生物服务重点企业

我国生物服务产业起步较晚，经过十多年的发展，药明康德、博济医药、宝诺科技、尚华医药、亚太药业、依格斯、凯维斯、百花村等一批企业的崛起，标志着我国生物产业呈现加速发展的态势，现将主要骨干企业分述如下。

表 5 - 8　生物服务重点企业介绍

企业名称	主要领域	行业地位
方恩医药	全方位与国际标准接轨的临床开发服务	为许多国内外领先的医药企业及全球一些非营利机构和新兴生物医药公司提供临床研究服务。如已支持提交国内外 15 个新药证书并有 11 个已经批准等
药明康德	为全球客户提供创新医药研发服务	总部位于中国上海，拥有 10000 多名员工，在中美两国均有运营实体，是国内 CRO 的巨头，全球排名第 11 位

续表

企业名称	主要领域	行业地位
亚太药业	原料药的生产、临床前药物研发服务等	拥有片剂（含青霉素类）、硬胶囊剂（含头孢菌素类、青霉素类）、透皮贴剂（激素类）、冻干粉针剂、粉针剂（头孢菌素类）等 8 个符合国家 GMP 标准的现代化制药生产车间。产品注射用加替沙星被评为国家级新产品、注射用利巴韦林被评为国家火炬计划项目
太龙药业	中药制造、西药固体制剂制造、CRO 技术服务等	国家火炬计划重点高新技术企业，2015 年获河南企业 100 强，主要经济指标在河南省医药行业中名列前茅
海金格	为制药企业、医疗器械企业提供新药临床研究及医疗器械研究的专业技术服务的 CRO 公司。	已经为 30 多家制药企业和研究机构提供了 50 个新药的新药临床研究技术服务及咨询服务

资料来源：赛迪智库根据公开资料整理，2018 年 1 月。

第六章　高端装备制造产业

第一节　国内外高端装备制造产业发展动态

一、国内外产业整体概况

（一）全球高端装备制造产业重心有向东方转移的趋势

发达国家仍占据高端装备制造业的高端。高端装备制造业具有技术含量高、附加值高、污染低的特征，处于产业链的核心位置，是工业发展后期的产物，在全球分布并不均匀。当前，高端装备制造业主要分布在发达国家和一些新兴国家，如美国、加拿大、欧洲、俄罗斯、日本、中国、巴西、印度等。发达国家在高端装备制造业上处于领先地位，大多数发展中国家装备制造业相对比较落后。

随着中国在高端装备多个领域的突破，以及日本、韩国、新加坡持续发力，产业重心有向东方转移的趋势。《中国制造2025》实施以来，中国在高端装备制造领域实现一系列突破，市场份额逐年攀升。轨道交通装备领域，无论是技术还是市场均处于世界领先地位；航空装备领域，商用大飞机C919已经进入试飞阶段；卫星及应用领域，北斗系统进入三号发射部署阶段，产业规模持续壮大；海工装备领域，"天鲲号"一批装备相继下水，制造实力进一步增强。韩国、新加坡在海工装备领域仍保持竞争优势，日本精密数控机床、工业机器人、智能仪表等智能制造装备处于国际领先地位，在轨道交通装备制造方面也具有较强的竞争能力。

（二）合作竞争仍是高端装备制造业发展的主要方式

在全球产业变革的大趋势下，世界各国对高端装备制造竞争更加激烈。各国更加重视发展高端装备制造业，在战略上加快布局，在行动上加快实施。如，美国提出《加速美国先进制造业》（AMP2.0）计划，并将其作为制造业国家级战略，加快推进互联网与高端装备深入融合，推动高端装备向智能化、尖端化、复合化发展。德国大力推行"工业4.0"战略，以保持在智能制造装备、轨道交通等传统领域制造优势。日本正式发布实施工业价值链参考框架IVRA，希望巩固和强化在机器人产业方面的优势。韩国发布《造船产业竞争力优化方案》，优化海工装备布局和产能，以保持其在该领域的领先地位，印度在商业航天领域不断发力，2016年单次发射实现"一箭20星"的突破，以在航天商业市场中争取一席之地。

各国积极在竞争中寻求合作共赢。高端装备制造业因其技术含量高、制造工艺复杂、产业链涉及的范围广、投资大，一般情况下，单独的一个企业很难独立完成所有的设计和制造任务。整合全球资源，发挥不同国家的技术和制造优势，在全球范围内开展合作成为主要生产方式。以波音787为例，飞机70%的比例由国外供应商制造，分布于日本、英国、意大利、中国等国，波音只负责总装和少数关键零部件制造。又比如我国的商用大飞机C919也是采用"主制造商—供应商"模式，我国负责飞机的前期设计、总装、试飞以及后期的销售等关键环节，而发动机、航电核心处理系统、部分材料等部件还是通过全球招标模式整合。在海工装备领域，2017年12月5日，中集海洋工程研究院有限公司和俄罗斯克雷洛夫中央科学研究院签署协议，开展北极钻探综合体项目合作①。

（三）智能制造成为高端装备制造业未来发展的方向

随着新一代信息技术加速向制造业渗透，以互联网、大数据、工业云、人工智能为代表的先进技术加速与高端装备制造业融合，高端装备制造业呈现出网络化、智能化等新的发展特征。从产品需求获得方式看，客户可以在

---

① 中国国际贸易促进委员会网站，http://www.ccpit.org/Contents/Channel_ 3974/2017/1208/927861/content_ 927861.htm。

制造业云平台上与生产企业互动，提出满足自身应用的需求，生产企业可以根据用户的订单完成个性化的生产；从供应方式看，企业和企业之间通过网络开展设计、生产、原材等方面的协作；从生产组织方式看，生产过程将由新型传感器、智能控制系统、机器人、自动化成套生产线组成，通过装备智能互联，实现自动组织生产，生产过程开启无人化时代；从产品智能化来看，大量的传感器和信息控制系统应用于高端装备系统，产品越来越智能化，如我国已经研制出借助传感技术的虚拟列车，波音、巴航工程公司正在开发一种基于计划维修的结构健康监测（S－SHM）解决方案，以实现简单快速的飞机的自动评估。

（四）新材料新工艺加速在高端装备领域应用

新技术、新工艺、新材料对于提升高端装备的性能至关重要。融合创新发展大潮中，高端装备应用新技术、新工艺、新材料的步伐加快。如 3D 打印技术正在航天、机床等领域得到应用。2015 年霍尼韦尔公司已经使用电子束熔炼 3D 成型技术生产了 HTF7000 发动机的管腔，3D 打印龙头企业 GE 公司采用 3D 打印的燃油喷嘴已经供应新款空中巴士 A320NEO、波音 737MAX、我国 C919 大客机的发动机。我国华中科技大学也掌握了大型金属零件高效激光选区熔化增材制造关键技术，生产出相关设备，打印的零件已经用于航天装备的研制。在新材料应用方面，铝镁合金型材已批量应用于我国高速列车，全碳纤维复合材料地铁车体在我国中车研制成功。

（五）我国高端装备制造业整体竞争力得到提升

从资本层面看，产业资本结构趋向多元化，在固定国有企业主体地位的同时，民营企业通过军民融合、参股国有企业、直接投资等多种方式进入高端装备行业，规模逐渐壮大。从行业集中度来看，行业集中度进一步提高，形成了可以参与全球竞争的企业集团，如在常规发电设备、输变电设备领域，哈尔滨电气、东方电气、上海电气三大集团发电设备占行业的比例达 69%；在风电领域，华锐、金风、东汽风电设备产量占全行业比重达到 70%；在工程机械领域，三一重工、徐工、柳工、中联重科、山推、龙工等工程机械企业销售总额已占据全行业的一半以上①。我国的高端装备技术水平和品牌建设也取得积极进展，在民用航空领域，ARJ21 已经交付客户，C919 首飞成功，并进入专场实验；在海工装备领域，2017 年新接订单量比 2016 年增长 53%，3.88 万吨智能船舶通过国际船级社认证，全球最大的乙烯运输船可承载 3.8 万立方米乙烯。

二、我国产业存在的问题

（一）高端装备质量水平亟待提高

虽然，我国装备自给率达到了 85%，但产品以中低端为主，高端设备仍需进口。数据显示，在集成电路芯片制造领域，80% 的装备需要进口；在大型石化装备领域，40% 的装备依赖进口；在汽车制造领域，约 70% 关键设备需要进口。最新统计显示，2017 年 1—11 月，我国高技术产业增加值增长 13.5%，装备制造业增加值增长 11.4%，与之关联的是，日本机床订单却创下了有史以来的最高纪录，达到了 1.64 万亿日元，其中来自我国的订单占据了 1.01 万亿日元，折合成人民币约为 577 亿人民币，增长 41.2%，这从另一个侧面也说明，我国机床质量仍不能满足国内市场需求，机床的高端市场仍被国外产品主导。

（二）基础不牢靠仍然困扰着高端装备制造

高端装备对零部件的材料要求较高，体现出"高、专、特、新"的特征，而我国材料产业基础相对薄弱，成为制约高端装备产业发展的因素之一。以发动机为例，因我国生产的最优质钢铁、铝材与日本企业生产的同类型产品在性能上仍然存在较大差距，即使发动机在结构上完全复制出来，但耐久性和抗疲劳性能仍不在一个档次，用我国原材料生产的发动机寿命大约只有日本同级别发动机使用寿命的 70%。高端装备高性能要求有高性能的零部件配套，在国内不能满足需求的情况下，我国高端装备主机所需的许多核心零部件及关键配套产品仍需要依赖进口。据统计，我国装备制造业关键技术的对外依存度

---

① 中国社会科学网，2017 年 9 月 28 日，http：//ex. cssn. cn/zf/201709/t20170928_ 3656180. shtml。

仍高达 50% 以上，而发达国家均为 30% 以下，美国和日本仅有 5% 左右[①]。

（三）高端装备产业协作配套能力较弱

产业发展的层次没有拉开，表现为哑铃状，国有大型企业集中在研发和整机制造环节，而大部分的中小企业由于不专不精，集中在低端环节，多数以对外承揽加工为主，产品同质化竞争严重。一方面，由于高端装备核心企业常为国有或国有控股大型企业，出于控制风险考虑，管理和创新体制机制不灵活，生产协作主要发生在集团内部或相关企业之间。同时，一些创新能力强的民营企业虽有技术，但缺少相关需求信息。信息的不对称无形中增加了二者协同难度。另一方面，大部分配套的中小企业，技术装备水平低，创新能力有限，拳头产品少，专业化生产优势不明显，跟不上生产高端产品主机厂的创新发展步伐，也对高端装备产业的大中小企业之间配套协作产生影响。

三、我国产业政策动态

高端装备的政策逐步完善，推动产业不断向好发展。国家层面，国务院、国家发改委、国家工业和信息化部等部委从 2015 年到 2017 年发布的政策措施有 15 项之多，着力推动高端装备产业的发展。2017 年政策更加精准，把着力点放在细分领域的发展，如 2017 年 1 月国家质检总局等五部委出台了《关于推进机器人检测认证体系建设的意见》，针对机器人快速发展的局面，及时在政策上给予引导；工信部于 2017 年 12 月发布《海洋工程装备制造业持续健康发展行动计划（2017—2020 年）》，明确了未来 3 年海工装备的发展方向、目标和任务。在地方层面，多个地方出台了高端装备产业发展的规划和指导性文件，加快推动高端装备的发展。如，上海市印发了《上海促进高端装备制造业发展"十三五"规划》，指出到 2020 年，要开发一批标志性、带动性强的重点产品和装备[②]；浙江省 2017 年 4 月印发《2017 年浙江省高端装备制造业发展推进计划》。2015—2017 年在高端装备制造领域发布的政策措施

---

① 向一波、郑春芳：《提高我国装备制造业国际竞争力的对策》，《经济纵横》2013 年第 4 期。
② 《上海市经济信息化委关于印发〈上海促进高端装备制造业发展"十三五"规划〉的通知》，上海市政务网，2017 年 2 月 23 日，见 http：//www.shanghai.gov.cn/nw2/nw2314/nw2319/nw12344/u26aw51395.html。

如表 6-1 所示：

表 6-1　我国在高端装备制造领域发布的部分政策措施情况（2015—2017）

序号	名称	领域	发布部门	发布时间
1	《国务院关于推进国际产能和装备制造合作的指导意见》	装备制造	国务院	2015 年 6 月
2	《国家民用空间基础设施中长期发展规划（2015—2025 年）》	卫星	发改委、财政部、国防科工局	2015 年 1 月
3	《机器人产业发展规划（2016—2020年）》	机器人	工业和信息化部、发改委、财政部	2016 年 3 月
4	《高端装备创新工程实施指南（2016—2020 年）》	高端装备	工业和信息化部、发展改革委、科技部、财政部	2016 年 4 月
5	《中国北斗卫星导航系统》白皮书	卫星	国务院新闻办公室	2016 年 6 月
6	《促进装备制造业质量品牌提升专项行动指南》	装备制造	工业和信息化部、质检总局、国防科工局	2016 年 8 月
7	《装备制造业标准化和质量提升规划》	装备制造	质检总局、国家标准委、工业和信息化部	2016 年 8 月
8	《国防科工局发展改革委关于加快推进"一带一路"空间信息走廊建设与应用的指导意见》	卫星	国防科工局，发改委	2016 年 10 月
9	《智能制造发展规划（2016—2020 年）》	智能装备	工业和信息化部、财政部	2016 年 12 月
10	《关于促进机器人产业健康发展的通知》	机器人	工信部、发改委、国家认监委	2016 年 12 月
11	《工业机器人行业规范条件》	机器人	工信部	2016 年 12 月
12	《关于推进机器人检测认证体系建设的意见》	机器人	质检总局、发改委、工业和信息化部国家认监委、国家标准委	2017 年 1 月
13	《高端智能再制造行动计划（2018 - 2020 年）》	装备制造	工业和信息化部	2017 年 10 月
14	《增强制造业核心竞争力三年行动计划（2018—2020 年）》	装备制造	发改委	2017 年 11 月
15	《海洋工程装备制造业持续健康发展行动计划（2017—2020 年）》	海工装备	工业和信息化部	2017 年 11 月

资料来源：赛迪智库整理，2018 年 1 月。

第二节　中国高端装备制造产业重点领域分析

一、航空装备

（一）发展概况

航空装备实现历史性跨越。目前，航空产业体系完整，具备研发设计和生产军用飞机、民用飞机、小型无人机和通航飞机能力，呈现出系列化、多谱系、规模化、集群化发展特征。首先是实现由小到大的跨域，经过几十年的发展，已经形成了以长三角、珠三角、环渤海地区为主要产业集聚地，以东北地区、陕西、四川等地研发、制造为重要支撑地的发展格局，未来十年，产业规模有望突破10000亿人民币。其次是制造能力从以前的跟踪发展迈入了自主创新发展阶段。例如，在大型军用运输机制造方面，除美国、俄罗斯和欧盟外我国是第四个能够自主研制大型军用运输机的国家，在商用大飞机制造方面，我国自主研制的现代干线飞机C919已经进入全面的试飞阶段，实现了商用大飞机零的突破，标志着我国具备了研制大型商用飞机的核心能力。

军用航空装备加速向世界先进水平迈进。在直升机方面，随着"玉龙"发动机列装直-10，直升机核心技术受制于人的局面被打破，标志着我国直升机研制进入世界先进水平。在歼击机方面，舰载机歼15成功实现在航母上起降并完成各项训练任务，标志我国已掌握舰载机的核心技术；歼31正式在52届巴黎航展展出，显示我国的隐形战机的研发设计正从第一代迈向第二代，标志着我国成为第三个能自主研制隐身战机的国家。在装备信息化方面，随着空警200、空警2000、空警500预警机等研制成功，我国预警机的信息系统实现了由依赖进口到全面采用国产处理平台、国产操作系统和数据库的转变，实现了对所有分系统的国产化，比如元器件国产化规格比超过90%，雷达核心信息平台服务器 100% 实现国产化[①]。

通用航空装备品种更加丰富。新舟系列产品初步形成了多型并举、多用途发展的新格局，已经应用于客运、货运、公务服务、海事监测等领域，代表的机型有"新舟"60、"新舟"600 和"新舟"700，已累计交付用户 100架。其中新一代 70 座级涡桨支线飞机"新舟"700，已完成详细设计阶段研制工作，进入工程发展阶段。AC 系列民用直升机，继 AC313 成功飞越青藏高原海拔 8000 米高度之后，2016 年 12 月航空工业直升机与空中客车直升机公司合作生产的 AC352 直升机成功首飞，填补了中国民用直升机 7 吨级谱系的空白。在水陆两用飞机领域，2017 年 12 月 24 日"鲲龙"AG600 在珠海一飞成功，填补了我国大型水陆两栖飞机研制领域的空白。运 – 12 系列飞机已经获得美、英、俄等发达国家型号合格证，累计为 30 个国家和地区交付 200 余架。在民机支线领域，完全自主设计并制造的支线客机 ARJ21 – 700 成功完成青海辖区内的西宁—德令哈—花土沟—德令哈—西宁航线和西宁—格尔木—西宁航线试飞任务，C919 大飞机 2017 年 5 月在上海成功实现首飞。到目前为止，民用航空基本形成了由通用飞机、运输机、涡桨支线飞机、直升机及其系统配套构成的产品体系。

（二）技术进展

随着《中国制造 2025》《关于促进通用航空业发展的指导意见》《民用航空工业中长期发展规划（2013—2020 年）》等一系列纲领性文件的发布，航空装备创新发展的势头强劲，在无人机、航空发动机等领域关键技术不断取得突破，涌现出一批新技术和新产品。

1. 无人机

2017 年，我国继续加大无人机领域创新力度，无人机技术再攀新高。新型察打一体无人机翼龙 II 实现首飞，该机长 11 米、高 4.1 米、翼展 20.5 米，重 4200 公斤，航速最快可达每小时 370 千米，飞行高度最高可达 9 千米，续航能力达 20 小时。相比上一代，翼龙 II 在系统协同能力、武器挂载能力、目标侦察能力、精确打击能力等方面都有大幅提升。太阳能无人机获得突破，

---

① 腾讯网：《空警 500 完全实现"中国芯""卡脖子"成为历史》，2015 年 11 月 19 日，http://new.qq.com/cmsn/20151119/20151119037068。

2017年6月"彩虹"太阳能无人机完成临近空间飞行试验，飞行高度最高达2.5万米，飞行时间可达数月甚至数年，核心关键技术和设备全部实现国产化。重量级的货运无人机研制获突破，2017年10月30日AT200成功实现首飞，该机货仓容积为10立方米，有效载荷达1.5吨，满载货物时可以在200米以内完成起飞和着陆。

2. 航空发动机

航空发动机的研制瓶颈正被打破。在大涵道比涡扇发动机方面，CJ1000A型号研制项目通过由工业和信息化部、中国民航局、国防科工局等部门组织的概念设计评审，从技术验证全面转入工程研制。在小涵道比大推力军用涡扇发动机的研发方面，具有完全自主知识产权的"玉龙"发动机研制成功并投入使用，突破了制约直升机发展的最大瓶颈，扭转了核心能力受制于人的被动局面。在涡轴发动机方面，通过集成创新，已经研制出千瓦级涡轴发动机1600，可满足不同吨级直升机对发动机功率等级和结构安全性的要求，填补了该功率等级涡轴发动机型谱的空白。

二、卫星及应用

（一）发展概况

卫星在网规模不断扩大。2017年，我国共执行航天发射18次，近20颗卫星被送入太空。当前在轨卫星总量已超过200颗，数量仅次于美国。应用卫星体系日渐完备，覆盖通信、遥感、气象、科学试验等领域。在通信卫星方面，卫星通信频段覆盖S、C、Ku、Ka等不同频段，应用业务涉及固定、中继和直播，特是通信总容量超过20G的中星16号成功发射，实现了自主通信卫星宽带应用的突破。在遥感卫星方面，我国总共发射了16颗气象卫星，形成了资源、海洋、风云系列和环境减灾小卫星等遥感卫星系列，目前在轨9颗，正在执行业务的8颗；与其他国家相比，在轨气象卫星数量最多、种类最全。应用领域覆盖气象、海洋、林业、农业、民航等信息观测，服务的国家和地区达77个，其中"一带一路"周边国家37个。在导航卫星方面，北斗三代开始全面建设，2017年11月5日，两颗北斗三代地球同步轨道卫星顺利发射升空，至2017年年底，组网的北斗系统卫星数达到了25颗。

"北斗"导航产业成为产业发展的重点。北斗卫星导航系统与美国全球定位系统（GPS）、欧洲伽利略卫星导航系统（Galileo）和俄罗斯 GLONASS 并列为全球四大导航系统，预计总共发射 35 颗卫星，包含 27 颗地球中轨道卫星、3 颗倾斜同步轨道卫星和 5 颗地球同步轨道卫星，目前已经发射 25 颗，进入到第三代部署阶段。"北斗"导航系统具备提供覆盖亚太地区的导航定位、授时和短报文通信业务服务能力。同时，导航的产业链也日趋完善，初步形成了天线、芯片、模块、模拟器、电子地图、应用解决方案等较为完整的产业体系①，并在交通运输、海洋渔业、水文监测、气象预报、大地测量、救灾减灾、手机导航等领域发挥了积极作用。据初步统计，2015 年，北斗终端持有量达到 400 万余套，中国民用遥感卫星数据分发量累计超过 1000 万景②。2016 年我国卫星导航与位置服务领域企事业单位数量保持在 14000 家左右，从业人员数量约 45 万；卫星导航与位置服务产业总体产值已突破 2000 亿元大关，达到 2118 亿元，较 2015 年增长 22.06%③。2017 年，北斗终端持有量达到 400 万余套，中国民用遥感卫星数据分发量累计超过 1000 万景。

通信卫星产业发展进入新阶段。2017 年，我国共发射 8 颗通信卫星，提升了卫星通信的服务能力。"实践十三号"卫星成功发射，把我国卫星通信带入了高通量时代，并为移动载体的宽带通信提供了保障。"和德一号"专业服务于 AIS 海事，平均每天可解码来自不少于 6 万艘船舶的 200 万条消息，是我国首颗 AIS 卫星。中星 –9A 是我国首颗国产广播电视直播卫星，载有 24 台 Ku 频段转发器，可满足我国广播电视、新媒体和直播产业发展需求。"科技创新 2030——重大项目"——天地一体化信息网络重大科技工程也已启动。该工程通过天基骨干节点、天基接入节点及地面骨干节点构成覆盖全球的天地一体化网络，2030 年前实现全面服务。

---

①　吴海玲、李作虎、张玉凤：《北斗卫星导航产业发展现状分析》，《卫星应用》2013 年第 4 期。

②　中国新闻网：《中国航天局：加速培育"互联网＋卫星应用"新业态》，2015 年 11 月 13 日，见 http://www.chinanews.com/gn/2015/11 – 13/7622891.shtml。

③　资料来源：《2016 年中国卫星导航与位置服务产业发展白皮书》。

表6-2 我国当前在轨国产通信卫星统计

型号名称	发射日期	平台	用户
中星22-A	2006.9	DFH-3	中国卫通
天链-1（01）	2008.4	DFH-3	
鑫诺-6	2010.9	DFH-4	中国卫通
中星20-A	2010.11	DFH-3	中国卫通
鑫诺-5	2011.6	DFH-4	中国卫通
天链-1号02星	2011.7	DFH-3	
中星1A	2011.9	DFH-4	中国卫通
中星2A	2012.5	DFH-4	中国卫通
天链-1号03星	2012.7	DFH-3	
中星11	2013.5	DFH-4	中国卫通
亚太九号	2015.10	DFH-4	亚太卫星（中国卫通子公司）
中星2C	2015.11	DFH-4	中国卫通
天通一号	2016.8	DFH-4	中国卫通
通信试验卫星2号	2017.1	DFH-4	中国卫通
"吉林一号"03星	2017.1		长光卫星
行云试验一号	2017.1		中国卫通
凯盾一号	2017.1		中国卫通
实践-13	2017.4	DFH-3	中国卫通
中星-9A	2017.6	DFH-4	中国卫通
亚洲九号	2017.9	SSL 1300	中信集团
"和德一号"	2017.11		和德宇航

资料来源：赛迪智库整理，2018年1月。

（二）技术进展

北斗导航系统技术方面，新发射的第三代导航卫星北斗三号全部使用国产设备，并使用了星间激光通信技术。北斗地基增强系统（一期）完成建设，填补了空白，初步形成了全国北斗高精度服务网，在全国范围内，精度大幅提高，具备从米级到毫米级的定位服务能力，如广域分米级实时差分定位精度水平方向小于0.5米、垂直方向小于1米；区域厘米级实时差分定位精度，水平方向小于 5 厘米，垂直方向小于 10 厘米。系统能力达到国外同类系统技术水平。2 月 28 日，我国自主研制的"米级快速定位北斗芯片"正式推出，可满足车用记录仪、后视镜、导航仪等电子设备的导航需求。

卫星通信技术方面，成功实现高通量通信。2017 年 4 月 12 日，我国发射首颗高通量通信卫星"实践十三号"，采用了一系列新技术，通信总容量超过 20 兆比特/秒。首次应用 Ka 频段进行通信，从频段划分来看，Ka 频段处于 26.5—40 吉赫兹范围，可以利用的频带更宽，更能适应高清视频等应用的传输需要；首次使用激光通信，具有通信容量大、传输距离远、保密性好等优点，同时也是首颗实现电推进工程化应用的卫星。"实践十三号"卫星可为车辆、轮船、飞机等移动载体在运动过程中通信提供保障。

三、轨道交通装备

（一）发展概况

国内轨道交通制造能力已经跻身世界前列。经历几十年的发展，我国轨道交通装备产业产业链完整，制造设备先进，具备世界领先的研发、设计、制造、试验和服务能力。以高铁为代表的轨道交通装备制造已经成为中国制造的一张新名片。目前，我国是全球最大的轨道交通装备市场，也是世界上高铁营运里程最长的国家，截至 2016 年年底，我国高速铁路突破 2.2 万公里，占世界高铁运营总里程 60% 以上。中国中车作为我国轨道交通装备领域的龙头企业，2016 年占据全球高铁市场 69% 的份额，连续六年位居世界轨道交通装备行业的冠军。

海外市场露出转型端倪。一方面，我国轨道交通装备国际化持续推进。2017 年 4 月 4 日，雅万高铁项目合同正式签署，标志着高铁国际化首单正式落地，带动中车四方股份 11 列高速动车组准备出口。随着美国洛杉矶、费城、伦敦、蒙特利尔等订单继续签订，交通装备国际化能力越来越强。另一方面，受贸易环境影响，我国轨道交通企业海外商业模式逐渐从整车输出为主向零部件输出转变，以湖南省为例，2017 年整车出口与上年相比下降 54%，零部件、轨道交通装备附属等产品出口大幅增长；由以往的产品输出变为服务、技术、资本、行业标准的全要素输出。中车在美国马萨诸塞州春田市建厂实现当地制造及 2016 年获得南非 141.4 亿元人民币机车维保订单则是这一模式转变的很好例证。

多项政策出台推动轨道交通装备新一轮发展。在需求侧，国内各地加快轨道交通建设，需求牵引轨道交通装备增长。国家发改委于 2017 年 6 月 20 日颁布《关于促进市域（郊）铁路发展的指导意见》、要求各地着力扩大市域（郊）铁路公交化运营服务的有效供给，鼓励发展多层次、多模式、多制式的轨道交通系统，城际和市域（郊）铁路规模达到 2000 公里左右；同年 11 月 20 日出台《铁路"十三五"发展规划》，指出到 2020 年，全国铁路营业里程达到 15 万公里，其中高速铁路 3 万公里，动车组列车承担旅客运量比重达到 65%①。根据测算，2017—2020 年城轨车辆市场空间 1380 亿元，2017—2022 年高级修市场总容量约为 1052 亿元。在供给侧，从中央到地方加快轨道交通装备产业布局，提升轨道交通装备的供给能力。国家发改委在《增强制造业核心竞争力三年行动计划（2018—2020 年）》中提出要加快轨道交通装备关键技术产业化，发展发展高速、智能、绿色铁路装备、先进适用城市轨道交通装备和构建新型技术装备研发试验检测平台。湖北省出台《湖北省轨道交通装备"十三五"发展规划》，提出到 2020 年轨道交通装备产业主营业务收入达到 600 亿元。② 合肥市编制了《合肥市轨道交通装备产业发展规划（2017—2020 年)》，将把轨道交通装备产业打造为合肥市装备工业的支柱。

（二）技术进展

我国轨道交通装备技术已经实现引进吸收到创新的跨越，从以前的整体跟跑，发展到与世界先进企业同台竞技，甚至部分领域领跑的阶段，整体创新能力在不断提高。2017 年，在轨道交通装备领域又取得了一系列的创新成果。

高速列车整体技术水平迈上新台阶。9 月 21 日，"复兴号"动车组开始投入运营，运行时速从原来的每小时 300 公里提高到每小时 350 公里；整车

---

① 国家发展改革委：《关于印发〈铁路"十三五"发展规划〉的通知》，2017 年 11 月 20 日，见 http://www.ndrc.gov.cn/gzdt/201711/t20171124_867822.html。

② 湖北省经济和信息化委员会：《湖北省经信委关于印发湖北省轨道交通装备"十三五"发展规划的通知》，2017 年 1 月 11 日，见 http://www.hbeitc.gov.cn/zngz/hyzd/jxgc/74388.htm。

的国产化标准大幅提高，在 254 项标准中，我国标准占了 84%，网络、牵引、制动、转向架等系统均为自主设计和生产，车体、牵引、制动等系统关键零部件实现了统型和通用互换，从而实现了平台、型号、标准系统的统一。比亚迪公司研发设计的跨座式单轨系统爱银川花博园段实现商业化运营，这标志着我国已经掌握跨座式单轨系统的轨道驱动、电机、电控、车身、底盘、转向架、轨道梁等全产业链核心技术。

在电气传感控制领域研制成功多项新技术。在驱动方面，新型地铁永磁直驱转向架技术研发成功，该项技术将使列车减免齿轮箱减速装置、联轴节等传动装置，减少机械传动消耗，提高电机的传动效率，降低传动噪声，提高再生制动时的发电效率。2017 年 7 月，新型电气化铁路接触网导线由中国铁建电气化局集团开发成功，可在 300 公里至 350 公里及以上电气化铁路中使用，并成为高速铁路接触网零部件技术标准。在测控方面，2017 年 8 月，超高速无线通信（EUHT）技术高铁上应用测试成功；2017 年 12 月我国研制的第一枚轨道交通控制芯片通过测试；"无速度传感器控制技术"牵引系统开始批量化应用。

四、海洋工程装备

（一）发展概况

在经过连续几年的市场低迷期之后，随着原油价格的逐步回升以及技术革新风潮来临，海上钻井平台等海工装备市场缓慢复苏。2017 年 1—9 月份，全球共成交海工装备 52 座（艘），接单总金额约 101 亿美元[①]，较上年同期 36 亿美元相比大幅回升。其中，我国接单数量位于全球第二，仅次于韩国。2017 年 1—9 月份，我国共承接约 20 亿美元订单，接单数量 17 座（艘）。但是钻井装备的延期和撤单依然困扰我国海工装备行业，2017 年年初，我国计划交付海工装备 401 座（艘），而目前预计仅有 125 座（艘）可按期交付，仍处于较低水平。

---

① 中船重工经济研究中心：《前三季度全球海工接单金额大幅回升》，2017 年 10 月 23 日，见 http：//www. cnss. com. cn/index. php？siteid＝1&a＝show&catid＝242&typeid＝12&id＝291579。

我国海工装备加速探索新能源领域。2017 年，《海洋可再生能源发展"十三五"规划》出台。这是我国首个海洋能发展专项规划，体现我国对海洋可再生能源利用的重视。随着国家对新能源的支持力度不断加强，可燃冰、海上风能、潮汐能等逐渐成为国家陆海统筹发展的重点项目，为可燃冰开采装备、风电工程船、潮汐发电船等诸多领域带来了新的发展机遇。目前，中集来福士、龙源振华、华电重工等多家企业纷纷布局海洋可再生能源开采装备，将海洋能工程化应用作为首要任务，致力于开发高效、稳定、可靠的海洋能技术装备。

我国船舶工业呈现回暖态势。2017 年 1—9 月，我国船舶工业运行平稳。造船完工量继续增长，新承接订单量有所回升，手持订单量降幅收窄。英国克拉克松研究公司统计，我国造船业新接订单量手持订单量近五年来稳居世界第一，造船完工量四年位居世界第一，一年居第二[1]。2017 年上半年，中国造船业三大指标再次处于世界首位[2]，我国正在由造船大国向造船强国迈进。

（二）技术进展

经过多年努力，海洋工程装备产业取得了突飞猛进的发展，我国成为海洋强国指日可待。2017 年，随着蓝鲸一号和蓝鲸二号超深水双钻塔半潜式钻井平台、6600kW 绞刀功率重型自航绞吸船"天鲲号"、振华 30 号 14 万吨起重船的闪亮登场，将我国海工装备推向国际先进水平。其中，蓝鲸一号已于 2017 年 5 月在南海成功进行可燃冰试采，实现了我国在可燃冰开采领域零的突破；天鲲号是中国自主设计建造的挖泥船，已取代"天鲸号"成为在亚洲乃至全世界领先的自航绞吸挖泥船，其挖掘功率、输送总功率、远程输送能力、最大挖掘深度均为亚洲第一，并处于世界前列。"振华 30 号"单臂架起重量超过万吨，是当之无愧的世界第一。在第十九届中国国际工业博览会上，"振华 30 号"荣获"特别荣誉奖"。在港珠澳大桥岛隧工程最后合龙中，"振华 30 号"顺利完成重达 6000 吨"最终接头"的水下吊装。

---

[1]　邱海峰：《中国造船业何以惊叹世界》，《人民日报》2017 年 8 月 29 日。
[2]　《产能过剩核心竞争力不足造船大国"大而不强"亟待转型破局》，《经济参考报》2017 年 12 月 19 日，见 http://finance.eastmoney.com/news/1355，20171219813695251.html。

积极推进海工装备数字化、智能化，已成为我国海工装备发展重点。在智能产品方面，中国船舶工业集团公司自主研制的 iDolphin（智慧海豚型）38800 吨智能示范船"大智"成为全球首艘通过英国劳氏船级社和中国船级社认证的智能船舶。"大智"装有我国自主研发的全球首个船舶智能运行与维护系统，具备全船信息共享、自主评估与决策等多种功能，能够实现智能运行与维护、智能能效管理、智能航行、船岸一体化等船舶智能化运行管理。该船还安装了全球首台满足智能船舶规范的智能应用低速主机以及我国自主研制的首套主机遥控系统，为智能船舶研发专项奠定了坚实基础。在智能制造方面，在船舶制造过程中，广泛融入工业机器人应用和自动化生产线等智能制造环节。例如，南通中远川崎先行先试，持续推进数字化设计、生产技术，投产 29 条数字化、智能化生产线，建成智能车间 2 个，大幅缩短了产品建造周期，提升生产效率。2017 年，中远川崎的智能化车间项目入选"中国智能制造十大科技进展"。

五、智能制造装备

（一）发展概况

智能制造装备市场不断扩展。随着全球对智能制造装备发展的高度重视，我国智能制造装备的地位也在逐渐提升，在我国制造业增加值中占据的份额越来越大。2010—2016 年，我国智能制造装备产业始终保持着较为快速的增长速度，2016 年的市场规模达到 12800 亿元。前瞻产业研究院发布的《智能制造装备行业发展前景分析报告》预计，2017 年，智能制造装备的市场规模可达到 15600 亿元。而到 2020 年，智能制造装备产业的销售收入将超过 3 万亿元，未来五年的复合年均增长率（CAGR）超 25%[1]。可见智能制造装备产业未来发展空间巨大。

国家对智能装备制造业政策支持力度不断加大。自 2009 年《装备制造业调整和振兴规划》出台以来，智能制造装备成为装备制造业转型升级的重要着力点。工信部出台的《智能制造发展规划（2016—2020 年）》提出，到

---

[1]　前瞻产业研究院：《智能制造行业发展现状与市场规模分析》，2017 年 12 月 11 日。

2020 年，研制 60 种以上智能制造关键技术装备，达到国际同类产品水平，国内市场满足率超过 50%。此外，《智能制造工程实施指南（2016—2020 年）》《机器人产业发展规划（2016—2020 年）》《装备制造业标准化和质量提升规划》《智能硬件产业创新发展专项行动（2016—2018 年）》等多项细分政策也陆续发布，智能制造试点示范工作也于 2016 年展开。在此推动下，河南省、重庆市、长沙市、广州市等省市也发布了各项推进政策，结合本地特色，促进智能制造装备发展。这一系列举措将大力推动产业加速发展。

单位：（亿元）

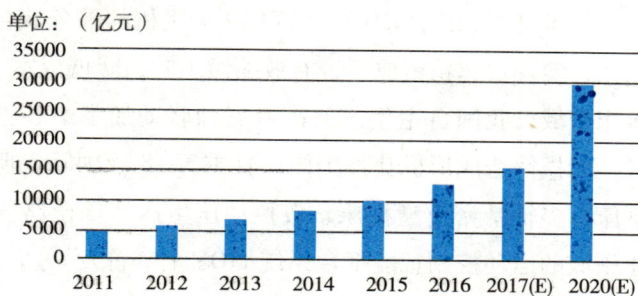

图 6 - 1　智能制造装备产业市场规模

资料来源：前瞻产业研究院，2017 年 12 月。

我国智能制造装备产业仍有较大上升空间。智能制造装备产业在我国起步晚，技术创新能力薄弱，伺服电机、减速器、新型传感器、先进控制系统等核心技术均受制于人。此外，虽然我国正在大力发展人工智能，但是智能制造装备与人工智能的结合不够紧密，智能机器人、智能数控机床的智能水平还不够高，自主性和适应性不强。针对这些问题，未来将出台一系列扶持、引导政策，通过人工智能技术提升智能制造装备的智能化水平，目前 20 亿元智能机器人重点专项引导基金已到位。

（二）技术进展

在智能机器人领域，移动机器人 AGV 是唯一的成熟应用的国产机器人产品，本土制造和销售占比将近 90%。在汽车生产环节，用于发动机总成、后桥总成与车身合装的动力总成装配型 AGV、双举升 AGV 等基本实现国产化。在制造及物流环节，随着各大企业生产过程的自动化需求增加，激光叉车，潜入、牵引、辊道、货架式 AGV 等搬运型 AGV 的市场也在逐渐增大，目前有大量企业涉足搬运型 AGV 行业。总而言之，国产 AGV 已逐渐适应目前智能制造、智慧物流的趋势。

在增材制造领域，我国增材制造的工艺水平正在加速提升。比如，华曙高科开发了开源一体化工业级3D打印智能控制系统，为全球首创；易博三维研制的微型金属桌面增材制造装备，为国内首台；峰华卓立开发的阵列喷嘴全自动砂型3D打印机，技术接近国际先进水平；中航迈特研发的真空感应气雾化制粉炉突已形成年产10台（套）的制备能力，技术突破发达国家封锁①。目前，增材制造技术已得到广泛应用，如C919大飞机的部分钛合金零件应用了增材制造工艺，实现快速精密成型，有效缩短工时、降低成本。

在数控机床领域，我国自主生产的高速五轴联动加工中心主要指标达到国际先进水平，无模铸造成形机获得美国、日本等18项国际发明专利；高精度数控齿轮磨床、多轴精密重型机床、数控冲压生产线等已跻身世界先进行列；面向工业领域的运动控制智能平台系统i5OS全球首发。这一系列突破表明，我国高档数控机床产业正在逐渐突破长期被少数发达国家企业掌控的核心技术。

第三节　中国高端装备制造产业年度热点事件

一、我国自主研发的"复兴号"动车组首发

2017年6月，由中国铁路总公司牵头研制，完全自主知识产权的中国标准动车组"复兴号"在京沪线首发，分别担当G123和G124次列车。"复兴号"动车组实现350公里时速运营，使我国再次成为世界铁路运营时速最高的国家。"复兴号"高铁采用全新低阻力流线型头型和车体平顺化设计，阻力比CRH380系列降低了7.5%—12.3%；虽然列车高度从3700毫米增高到了4050毫米，但是在时速350公里下运行时，人均百公里能耗和车内噪声都有

---

① 《3D打印产业化进程加速》，《经济日报》2017年5月15日。

明显下降;"复兴号"还设置了智能化感知系统,全车部署了 2500 余项监测点,能够进行全方位实时监测,为多维度故障诊断、维修提供支持。

二、北斗三号卫星首发成功

2017 年 11 月,我国在西昌卫星发射中心成功发射两颗北斗三号全球组网卫星。这是北斗三号卫星的首次发射,标志着我国北斗卫星导航系统迈入全球组网新时代,北斗卫星导航系统"三步走"战略进入最后一步,继美、俄之后,我国已成为全球第三个拥有自主卫星导航系统的国家①。北斗三号双星属于中圆地球轨道卫星,配置了新一代铷原子钟和氢原子钟,定位精度可达2.5—5 米水平,并将在保留北斗二号的短报文功能前提下提升相关性能。北斗作为世界上唯一的由 3 种轨道卫星构成的导航系统,已在农业、海洋渔业、民航、交通运输、应急救援、防灾减灾、燃气等各领域得到规模化应用,未来除具备导航、定位、授时等基础功能,还将增加搜救、全球位置报告、星基增强等拓展功能。

三、"蓝鲸一号"试采海域可燃冰成功

2017 年 5 月,我国自主设计建造的海上钻井平台"蓝鲸一号"首次出海,累计采气 60 万立方米,创造了产气时长和总量的双世界纪录,实现了我国在可燃冰开采领域"零"的突破。自此,我国成为全球领先掌握可燃冰试采技术的国家,对于优化能源结构,加强能源安全保障有着至关重要的意义。"蓝鲸一号"由中集来福士海洋工程有限公司设计建造,是全球最大、作业水深最深、钻井深度最深的钻井平台,代表了目前人类在海洋工程领域的最高水平。钻井平台长 117 米、宽 92.7 米、高 118 米,排水量高达 7 万吨,比"辽宁舰"航母的满载排水量还要大。"蓝鲸一号"装载了全球领先的定位系统,可精准感应水流、风速、浪潮,并对 8 个螺旋桨的运行速度和方向进行调整,保证钻杆稳定作业。

---

① 《我国"一箭双星"成功发射北斗三号卫星 中国北斗步入全球组网新时代》,《经济日报》2017 年 11 月 6 日,见 http://news.sina.com.cn/c/2017-11-06/doc-ifynmvuq8836987.shtml。

四、国产大飞机 C919 首飞成功

2017 年 5 月，国产大型客机 C919 在浦东国际机场正式首飞成功，实现了国产客机领域的突破。2017 年 12 月，第二架 C919 再次试飞成功，在规定空域内巡航飞行 2 小时，最大飞行速度 468 千米/小时，最高大飞行高度超过 4600 米。根据项目计划，C919 总共将投入 6 架飞机进行试飞试验，2 架飞机进行地面试验。这是我国首次对 150 座级干线飞机进行适航认证，代表着我国航空领域等级最高的试飞试验。目前，C919 拥有国内外 27 家客户的 785 架订单。

五、中国航天稳步迈进"空间站时代"

2017 年 4 月，我国自主研制的货运飞船"天舟一号"与空间实验室"天宫二号"顺利完成自动交会对接。天舟一号与长征七号运载火箭共同组成空间站货物运输系统，这次空间站货物运输系统的首次飞行和顺利对接，标志着我国稳步迈进"空间站时代"。天舟一号是我国为空间站设计建造的首个货运飞船，为全密封货运飞船，采用两舱构型，由货物舱和推进舱组成。全长 10.6 米，最大直径 3.35 米，起飞质量为 12.91 吨，太阳帆板展开后最大宽度 14.9 米，物资运输能力约 6.5 吨，推进剂补加能力约为 2 吨，具备独立飞行 3 个月的能力。这次顺利对接，验证了货物运输系统设计的正确性和产品的可靠性，以及载人航天工程各个系统执行货物运输任务的协调性、匹配性①。

六、首艘国产航母正式下水

2017 年 4 月 26 日，我国首艘自主建造的 001A 型航空母舰在大连正式下水，这是我国拥有的第二艘航空母舰，被人们亲切地称作"国产航母"。001A 型航空母舰于 2013 年 11 月开工建造，其排水量可达 6 万吨，是目前世界上最大的常规动力航母，在全球同等级的中型航母中，技术水平处于前列。目前，航空母舰主船体已完成建造，动力、电力等主要系统设备安装到位。

---

① 《天舟一号与天宫二号顺利完成自动交会对接》，环球网，2017 年 4 月 23 日，见 http：//news. sina. com. cn/c/nd/2017 – 04 – 22/doc – ifyepsec0238020. shtml。

航空母舰的出坞下水，标志着我国自主设计建造航空母舰取得重大阶段性成果。下一步，该航空母舰将按计划进行系统设备调试和舾装施工，并全面开展系泊试验。

七、我国自主研发高端装备助推世纪工程港珠澳大桥建成

2017 年 11 月，全球最长的公路沉管隧道和全球唯一的深埋沉管隧道港珠澳大桥主体工程荷载试验完成，全面进入验收期。在港珠澳大桥工程建设中，特别是突破了海底隧道最长、隧道埋深最大、单个沉管体量最大、使用寿命最长、隧道车道最多等多个世界级难题的 5.6 公里海底隧道施工过程中，应用到大量自主研发的国产装备。例如，"津平 1 号"深水碎石整平船完成了 5664 米沉管基床的 56 万方碎石铺设；两艘沉管安装船"津安 2"和"津安 3"号完成了 33 节沉管的精准对接；"振华 30"圆满完成了 6000 吨级最终接头的海上吊装。

八、"蛟龙"号完成在世界最深处下潜

2017 年 5 月，"蛟龙"号载人潜水器在世界最深处的马里亚纳海沟"挑战者深渊"北坡完成在世界最深处下潜，潜航员在水下停留近 9 小时，海底作业时间 3 小时 11 分钟，最大下潜深度 4811 米。我国是继美、法、俄、日之后世界上第五个掌握大深度载人潜水技术的国家。在全球载人潜水器中，"蛟龙号"属于第一梯队。"蛟龙号"配备了世界领先的水声通信功能，可将潜水器数据实时传递到水面。

第四节　中国高端装备制造产业重点企业分析

一、装备制造业百强企业

2017 年《中国制造企业 500 强》暨《中国装备制造业 100 强》排行榜隆重发布，通过对超过 11000 家利润总额在 5000 万元至 470 亿元之间的中国大

陆制造型企业进行了数据采集研究，从中遴选出 500 家中国制造企业 500 强企业及 100 家中国装备制造业 100 强企业。如表 6 – 3 所示。

表 6 – 3　装备制造业百强企业排名

排名	公司名称	所在地	排名	公司名称	所在地
1	上海汽车集团股份有限公司	上海	24	TCL 集团股份有限公司	广东
2	东风汽车公司	湖北	25	比亚迪股份有限公司	广东
3	华为技术有限公司	广东	26	江苏悦达集团有限公司	江苏
4	中国第一汽车集团公司	吉林	27	中国建材股份有限公司	北京
5	中国航空工业集团公司	北京	28	四川长虹电器股份有限公司	四川
6	联想控股股份有限公司	北京	29	酒泉钢铁（集团）有限责任公司	甘肃
7	河钢集团有限公司	河北	30	海信集团有限公司	山东
8	中国中车集团公司	北京	31	长城汽车股份有限公司	河北
9	宝钢集团有限公司	上海	32	上海电气（集团）总公司	上海
10	中国船舶重工集团公司	北京	33	青山控股集团有限公司	浙江
11	广州汽车工业集团有限公司	广东	34	南山集团有限公司	山东
12	江苏沙钢集团有限公司	江苏	35	北大方正集团有限公司	北京
13	新兴际华集团有限公司	北京	36	三一集团有限公司	湖南
14	海尔集团公司	山东	37	超威电源有限公司	浙江
15	中国通用技术（集团）控股有限责任公司	北京	38	徐州工程机械集团有限公司	江苏
16	浙江吉利控股集团有限公司	浙江	39	中国中材集团有限公司	北京
17	华晨汽车集团控股有限公司	辽宁	40	天能电池集团有限公司	浙江
18	铜陵有色金属集团控股有限公司	安徽	41	北京建龙重工集团有限公司	北京
19	鞍钢集团公司	辽宁	42	中国重型汽车集团有限公司	山东
20	天津中环电子信息集团有限公司	天津	43	奥克斯集团有限公司	浙江
21	陕西有色金属控股集团有限责任公司	陕西	44	云南铜业股份有限公司	云南
22	万向集团公司	浙江	45	河北敬业企业集团有限责任公司	河北
23	珠海格力电器股份有限公司	广东	46	万丰奥特控股集团有限公司	浙江

续表

排名	公司名称	所在地	排名	公司名称	所在地
47	杭州汽轮动力集团有限公司	浙江	74	海信科龙电器股份有限公司	山东
48	江铃汽车集团公司	江西	75	环旭电子股份有限公司	上海
49	通威集团有限公司	四川	76	中国忠旺控股有限公司	辽宁
50	天津源泰德润钢管制造集团有限公司	天津	77	五菱汽车集团控股有限公司	广西
51	安徽江淮汽车集团股份有限公司	安徽	78	福耀玻璃工业集团股份有限公司	福建
52	新兴铸管股份有限公司	河北	79	云南铝业股份有限公司	云南
53	马钢（集团）控股有限公司	安徽	80	重庆市迪马实业股份有限公司	重庆
54	常林股份有限公司	江苏	81	海马汽车集团股份有限公司	海南
55	新疆特变电工集团有限公司	新疆	82	山东南山铝业股份有限公司	山东
56	亨通集团有限公司	江苏	83	双钱集团股份有限公司	上海
57	北汽福田汽车股份有限公司	北京	84	中国西电电气股份有限公司	陕西
58	正泰集团股份有限公司	浙江	85	广西柳工机械股份有限公司	广西
59	隆鑫控股有限公司	重庆	86	经纬纺织机械股份有限公司	北京
60	郑州宇通客车股份有限公司	河南	87	攀枝花钢城集团有限公司	四川
61	玖龙纸业（控股）有限公司	广东	88	三角集团有限公司	山东
62	山东时风（集团）有限责任公司	山东	89	沈阳机床（集团）有限责任公司	辽宁
63	重庆力帆控股有限公司	重庆	90	山东临工工程机械有限公司	山东
64	江苏新长江实业集团有限公司	江苏	91	上海外高桥造船有限公司	上海
65	哈尔滨电气股份有限公司	黑龙江	92	庆铃汽车（集团）有限公司	重庆
66	新余钢铁股份有限公司	江西	93	华通机电集团有限公司	浙江
67	陕西汽车控股集团有限公司	陕西	94	山东华兴机械股份有限公司	山东
68	奇瑞汽车股份有限公司	安徽	95	广东志高空调有限公司	广东
69	武安市明芳钢铁有限公司	河北	96	杭叉集团股份有限公司	浙江
70	重庆机电控股（集团）公司	重庆	97	太原重工股份有限公司	山西
71	江苏扬子江船业集团公司	江苏	98	江苏常发实业集团有限公司	江苏
72	精工集团有限公司	浙江	99	厦门厦工机械股份有限公司	福建
73	厦门金龙汽车集团股份有限公司	福建	100	中国龙工控股有限公司	上海

资料来源：中国装备制造业协会，2017 年 8 月。

二、航空制造重点企业

随着 C919 大飞机的生产和交付，其核心部件的相关生产企业也获得广泛关注。C919 和核心部件生产商包括沈阳飞机工业集团、西安飞机工业集团、哈尔滨哈飞工业有限责任公司、四川成飞集成科技股份有限公司、江西洪都航空工业集团，整体组装由中国商飞完成。未来，依托这几家大型航空制造企业，我国将形成以沈阳、西安、哈尔滨、成都、南昌、上海为核心的东北、西北、西南、中部、华东五大航空产业集群。

在航空发动机领域，2016 年成立的中国航空发动机集团公司在发动机研制方面不断取得突破。中国航发与法国赛峰以 50/50 对等合作模式开发了新一代涡轴 16 发动机，具有性能高油耗低的优点，应用于中航直升机公司 AC352 直升机，并于 2016 年 12 月成功完成首飞。

2017 年上半年，航空发动机新机交付率平均提高 8 个百分点，个别重点型号产品同比交付率提高 10 个百分点。同时，产品可靠性和产品质量稳步提升，产品外场完好率平均在 90% 以上[①]。

三、轨道交通重点企业

中车集团下属龙头企业包括长春轨道客车股份有限公司、青岛四方机车车辆股份有限公司、株洲电力机车有限公司、大连机车车辆有限公司、齐齐哈尔铁路车辆（集团）有限责任公司、西安车辆厂、株洲车辆厂、戚墅堰机车有限公司、南京浦镇车辆厂、眉山车辆厂等，依托这些企业，相关城市建立了轨道交通装备产业集群。例如湖南省印发《加快轨道交通装备产业发展若干政策措施的通知》，重点支持株洲建设具有世界先进水平的轨道交通装备产业基地，依托现有省级开发园区，加快在长沙市和株洲市接合带按照产业两型化要求建设轨道交通装备产业园区。

---

① 《中国航空发动机集团公司这一年来做了什么？》，新华社，2017 年 8 月 29 日，见 http://mil. huanqiu. com/china/2017 – 08/11189226. html。

四、中国港航船企收入排名

2017 年 4 月 30 日，在上海、深圳、香港和台湾地区上市的 69 家中国港航船企的 2016 年年报全部出炉。各企业排名如表 6 - 4 所示。

表 6 - 4 2016 年中国港航船企收入榜单

排名	公司名称	总收入（万元）	上年排名
1	中远海控	7116018	3
2	中国重工	5206413	1
3	中集集团	5111165	2
4	中国外运	4678420	4
5	东方海外国际	3675010	5
6	上港集团	3135918	7
7	长荣海运	2667341	9
8	阳明海运	2473025	11
9	振华重工	2434809	13
10	中船防务	2334960	10
11	中国船舶	2145707	8
12	中国动力	2074119	/
13	宁波港	1632533	15
14	中远海发	1563633	6
15	中海油服	1515220	12
16	天津港发展	1472093	14
17	天津港	1304669	17
18	中远海能	1300557	18
19	大连港	1281448	20
20	万海航运	1229042	19
21	海泊工程	1199168	16
22	厦门港务发展	899195	24
23	青岛港	868419	23

续表

排名	公司名称	总收入（万元）	上年排名
24	厦门国际港务	848400	28
25	海丰国际	843394	21
26	广州港	773739	／
27	太平洋航运	754329	22
28	招商局港口	713401	25
29	中远海运国际	664647	33
30	招商轮船	602507	30
31	中远海特	588317	27
32	中外运航运	583721	29
33	唐山港	562644	32
34	中船科技	630415	55
35	秦港股份	491101	26
36	日照港	427687	34
37	中远海运港口	385959	31
38	安通控股	379813	／
39	营口港	366559	36
40	台船	337473	35
41	北部湾港	299454	38
42	锦州港	255267	43
43	慧洋海运	229618	39
44	重庆港九	219940	40
45	珠江船务	213063	45
46	深赤湾	190511	42
47	珠海港	180113	41
48	益航股份	163217	44
49	天海防务	160571	49
50	裕民航运	139668	46

续表

排名	公司名称	总收入（万元）	上年排名
51	渤海轮渡	122469	50
52	连云港	116713	48
53	宁波海运	113157	51
54	亚星锚链	102233	47
55	保税科技	84185	63
56	新兴航运	76729	53
57	四维航业	75562	56
58	海峡股份	75183	60
59	长航凤凰	71210	57
60	中航股份	70608	62
61	台航股份	52667	64
62	金辉集团	41832	61
63	中海重工	37329	71
64	盐田港	20374	66
65	龙翔集团	22354	67
66	南京港	22274	68
67	恒基达鑫	29967	70
68	中国基建港口	18519	69
69	勇利航业	3154	72

资料来源：《航运交易公报》，2017 年 5 月。

五、机床企业排名

2017 年，中国机床工具工业协会评选了中国机床工具行业 30 强企业。入围企业的选择以行业统计数据为依据，按照"中国机床工具行业运行综合评价指数"进行测算，突出反映企业的综合实力。

表 6 – 5　中国机床工具行业 30 强企业（按首字母排序）

企业名称	省　份
北京北一机床股份有限公司	北京
北京阿奇夏米尔工业电子有限公司	北京
北京精雕科技集团有限公司	北京
成都成量工具集团有限公司	四川
大连机床集团有限责任公司	辽宁
广州数控设备有限公司	广东
杭州友佳精密机械有限公司	浙江
合肥合锻机床股份有限公司	安徽
江苏金方圆数控机床有限公司	江苏
济南二机床集团有限公司	山东
东风汽车有限公司设备制造厂	湖北
南通国盛机电集团有限公司	江苏
宁波海天精工股份有限公司	浙江
秦川机床工具集团股份公司	陕西
瑞远机床集团有限公司	浙江
山东鲁南机床有限公司	山东
山东威达重工股份有限公司	山东
上海工具厂有限公司	上海
沈阳机床（集团）有限责任公司	辽宁
泰安华鲁锻压机床有限公司	山东
天津市天锻压力机有限公司	天津
天水星火机床有限责任公司	甘肃
武汉华工激光工程有限责任公司	湖北
扬力集团股份有限公司	江苏
扬州锻压机床股份有限公司	江苏
云南正成工精密机械有限公司	云南
中南钻石有限公司	河南
株洲钻石切削刀具股份有限公司	湖南

资料来源：中国机床工具工业协会，2017 年 3 月。

表6-6 锻压机床类获奖企业

序号	企业名称	省份
1	济南二机床集团有限公司	山东
2	江苏亚威机床股份有限公司	江苏
3	安徽中德机床股份有限公司	安徽
4	湖南一机机床有限公司	湖南
5	天水锻压机床（集团）有限公司	甘肃
6	江苏新瑞重工科技有限公司	江苏
7	杭州铭锻机床有限公司	浙江
8	马鞍山市环锐重工机械制造有限公司	安徽
9	东莞市铭锵机械设备有限公司	广东
10	江苏中航重工机床有限公司	江苏

表6-7 激光切割类获奖企业

序号	企业名称	省份
1	广东大族粤铭激光集团股份有限公司	广东
2	深圳迪能激光设备有限公司	广东
3	浙江嘉泰激光科技有限公司	浙江
4	上海普睿玛智能科技有限公司	上海
5	无锡庆源激光科技有限公司	江苏
6	任丘市巨能激光设备科技有限公司	河北
7	武汉大族金石凯激光系统有限公司	湖北
8	苏州天弘激光股份有限公司	江苏
9	江苏新百超激光科技有限公司	江苏
10	苏州迅镭激光科技有限公司	江苏

表6-8　电火花线切割类获奖企业

序号	企业名称	省份
1	江苏冬庆数控机床有限公司	江苏
2	北京安德建奇数字设备有限公司	北京
3	江苏三星机械制造有限公司	江苏
4	北京凝华科技有限公司	北京
5	江苏省泰州市雄峰机械厂	江苏
6	泰州市江洲数控机床制造有限公司	江苏
7	广东商鼎智能设备有限公司	广东
8	江苏迪蒙特数控设备有限公司	江苏
9	北京迪蒙斯巴克科技股份有限公司	北京
10	上海汉霸机电有限公司	上海

表6-9　雕刻机类获奖企业

序号	企业名称	省份
1	北京精雕科技集团有限公司	北京
2	宁波民盛机械有限公司	浙江
3	宁波市凯博数控机械有限公司	浙江
4	宁波天艺数控机械有限公司	浙江
5	宁波迈拓斯数控机械有限公司	浙江
6	广东科杰机械自动化有限公司	广东
7	南京高传四开数控装备制造有限公司	江苏
8	东莞市莫氏机械有限公司	广东
9	宁波精特一帆数控制造有限公司	浙江
10	广东广雕数控设备有限公司	广东

表6-10　活动机床附件配件类获奖企业

序号	企业名称	省份
1	永纮科技（深圳）有限公司	广东
2	上海滨捷机电有限公司	上海
3	上海哲宏机电有限公司	上海
4	台州市路桥景耀数控机床厂	浙江
5	沧州沧一机床附件制造有限公司	河北
6	浙江速成精密机械有限公司	浙江
7	东莞市欧玛机床配件有限公司	广东
8	河北骊道丰机床附件制造有限公司	河北
9	广州市昊志机电股份有限公司	广东
10	南京华兴数控技术有限公司	江苏

表6-11　工量刃具类获奖企业名单

序号	企业名称	省份
1	成都成量工具集团有限公司	四川
2	海克斯康测量技术（青岛）有限公司	山东
3	浙江上优刀具有限公司	浙江
4	厦门金鹭特种合金有限公司	福建
5	台州科利特工具有限公司	浙江
6	温岭市永鑫工具有限公司	浙江
7	浙江巨海工具厂	浙江
8	哈尔滨精达测量仪器有限公司	黑龙江
9	西安爱德华测量设备股份有限公司	陕西
10	上海工具厂有限公司	上海

表6-12 工业机器人类获奖企业名单

序号	企业名称	省份
1	广州数控设备有限公司	广东
2	金石机器人常州股份有限公司	江苏
3	广州启帆工业机器人有限公司	广东
4	巨轮智能装备股份有限公司	广东
5	聊城鑫泰机床有限公司	山东
6	宁波伟立机器人科技有限公司	浙江
7	苏州库比克机器人有限公司	江苏
8	上海发那科机器人有限公司	上海
9	安川首钢机器人有限公司	北京
10	重庆捷米机器人有限公司	重庆

资料来源：中国机床商务网，2017年3月。

第七章　新能源产业

第一节　国内外新能源产业发展动态

一、国内外产业整体概况

（一）全球新能源规模不断壮大

近些年，随着新能源技术的不断进步，资源环境约束的加速趋紧，新能源的地位日益凸显，尤其是太阳能光伏及风电作为清洁能源，全球对其投资热情更加高涨，从1997年至2016年的20年间，光伏和风电的装机容量分别增长了1284倍和60倍，发电量分别增长了439倍和79倍，发展规模不断壮大。由于近两年储能技术进步和产业爆发式增长，储能产业成为新能源的新增长极，从而逐渐形成当前太阳能、生物质能、风能和储能四大主要领域的新能源产业格局。2016年全球新增太阳能装机量达78吉瓦，增长率达53.2%，累计光伏装机容量超过300吉瓦。中国累计光伏装机容量达78吉瓦，排名第一。[①] 2016年全球新增风电装机容量达54.6吉瓦，比2015年降低14.1%，累计装机容量达486.8吉瓦。中国的累计风电装机容量也排在首位，达168.7吉瓦。[②] 截至2016年年底，全球共有30个国家，448台核电机组并网发电，总装机容量约为390.8吉瓦，另有61台核电机组在建。[③] 地热和生物质能装机容量占再生能源装机容量的比例依旧较小，且无突破性进展。

---

① 2016 snapshot of global photovoltaic markets。

② BP Statistical Review of World Energy June 2017.

③ 世界核协会（WNA）网站。

（二）新兴市场国家与发达国家的差距加速减小

2016 年，中国光伏新增装机为 34.54 吉瓦，连续 4 年排名第一，其次是美国、日本、印度、英国、德国；新增风电装机容量最多的国家也是中国，占比达 42.8%，其次是美国占比 15%，德国占比 10%，印度占比 6.6%。从区域分布来看，随着新兴市场国家特别是中国、印度等市场的快速崛起，新兴市场国家与发达国家的差距正在加速减小。据 2017 年"全球新能源企业 500 强"排行榜，新兴市场国家上榜企业营业总收入持续增长，上榜企业数量首次超过发达国家，企业的竞争力也相对增强。新能源产业企业有非常明显的地域分布特征，相比于相对停滞的欧洲，亚洲新能源产业发展势头不减，仍然保持强劲状态。

（三）新能源技术实现多点突破

储能技术：储能技术主要通过储电和储热两种形式完成，储能方式包括机械储能、电磁储能和电化学储能。日本 Kaneka 公司开发出一种转换率达 26.3% 的单晶体硅异质结太阳能电池，这种电池所依赖的技术包括化学气相淀积技术、光学管理和电气接触技术，该电池实现减少电阻性损耗的创新，可以避免正负电荷漏到设备外媒产生点，而是实现正负电荷在设备内结合并产生热量，从而优化了 180CM 的太阳能 NEDO 的相关技术。Alphabet 旗下实验室 Lab X 开发的 Malta 新能源储能项目设计了一种在低温环境下运行、结构体积可变的低成本储能系统。该系统选用盐和防冻剂等材料，以电流方式吸收能源并转化成冷热隔离的空气流，能够解决大部分能量储存问题。美国麻省理工学院教授查尔斯·大众伯格成功开发出"FIRES"蓄热系统。这种蓄热系统是利用耐火砖的技术把高峰产电时额外的太阳能、风能电力转换成热能暂时储存起来，可以在需要的时候逆转换为电力重新供给，也可以作为热能用在燃料工业。麻省理工学院研发出使太阳能电池效率翻倍的太阳能热光伏电池（Hot Solar Cells）。该电池技术可以将太阳光变成热能，然后将其重新变成太阳能电池适用光谱范围内的光，是全球首个比只使用光伏电池吸收更多能量的太阳能电池装置。

发电技术：美国 SheerWind 能源创业公司研发了一种新型的脱离传统风电扇叶的风力发电机 INVELOX，该系统最上部的集风口收集四面八方的风，到达突然变窄的管道位置时开始聚集加速，通过涡轮机实现风电的转换，尾风将被释放于设备尾部的扩散器。这种风电系统建造运维便捷、成本低廉，对风速要求较低，3.2 千米/小时的风即可实现发电，发电效率可以达到 60%—90%，且更安全，对生态环境更友好。荷兰公司 Ampyx Power 研制了一款借助绳缆牵引发电的滑翔机，滑翔机宽 5.5 米，重 30 公斤，在气流的阻力较小的 450 米的高空滑翔，节约发电装备占地。据测算，延伸宽度 28 米的此类滑翔机，可以生产 2000 个家庭所需用电，相当于装机容量 2 兆瓦的传统风力发电风车。2017 年 4 月，德国能源公司 E. ON 与 Ampyx Power 展开合作，计划于 2018 年在爱尔兰确定和测试最终机型，于 2020 年实现 2 兆瓦的发电飞机市场化。

（四）我国新能源发展现状

近些年，我国已经逐渐形成光伏、风电、新型核电为主，地热能、生物质能、海洋能等多种新型能源共同推进发展的新能源体系，且在光伏新增及累计装机容量、风电场新增及累计装机容量、太阳能热水器安装等多个领域跃居世界首位。

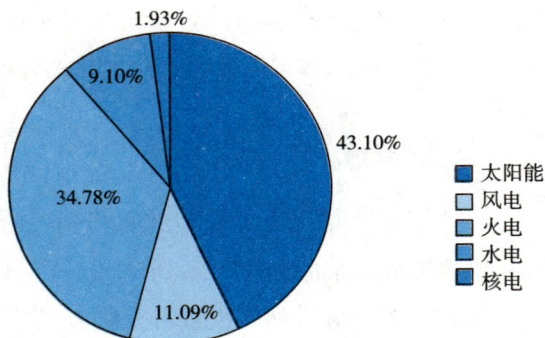

图 7 - 1 截至 2017 年 11 月底我国新增装机分类型占比

资料来源：中图环球数据库。

一是新能源各领域规模地位稳步提升，太阳能光伏表现不俗。截至 2017 年 11 月底，我国正式投产的新增电源生产能力达到 112.86 吉瓦，同比增长 31.9%，主要集中在山东、江苏、安徽、河南、浙江、河北、四川、福建等省份，新能源新装机容量首次超过火电能源。其中，新增核电 2.18 吉瓦，同比减少投产 5 吉瓦；新增风电 12.5 吉瓦，同比增加投产 0.5 吉瓦，增长 4.2%，主要集中在青海、山东、江苏、河北、山西等省份；新增太阳能发电

4865万千瓦，同比增加投产23.9吉瓦，增长103.3%，主要分布在安徽、山东、河南、河北和江苏等省份。[①] 从我国新增装机电源分类占比情况来看，仅新增太阳能新增装机比重增加，其他电源新增装机占比均有所下降。其中，新增核电装机占比为1.9%，同比降低了6.5个百分点；新增风电装机占比为11.1%，同比降低了3.0个百分点；新增太阳能发电装机占比高达43.1%，同比增加15.1个百分点。

二是新能源市场主体逐渐壮大，龙头企业蓄势待发。据2017年"全球新能源企业500强"数据统计，2017年我国入围的新能源企业营业收入超过万亿元，成为全球首个新能源营收突破万亿级的国家。在500强企业中，中国有198家企业入榜，比排在第二位的美国多134家，占比高达39.6%。中国入榜企业以从事太阳能、风能、生物质能、储能四大领域为主，其中协鑫集团、新疆金风、晶龙实业、天合光能、阿特斯阳光电科等位居榜单前列。虽然，排名前十位只有协鑫（集团）控股有限公司一家中国企业入围，中国企业在国际引领力、关键核心技术等方面仍与发达国家有一定差距，但是，由于我国能源市场巨大，新能源应用前景喜人，技术创新氛围兴起，具备了培育世界级新能源企业的土壤，因此我国新能源企业未来大有可为。

二、我国产业存在的问题

弃风、弃光、弃水"三弃"情况有好转但并未得到根治[②]。2017年前三季度，金沙江中游和大渡河地区水能利用率不到70%；弃风电量295.5亿千瓦时，弃风率12%，新疆、甘肃和吉林弃风量占全国弃风总量77%；全国弃光电量51亿千瓦时，弃光率5.6%，其中新疆、甘肃弃光率分别为22%、21%。全国"三弃"现象造成了能源资源的巨大浪费，增加了新能源发电成本，对新能源发电上网的电价调整不利。

成本问题依然是主要瓶颈之一。一般来说，新能源发电比例达到10%时，整个系统的消纳成本需要上升约两成。当成本上涨到难以承受时，极有可能

[①] 资料来源：中电联，中图环球数据库。

[②] 《弃风、弃光、弃水之困如何破?》，见 http://www.nea.gov.cn/2017 – 09/25/c_136636910.htm。

产生弃风弃光现象。此外，我国也面临着跨省跨区输电过网费过高的问题。如，云南水电送广东平均电价为 0.2375 元/千瓦时，但云电送粤外送输电费用为 0.1995 元/千瓦时。

体制机制仍有待健全。目前，我国各省份之间的用电壁垒依然存在，一般情况下，部分地方政府会优先保障本省煤电机组发电，不会消纳外来新能源电力，延缓了新能源跨省消纳的进程。

获得补贴资金较难。近年来，我国新能源补贴资金一直存在较大缺口，很多企业需要较长时间才能拿到补贴，增加了发电企业的财务负担，降低了企业发展新能源的积极性。同时，补贴拖欠也延滞了光伏、风电电价的进一步调整。

三、我国产业政策动态

2016 年 12 月 30 日，国家能源局发布《能源技术创新"十三五"规划》，该规划围绕由能源大国向能源强国转变的总体目标，立足我国能源技术发展现状及我国科技创新基础能力，提出到 2020 年集中突破清洁高效化石能源技术、新能源电力系统技术、安全先进核电技术、战略性能源技术、能源基础材料技术等五项重大关键技术。2017 年 1 月 23 日，国家发改委、国家能源局、国土资源部联合发布《地热能开发利用"十三五"规划》，提出"十三五"时期，新增地热能供暖（制冷）面积 11 亿平方米；新增地热发电装机容量 500MW。到 2020 年，地热供暖（制冷）面积累计达到 16 亿平方米，地热发电装机容量约 530MW。2017 年 9 月 1 日，习近平签署中华人民共和国主席令第七十三号，正式发布《中华人民共和国核安全法》，自 2018 年 1 月 1 日起正式实施。该法律充分体现了习近平总书记提出的总体国家安全观和中国核安全观，对保障核事业安全可持续发展，维护国家安全，推进"一带一路"和"核电走出去"战略具有重要意义。2017 年 11 月 13 日，国家发展改革委、国家能源局印发《解决弃水弃风弃光问题实施方案》，要求尽快解决弃水弃风弃光问题，重视可再生能源电力消纳工作，采取有效措施，推动解决弃水弃风弃光问题取得实际成效。

第二节　中国新能源产业重点领域分析

一、太阳能光伏

（一）发展概况

一是光伏发电市场规模持续迅速扩大。在上网标杆电价调整等多重因素影响下，2017年我国光伏实现新增装机53吉瓦，再次刷新往年记录，实现第五年全球第一。其中，光伏电站新增装机33.6吉瓦，同比增加11％；分布式光伏新增装机19.4吉瓦，呈现爆发式增长，同比增加370％。截至2017年年底，我国光伏发电累计装机容量达1300吉瓦，其中，光伏电站累计装机容量100.59吉瓦，分布式光伏29.66吉瓦。[①] 在生产环节，我国电池片产量达到68吉瓦，同比增长33.3％；电池组件产量达到76吉瓦，同比增长43.3％；逆变器产量达62吉瓦，同比增长55％，市场自给能力不断提升，生产成本持续下降。

二是新增装机布局由西北向中东部转移趋势明显。光伏新增装机的区域分布重点虽然仍在西北地区，但中东部的发展势头明显。2017年华东地区新增光伏装机为14.6吉瓦，同比增长超过170％，占全国新增装机的27.7％；华中地区新增光伏装机达10.6吉瓦，同比增长70％，占全国新增装机的20％；西北地区新增光伏装机为6.2吉瓦，同比下降36％。

三是各地弃光率均有所下降。2017年，我国光伏发电量达到118.2吉瓦时，同比增长78.6％。弃光电量达7.3吉瓦时，弃光率同比下降4.3个百分点，弃光主要集中在西北五省，其中，新疆（不含建设兵团）弃光电量2.8吉瓦时，是全国弃光率最高的地区，弃光率同比下降9.3个百分点，达22％；其次是甘肃，弃光电量达1.8吉瓦时，弃光率同比下降9.8个百分点，达20％；陕西、宁夏、青海等地的弃光率也均有所下降。

---

① 王晓涛：《三年有效解决弃水弃风弃光》，《中国经济导报》2018年1月30日。

四是分布式光伏爆发式增长。2017年分布式光伏新增装机19.44吉瓦，同比增长超过370%，呈爆发式增长势头。其中，浙江、山东、安徽三省新增的分布式光伏装机容量占全国一半左右。由于分布式光伏发电并不受补贴下降的影响，相比光伏电站，分布式光伏发电的单位收益预期更高，另一方面，分布式光伏发电更加灵活便捷，也无须受限于地面电站指标的管理约束，因此未来仍有继续增长的空间和趋势。分布式光伏发展继续提速，浙江、山东、安徽三省分布式光伏新增装机占全国的45.7%。

（二）技术进展

一是金钢线切割技术全面普及于单晶及多晶硅片。近两年，金钢线切割技术很大程度上促进了单晶硅片技术的应用，2017年，这一技术开始在多晶领域全面普及，改变了砂浆切割成本太高的局面。金刚线切割多晶硅片和单晶硅片将逐渐成为主流。

二是太阳能电池转换效率连续实现突破。2017年11月，经国内权威机构认证，由晶科能源研发的P型单晶PERC多栅电池效率达到23.45%，这一数据不仅打破了原来22.04%的世界纪录，也突破了行业默认23%的量产效率极限。同时，隆基股份公司研发的单晶PERC电池效率也实现多次突破。当前，国内的隆基、协鑫、晶科、晶澳、天合、阿特斯等主要光伏电池厂商都在积极酝酿扩大生产，预期PERC组件在未来三到五年内将逐渐成为光伏电池市场主流。2017年5月，天合光能IBC电池实现技术突破，在不增加成本的前提下解决了金属接触区复合的问题，忽略金属区的遮挡损失，优化了背面图形设计，因而为发射结的设计提供了更大的自由度。天合光能自主研发的大面积6英寸全背电极太阳电池（IBC）效率达到24.13%，开路电压超过700mV，这一技术的突破标志着我国IBC电池产品向产业化的推进。

三是第一片新型石墨烯晶硅电池诞生。2017年8月，苏州腾晖光伏技术有限公司通过化学气相方法将石墨烯沉积并应用到大面积晶硅电池，成功研制出新型石墨烯晶硅电池。这种新型晶硅电池利用石墨烯突出的光电性，避免了对晶硅电池光吸收的影响，同时降低载流子传输电阻，降低了电池的串联电阻并提升了电池效率。鉴于石墨烯新型材料的高透光、高导电等突出的光电性能和优异的机械柔韧性，其在光电器件的应用前景光明，但当前还需要在石墨烯的可获取性、材料成本等方面进行探索，根本上解决产业化发展的瓶颈问题。

二、风能

（一）发展概况

一是风电行业投资相对平缓。2017 年，由于三北红色警戒区域的项目停建，全国风电新增装机 18 吉瓦，较上年减少了 4.8 吉瓦。另一方面，风电开发布局随着投资步伐的趋缓而得到进一步优化，山东、山西、河南、陕西中部四省新增装机规模均超过百万千瓦。截至 2017 年 12 月底，全国风电累计装机容量达到 164 吉瓦，其中，"三北"地区占比达 74.4%，中东部和南方地区占比 25.6%。[①]

二是风电的消纳问题得到一定程度化解，弃风率和弃风电量纷纷有所下降。2017 年，我国弃风率同比下降超过 5 个百分点，弃风电量同比减少 78 亿千瓦时。2 月 22 日，国家能源局对弃风严重的三北地区划定了红色预警区域，勒令暂停 2017 年风电项目的新增核准和并网，因而以往弃风限电较为严重的地区，在控制增量、增加消纳的双重举措下，形势出现好转迹象。其中甘肃省的改善程度最大，弃风率下降超过 10 个百分点，还有下降幅度超过 5 个百分点的地方，有吉林、新疆、宁夏、内蒙古、辽宁等地，黑龙江接近 5 个百分点。

三是市场化消纳机制处于探索阶段，首次尝试直接交易。2017 年 10 月，国家能源局华北监管局和河北省发改委联合发布了一份特急文件《京津唐电网冀北（张家口可再生能源示范区）可再生能源市场化交易规则（试行）》，明确了将最低保障性收购年利用小时数以外的电量能够以市场化方式实现有效利用。[②] 11 月，张家口可再生能源电力在冀北电力交易中心挂牌交易，来自 22 家可再生能源发电企业的 30 个风电项目中标，清洁能源供暖交易电量共 1930 万千瓦时，上网风电电价为 0.05 元/千瓦时，风电供暖用户用电价也做了相应调整，下降到 0.15 元/千瓦时。作为我国首例可再生能源电力直接

---

① 资料来源：彭博新能源财经数据。

② 国家能源局：《华北能源监管局召开京津唐电网冀北地区可再生能源消纳四方机制和市场化交易规则汇报会》，2017 - 10 - 25，见：http：//www. nea. gov. cn/2017 - 10/25/c_ 136704029. htm。

交易进入电力市场的成功案例，本次交易探索了过剩风电的消纳方案，破解了清洁能源供暖推广的瓶颈问题。虽然最终成交价仅为当地标杆上网电价的十分之一，风电企业并无利润可言，但是，此次交易探索了风电行业缓解弃风限电、改善新能源消纳具有很大的可行性和提升空间，是整个行业当前主要矛盾的重要突破口。

（二）技术进展

海上风电领域实现了多个革命性突破。2017 年 1 月 13 日，南通道达风电深入水下十米，成功安装海上风力发电机组。该机组重达三千余吨，装垂直度达千分之一，抗震 7 级以上，抗台风 14 级以上，但安装仅用不到一天时间。这项工程高效地实现了海上风力发电机组安装技术的革命性突破。2017 年 1 月 16 日，我国国内首台功率最大的海上半直驱风电机组——6 兆瓦半直驱永磁同步风力发电机样机在中车株洲电机有限公司成功下线。该风电机组样机的下线标志着我国海上风力发电机领域再添新的高端装备。

东方风电自研电控技术取得新突破。由东方风电独立开发设计、拥有完全自主知识产权的直驱主控硬件系统可用于 2.5 兆瓦直驱电控平台。该电控系统基于前期大量运维经验，融合双馈优势，创新增加自适应算法，在电气原理设计、器件选型、工艺布局、控制逻辑等各方面均实现了优化升级。目前该系统已经成功通过各项功能测试及高低温性能试验，并且具备了量产条件。

我国首个岩基海床海上风电单桩基础在福建龙源顺利完成，标志着我国岩基海床海上风电单桩基础实现零的突破。2017 年 1 月 8 日至 22 日，龙源福建公司顺利实施莆田南日岛海上风电场项目首个岩基海床海上风电单桩基础施工工作。工程使用的是国内最大液压打桩锤 IHC S－2000 和国内自主研发最大钻径钻机，在施工工艺方面，首创了"打—钻—打"的模式，项目性能指标均满足预期要求，达到国际先进水平。

三、新型核能

（一）发展概况

一是顶层设计持续增强。2017 年，《"十三五"核能开发科研规划》《"十三五"核工业发展规划》《"十三五"国家核应急规划》等多部涉核规划陆续发布，明确了"十三五"期间核工业发展的九大重要使命，规划提出实施先进核能系统工程、乏燃料后处理科研专项、空间核动力科技示范工程等一批重大工程项目，推动我国核工业跨越式发展。

二是核电建设工程扎实推进。截至 2017 年年底，我国投运核电机组共 37 台，运行装机容量达 3581 万千瓦。国家能源局 2017 年 3 月印发的《2017 年能源工作指导意见》明确：年内计划建成三门 1 号、福清 4 号、阳江 4 号、海阳 1 号、台山 1 号等项目。积极推进具备条件项目的核准建设，年内计划开工 8 台机组。扎实推进三门 3、4 号机组，宁德 5、6 号机组，漳州 1、2 号机组，惠州 1、2 号机组等项目前期工作①。目前，除阳江 4 号、福清 4 号机组已投运，上述《意见》提及的其他项目，无建成、无开工，过去两年"零核准"，体现出较为慎重的建设理念。

三是核电"走出去"顺利推进。2017 年 11 月 21 日，中核集团签下了"华龙一号"海外第三台机组合同。目前，我国海内外 6 台"华龙一号"核电机组建设均进展顺利。2017 年 11 月 16 日"华龙一号"通过英国 GDA 第一阶段工作，成功进入第二阶段审查；2017 年 12 月，采用该技术的英国布拉德韦尔 B 项目开启厂址地质勘查。2017 年 3 月 16 日，中国核建与沙特能源城签署《沙特高温气冷堆项目联合可行性研究合作协议》。同期，中核与沙特地质调查局签署铀钍资源合作谅解备忘录，明确我国将在两年内对沙特 9 片潜力地区开展放射性资源勘查工作②。

四是核能多元化应用大幕开启。2017 年 11 月 10 日，我国三大核电集团及其上下游企业在山东烟台达成共识：不仅要推进核电安全高效发展，也要积极推进核技术在核动力与常规动力混合驱动的大型运输舰船、供热、制氢、绿色电动车、医疗、环保等方面的应用。2017 年 11 月 28 日，中核集团研发成功的泳池式低温供热堆实现安全供热 168 小时。另外，中广核和国家电投也在加快推动核能供热技术研发应用，海上浮动式核能多元供给平台正在加快研发。

---

① 《2017 能源印象之核电：蛰伏蓄力静候窗口》，见 http：//www. xinhuanet. com/power/2018 – 01/11/c_ 1122243806. htm。

② 《核电进入电力市场　华龙一号多点开花》，见 https：//www. china5e. com/news/news – 1020812 – 1. html。

（二）技术进展

一是 CAP1400 关键设计技术研究取得重大进展。"大型先进压水堆及高温气冷堆核电站"国家科技重大专项"CAP1400 关键设计技术研究"获得多项成果，6 年来，CAP1400 关键设计技术体系基本形成，建立了 CAP1400 设计分析软件体系，形成知识产权、平台及产业化成果 639 余项，其中包括专利申请 303 件、授权专利 188 件，认定技术秘密 135 项，登记软件著作权 26 项，行业标准/企业标准 12 项，鉴定科技成果 91 项，形成样机及重要试验件 72 台套。涌现出 CAP1400 超低碳奥氏体不锈钢核岛主管道、焊接低压转子、末级长叶片、压水堆核电站半转速饱和蒸汽汽轮发电机组成套设备等一批技术成果。

二是核聚变研究持续深入。2017 年 12 月 5 日，中国科学技术大学举行了"中国聚变工程实验堆集成工程设计研究"项目启动会，宣告了中国聚变工程实验堆（CFETR）正式开始工程设计，开启了中国核聚变研究的新征程。中国聚变工程实验堆直接瞄准未来聚变能的开发和应用，将建成世界首个聚变实验电站。

三是第四代核电快堆核主管道及裤形三通研制成功。应用于福建霞浦快堆核电示范工程项目，国内首台 60 万千瓦第四代核电快堆核主管道及主管道裤形三通，近日正式签署产品供应协议。核主管道及主管道裤形三通是第四代快堆核电工程的核心部件之一，被喻为"心脏的主动脉血管"。由于制造工艺要求高，技术难度大，各项力学指标、几何尺寸都比在建的和已建成的 100 万千瓦三代和二代半的核电工程指标高出很多。据悉，整个研发进行了全流程试验，采用了创新的"减材制造"工艺，使原材料利用率达到 80% 左右，较传统锻造工艺提高 70 多个百分点，加工周期减少约 2/3 时间，并最终拿出了全部符合工程要求和科研要求的产品和数据。

四、地热能

（一）发展概况

一是地热能发展潜力巨大。我国地热能资源丰富，浅层地热能每年可开采资源量折合 7 亿吨标准煤，中深层地热可开采资源量折合 19 亿吨标准煤[①]。在过去

---

① 资料来源：国家能源局网站。

几年中，这两种方式在我国发展都比较快，技术也日趋成熟，但地热利用量比较少，仅达到总量为 5 亿平方米的地热供暖的量级。"十三五"时期，到 2020 年地热能供暖要达到 16 亿平方米，净增 11 亿平方米，发展潜力仍有待释放。

二是地热能发展政策红利频发。2017 年 1 月发布的《地热能开发利用"十三五"规划》提出，"十三五"时期，将形成较为完善的地热能开发利用管理体系和政策体系，掌握地热产业关键核心技术，形成比较完备的地热能开发利用设备制造、工程建设的标准体系和监测体系。2017 年 4 月，国家能源局印发《关于可再生能源供热的意见》，地热能供暖位列重点推广的供热类型之一，得到了广泛关注。2018 年 1 月，国家发改委等六部委联合印发《关于加快浅层地热能开发利用促进北方采暖地区燃煤减量替代的通知》，提出一揽子支持政策，要求因地制宜加快推进浅层地热能开发利用，推进北方采暖地区居民供热等领域燃煤减量替代，先选择一批城镇、园区、郊县、乡村开展实施示范工程。

三是部分地区地热能发展亮点突出。目前，我国地热能供暖行业已具备一定的发展基础，北京、天津、河北等地的地热直接集中供热利用已成规模。尤其是河北省雄县，据统计，当地地热供暖已覆盖其县城范围的 95%、供暖总面积超过 450 万平方米，成为业内研究地热供暖模式的标杆。2017 年 12 月，华中地区最大的地热可再生能源利用项目——江汉油田矿区供暖热源改造项目一期正式投入试运行，完全实现了江汉油田矿区燃煤供暖的清洁能源替代，总计供暖面积近 90 万平方米。

（二）技术进展

一是中深层地热能无干扰清洁供热技术取得积极进展。中深层地热能无干扰清洁供热技术是通过钻机向地下一定深处的干热岩层钻孔，在钻孔中安装密闭的金属换热器，通过换热器传导将地下深处的热能导出，并通过专用设备系统向地面建筑物供热的新技术。该技术无污染，不受地面气候等条件的影响，能有效保护地下水资源，实现地热能资源的清洁、高效、持续利用，是一种更加优质的地热能利用技术[①]。探索实践该技术三年后，陕西西咸新区

[①] 《"中深层地热能无干扰清洁供热技术"在西咸新区推广该技术比传统浅层地热能热泵技术节能 30% 以上》，见 http://www.stdaily.com/02/difangyaowen/2018-01/07/content_618823.shtml。

已利用该项技术实现约 200 万平方米的建筑清洁供热，室内温度达到 23 摄氏度以上，供热效果良好，并且能够有效减少 CO_2、SO_2、氮氧化物和粉尘排放。

二是国产绿色地热专用钻机面世。2017 年 7 月，中国地质装备集团有限公司发布 ZP30DB 型绿色节能型交流变频电传动钻探成套装备。该新型地热钻机以绿色、智能、环保、节能为设计理念，专门针对我国地热资源开发利用特点设计，采用交流变频电传动为主传动方式，最大钻进能力为 3000 米，与以往钻探装备相比，具有安全、节能、高效、泥浆不落地等优点。据悉，在地质装备领域，该公司首次研制了单台套功率在 800 千瓦以上的大功率钻探装备电控系统、大功率双速单轴变频绞车、集成配套第三代数字一体化司钻系统，为我国地热资源的全流程绿色开发利用奠定了基础。

三是《桩基地热能利用技术标准》通过审查。2017 年 9 月，由北京中岩大地科技股份有限公司和清华大学共同负责主编的建设工程行业标准《桩基地热能利用技术标准》顺利通过审查。《桩基地热能利用技术标准》的编制及时总结国内外的技术成果，填补了我国技术标准空白，同时紧密配合我国经济发展模式转变和可持续发展的需要，贯彻落实国家可再生能源利用和环境保护等要求，对提升我国桩基地热能利用技术水平，节能减排，并推动我国桩基地热能利用技术的健康发展，具有重要意义。

第三节 中国新能源产业年度热点事件

一、三部委联合发文试推行可再生能源绿色证书制度

2017 年 2 月 3 日，国家发改委、财政部、国家能源局联合发布《关于试行可再生能源绿色电力证书核发及自愿认购交易制度的通知》，[①] 明确提出建立可再生能源绿色电力证书自愿认购体系，在全国范围内试行为陆上风电、

---

① 《试行可再生能源绿证核发及自愿认购》，《中国能源报》2017 年 2 月 6 日，见 http://paper.people.com.cn/zgnyb/html/2017－02/06/content_1748204.htm。

光伏发电企业（不含分布式光伏发电）所生产的可再生能源发电量证书核发和自愿认购。绿色电力证书是国家颁发给发电企业的具有独特标识代码的电子证书，绿色电力证书是对非水可再生能源上网发电量的确认和属性证明以及消费绿色电力的唯一凭证。[①] 中国绿色电力证书的自愿认购项目于 2017 年 7 月 1 日正式启动。风电及光伏发电（不含分布式光伏发电）企业可以通过可再生能源发电项目信息管理系统进行绿色电力证书申请，申请所需证明文件包括项目核准（备案）文件、电费结算单、电费结算发票和电费结算银行转账证明等，国家可再生能源信息管理中心根据申请按月核定和核发绿色电力证书。价格不高于证书对应电量的可再生能源电价附加资金补贴，风电绿证一般不超过 0.26 元/度，光伏绿证一般不超过 0.55 元/度。出售绿证后，相应的电量不再享受国家可再生能源电价附加资金的补贴。

二、全球首个国际化大功率海上风电试验风场实现并网发电

2017 年 3 月 30 日，全球首个国际化大功率海上风电试验场，福清兴化湾样机试验风场获得核准，该风电试验场由福建省能源集团与中国长江三峡集团共同出资开发建设，总投资约 18.26 亿元，装有 8 家国内外主流风机厂商生产的单机容量 5—6.7 兆瓦的大功率风电机组，共 14 台风机设备，总装机容量达 77.4 兆瓦。风电试验场生产的电量将并入国家电网，年上网电量约 2.21 亿千瓦时，每年可节约标煤约 6.96 万吨，可相应地减少燃煤所产生的二氧化硫 103.87 吨，氮氧化合物 95.03 吨，烟尘 19.89 吨，减轻排放温室效应性气体二氧化碳 14.25 万吨，降低水力排灰废水和温排水等对周围水环境造成的污染，具有显著的经济、环境和社会效益。[②] 9 月 29 日风电试验场实现首台机组并网发电，该机组为太原重工自主研发的 5 兆瓦机组，国产化率达 90%。福清兴化湾样机试验风场的开发运营将带动我国海上风电装备制造业水平和创新能力迈上新台阶，对福建省未来海上风电开发起到借鉴与示范作用，助推福建海上风电发展步伐。

---

① 《三部门关于试行可再生能源绿色电力证书核发及自愿认购交易制度的通知》，中国政府网，2017 年 2 月 3 日，见 http://www.gov.cn/xinwen/2017-02/03/content_5164836.htm。

② 《全球首个国际化大功率海上风电试验场实现并网发电》。

三、我国海域天然气水合物试采成功

2017 年 5 月，我国首次海域天然气水合物在南海神狐海域试采成功，并实现连续稳产 60 天，累计产气 30.9 万立方米，平均日产 5151 立方米，甲烷含量最高达 99.5%，实现了历史性突破。这次试采成功是我国首次、也是世界首次成功实现资源量占全球 90% 以上、开发难度最大的泥质粉砂型天然气水合物安全可控开采，为实现天然气水合物商业性开发利用提供了技术储备，积累了宝贵经验，打破了我国在能源勘查开发领域长期跟跑的局面，取得了理论、技术、工程和装备的完全自主创新，实现了在这一领域由"跟跑"到"领跑"的历史性跨越，对保障国家能源安全、推动绿色发展、建设海洋强国具有重要而深远的影响①。

四、国家能源局组织开展风电平价上网示范工作

2017 年 5 月 25 日，国家能源局发布《关于开展风电平价上网示范工作的通知》。通知提出，各省（区、市）、新疆兵团能源主管部门组织遴选当地风电开发企业申报风电平价上网示范项目并报备能源局。示范项目建设规模不受年度规模指标的限制，可以由各地能源主管部门与电网企业商议确定。但是，应严格限定风电红色预警地区的示范项目规模，风电平价上网示范的规模不超过 10 万千瓦。示范项目的相关发电量不核发绿色电力证书，其上网电价按照当地煤电标杆上网电价执行。② 风电实现平价上网是大势所趋，示范工作的目的在于能够提升我国风电的市场竞争力，推动发电侧平价上网改革，推动可再生能源可持续发展。2017 年 9 月初，国家能源局正式公布 13 个风电平价上网示范项目名单，这些示范项目将分别探索不同地区实现风电平价上网的路径，为日后风电平价上网路线图设计提供重要参考。

---

① 《中国可燃冰试采结束：产气时长和总量创世界纪录》，见 https：//news. qq. com/a/20170729/022348. htm。

② 《国家能源局关于开展风电平价上网示范工作的通知》，见 http：//www. gov. cn/xinwen/201705/5196775. htm。

五、三代核电工程建设稳步推进

2017 年 5 月 25 日，华龙一号首堆福清核电 5 号机组提前 15 天实现穿顶吊装，第二台蒸汽发生器顺利就位，具有完全自主知识产权的半转速汽轮发电机研制成功并达国际先进水平。华龙一号国家重大工程标准化示范正式启动。AP1000 三代核电自主化依托项目三门核电 1 号机组、海阳核电 1 号机组均通过首次装料前综合核安全检查，具备装料条件。国内首条 AP1000 核电燃料元件生产线正式投产。2017 年 1 月 5 日国家电投发布具有完全自主知识产权的 NuPAC 核电站反应堆保护系统平台。EPR 台山核电 1 号机组进入装料准备阶段。"华龙一号"项目不仅直接推动了我国自主三代核电标准体系建设，还将增强"一带一路"沿线国家对"华龙一号"的信心，加速推进沿线国家和企业与中国的技术与产能合作。

六、神华国电合并重组成立国家能源投资集团有限责任公司

2017 年 8 月 28 日，中国国电集团公司与神华集团有限责任公司展开我国历史上最大规模的央企合并重组活动，国家能源投资集团有限责任公司于 11 月 28 日正式成立，其资产规模超过 1.8 万亿元，在煤炭生产、火力发电生产、可再生能源发电生产、煤制油、煤化工四个领域一举成为全球最大的公司。现今，国家能源投资集团拥有超过 33 万名职工，旗下有 8 家科研院所及 6 家科技企业。作为世界最大的可再生能源发电公司，国家能源集团在重组之前已经在新能源发电领域超前布局，其中，国电集团的风电总装机量居世界第一；神华集团也编制了新能源发电装机千万千瓦路线图，计划重点在新能源发电消纳较好的中部、东部区域建设风电和太阳能发电新增项目。预计国家能源投资集团未来将继续加强在新能源领域的战略布局。①

七、第三批光伏发电"领跑者"基地落地

2017 年 9 月 22 日，国家能源局发布《关于推进光伏发电"领跑者"计

① 《国家能源集团正式成立》，中国政府网，见 http：//www. gov. cn/xinwen/2017－11/29/content_5243073. htm。

划实施和 2017 年领跑基地建设有关要求的通知》①，通知提出第三批"领跑者"基地由地方自愿申报，通过竞争方式优选产生，且不超过 10 个应用领跑基地和 3 个技术领跑基地，其中应用领跑基地和技术领跑基地规模分别不超过 650 万千瓦和 150 万千瓦。11 月 22 日，国家能源局公布了 2017 年光伏发电应用领跑基地和技术领跑基地拟入选名单，包括十个应用领跑基地，三个技术领跑基地。据了解，应用领跑基地计划将于 2018 年 3 月 31 日前完成竞争优选，6 月 30 日前全部开工建设，12 月 31 日前全部容量建成并网；技术领跑基地将于 2018 年 4 月 30 日前完成竞争优选，2019 年 3 月 31 日前全部开工建设，6 月 30 日前全部容量建成并网。"光伏领跑者"项目对我国光伏产业发展有着重要的战略意义，不但推动了光伏技术的市场化应用和推广，也促进了光伏发电成本和电价的下降。

八、全国地热资源调查评价研讨会在天津召开

2017 年 11 月 21 日，全国地热资源调查评价研讨会在天津市召开。会议提出，重点在雄安新区、北京通州副中心和天津东丽地区，探明深部地热储层地质结构，拓展深部第二找热空间，为京津冀地区地热规模化、可持续高效利用提供支撑。瞄准干热岩科技前沿，加快开展干热岩资源勘查开发理论、技术与装备等研究与研发。选择重点地区建设世界一流干热岩勘查开发示范工程，力争早日实现干热岩资源勘查开发重大突破。积极支撑服务"地球深部探测"国家重大项目中的地热资源探测与评价任务，为国家提供深部资源能源绿色利用方案，服务绿色发展②。

九、中国示范快堆工程土建开工

当前，快堆已成为第四代先进核能系统主力堆型，它可将天然铀资源利用率从目前的约 1% 提高至 60% 以上，并实现放射性废物最小化，能一举解

---

① 国家能源局：《国家能源局关于推进光伏发电"领跑者"计划实施和 2017 年领跑基地建设有关要求的通知》，见 http://zfxxgk.nea.gov.cn/auto87/201709/t20170922_2971.htm。

② 《全国地热资源调查评价研讨会在津召开》，见 http://www.tj.gov.cn/xw/bum/201712/t20171211_3618096.html。

决铀矿资源枯竭、核材料利用率低和核废料难以处理等问题。2017 年 12 月 29 日，中核集团在福建省霞浦县宣布示范快堆工程土建开工，单机容量为 60 万千瓦。示范快堆工程建设，是我国核能发展战略"三步走"——热中子反应堆、快中子增殖堆、受控核聚变堆的关键环节，对于实现核燃料闭式循环、促进我国核能可持续发展，推动地方经济建设具有重要意义。目前，我国已形成世界上少数国家才有的完整的核燃料循环体系，建立压水堆、快堆匹配发展，与先进后处理技术形成闭式燃料循环体系，是我国核能可持续发展的保障。

十、云南瑞丽分布式地热发电项目试验成功

2018 年 1 月 13 日，在云南省德宏傣族景颇族自治州瑞丽市的地美特瑞丽地热发电站内，分布式地热发电集装箱组项目一期工程全部四台发电设备发电试验成功，机组生产过程中设备各项参数正常，状态控制良好。分布式地热发电集装箱组项目是瑞丽市根据当地地热资源丰富的特点引进的新能源项目。这一地热发电项目建设完成后，装机容量可达 10 兆瓦。目前，我国一些地区存在弃光、弃风现象，很大一部分原因就是光电和风电在一天中的波动性较大，为了应对这种波动性对电网冲击的缺陷，电网在调峰和区间平衡上要花很大的力气，而地热发电可以做到持续稳定地给电网提供电力。尤其是地热发电本身的特性，对分布式发电、对精准扶贫、对"一带一路"的新能源发展、对防震减灾都有重大的意义，还可以带动相关产业的发展。

第四节　中国新能源产业重点企业分析

一、全球新能源企业 500 强

"全球新能源企业 500 强"活动是《中国能源报》与中国能源经济研究院，共同推出的针对新能源行业权威研究评价的大型公益活动，自 2011 年始，已成功举办六届。旨在通过对全球新能源企业 500 强的分析，明确全球新能源的市场格局，树立全球新能源企业的前进标杆，进而促进全球新能源

产业的发展。我国有 198 家企业入选全球新能源企业 500 强，比上年多了 5 家，占 39.6%，排名前 100 的企业如表 7 - 1 所示：

表 7 - 1　我国入选全球新能源企业 500 强的企业及排名（前 100 强）

排名	公司	排名
1	协鑫（集团）控股有限公司	2
2	晶龙实业集团有限公司	12
3	常州天合光能有限公司	13
4	新疆金风科技股份有限公司	19
5	龙源电力集团股份有限公司	21
6	天能国际集团	24
7	晶科能源控股有限公司	26
8	招商新能源集团有限公司	31
9	阿特斯阳光电力集团	32
10	中国国际能源集团控股有限公司	33
11	明阳新能源投资控股集团有限公司	36
12	江苏爱康实业集团有限公司	42
13	国电科技环保集团股份有限公司	46
14	通威集团有限公司	48
15	江苏中利集团股份有限公司	49
16	晶澳太阳能控股有限公司	51
17	宁德时代新能源科技股份有限公司	53
18	上海电气集团股份有限公司	55
19	中国光大国际有限公司	61
20	新特能源股份有限公司	68
21	隆基绿能科技股份有限公司	72
22	中国粮油控股有限公司	73
23	中电控股有限公司	84
24	华能新能源股份有限公司	86
25	特变电工新疆新能源股份有限公司	88
26	中国船舶重工集团动力股份有限公司	90
27	中国高速传动设备集团有限公司	94
28	英利集团有限公司	97
29	深圳市德赛电池科技股份有限公司	99

资料来源：《中国能源报》，2017 年 12 月。

二、"北极星杯"十大光伏品牌企业

2017年，北极星太阳能光伏网通过公开投票评选出9大细分领域，包括光伏原材料及辅料、光伏电池/组件、集中式逆变器、组串式逆变器、光伏EPC、光伏支架、光伏电站运维、光伏分布式投资、光伏户用系统，共90家光伏企业荣获2017年"北极星杯"十大光伏品牌，此外设立"十大分布式创新品牌"表彰在分布式领域发展中具有创新精神的企业。具体名单如下。

表7-2 "北极星杯"十大光伏品牌企业

序号	排名领域	入围企业
1	十大光伏原材料及辅料品牌	中天科技精密材料有限公司、山东大海新能源有限公司、新特能源股份有限公司、深圳首骋新能源科技有限公司、浙江佛沙朗能源股份有限公司、广州金升阳科技有限公司、福建奋安铝业有限公司、中天光伏材料有限公司、上海回天新材料有限公司、大全集团有限公司
2	十大光伏电池/组件品牌	晶澳太阳能控股有限公司、常州天合光能有限公司、晶科能源有限公司、隆基乐叶光伏科技有限公司、无锡尚德太阳能电力有限公司、浙江正泰太阳能科技有限公司、海润光伏科技股份有限公司、江苏林洋新能源科技有限公司、苏州腾晖光伏技术有限公司、苏州爱康光电科技有限公司
3	十大集中式逆变器品牌	阳光电源股份有限公司、上能电气股份有限公司、特变电工西安电气有限公司、深圳晶福源科技股份有限公司、山东奥太电气有限公司、深圳科士达科技股份有限公司、上海正泰电源系统有限公司、中天昱品科技有限公司、北京能高自动化技术股份有限公司、广东猛狮新能源科技股份有限公司
4	十大组串式逆变器品牌	华为技术有限公司、深圳古瑞瓦特新能源股份有限公司、江苏固德威电源科技股份有限公司、深圳晶福源科技股份有限公司、山东奥太电气有限公司、宁波锦浪新能源科技股份有限公司、深圳市盛能杰科技有限公司、深圳科士达科技股份有限公司、广州三晶电气股份有限公司、深圳市首航新能源有限公司
5	十大光伏EPC品牌	特变电工新疆新能源股份有限公司、浙江正泰新能源开发有限公司、天宏阳光新能源投资有限公司、南京中核能源工程有限公司、苏州腾晖光伏技术有限公司、江西展宇光伏科技有限公司、山东力诺太阳能电力工程有限公司、中海阳能源股份有限公司、北京国润天能新能源科技股份有限公司、中科恒源科技股份有限公司

续表

序号	排名领域	入围企业
6	十大光伏支架品牌	江苏中信博新能源科技股份有限公司、江苏爱康实业集团有限公司、迈贝特（厦门）新能源有限公司、苏州瑞德恩光能科技有限公司、厦门金菲士能源科技有限公司、福建奋安铝业有限公司、上海晨科太阳能科技有限公司、泰州东升新能源科技有限公司、上海维旺光电科技有限公司、宁波大智机械科技股份有限公司
7	十大光伏电站运维品牌	北京国能日新系统控制技术有限公司、协鑫新能源控股有限公司、苏州腾晖光伏技术有限公司、甘肃上航电力运维有限公司、江苏爱康实业集团有限公司、深圳创动科技有限公司、国高技术服务有限公司、浙江启鑫新能源科技股份有限公司、特变电工新疆新能源股份有限公司、青岛萨纳斯新能源科技有限公司
8	十大光伏分布式投资品牌	江苏林洋新能源科技有限公司、浙江正泰新能源开发有限公司、江西展宇光伏科技有限公司、协鑫新能源控股有限公司、浙江埃菲生物能源科技有限公司、比亚迪股份有限公司、中天光伏技术有限公司、浙江昱辉投资有限公司、青岛昌盛日电太阳能科技股份有限公司、北京国润天能新能源科技股份有限公司
9	十大光伏户用系统品牌	江苏天合家用光伏科技有限公司、迈贝特（厦门）新能源有限公司、晶澳太阳能控股有限公司、阳光电源股份有限公司、晶科能源有限公司、无锡鑫琪新能源有限公司、山东大海新能源发展有限公司、无锡尚德太阳能电力有限公司、深圳市英辉腾光伏科技有限公司、浙江正泰太阳能科技有限公司
10	十大分布式创新品牌	华为技术有限公司、江苏天合家用光伏科技有限公司、海润光伏科技股份有限公司、深圳市英威腾光伏科技有限公司、山东奥太电气有限公司、青岛萨纳斯新能源科技有限公司、清源科技（厦门）股份有限公司、艾伏新能源科技（上海）股份有限公司

三、风电整机制造企业装机容量排名

2017 年，我国共有 34 家风电整机厂商，包括新疆金风、国电联合、明阳智能、远景能源、湘电风能、上海电气、东方电气风电、中船重工海装风电设备（重庆）、浙江运达风电、华锐风电等。丹麦风能咨询机构 MAKE 近日发布《2016 年度全球风机整机商市场份额》，截至 2016 年年末，全球累计风电容量达到 487 吉瓦，金风科技代替 Siemens 排名第三位。中国风电企业竞争激烈。海上风电领域，全球前三位是西门子、上海电气、三菱重工—维斯塔斯，中国风电整机商上海电气排名第二位。

表 7 – 3　2016 年我国主要风电整机制造商装机容量及市场份额

序号	公司名称	2016 年风电装机容量（GW）	国内市场份额（%）
1	金风科技	6.31	27.7
2	国电联合动力	1.90	8.4
3	远景能源	1.83	8.1
4	明阳风电	1.82	8
5	中船重工（重庆）海装	1.78	7.8
6	上海电气	1.73	7.6
7	湘电风能	1.2	5.3
8	东方电气	1.05	4.6
9	运达风电	0.72	3.2
10	华创风能	0.72	3.1
10	其他	3.68	16.2

资料来源：《2016 年度全球风机整机商市场份额》。

四、中国核能行业协会常务理事单位

中国核能行业协会是经国务院同意、民政部批准成立的全国性非营利社会团体，于 2007 年 4 月 18 日正式成立。协会的宗旨是贯彻国家关于核能发展的方针政策，推动行业自主创新和技术进步，为提高核能利用的安全性、可靠性和经济性提供服务，促进核能行业发展。中国核能行业协会的会员来自核设施建设、运营、研究设计、建筑安装、设备制造、核燃料循环、技术服务、人才教育培养等领域的 399 家企事业单位。常务理事单位有 41 家，见表 7 – 4。

表7-4　中国核能行业协会常务理事单位名单

序号	企业名称
1	中国核工业集团公司
2	中国核工业建设集团公司
3	中国广核集团有限公司
4	中国电力投资集团公司
5	国家核电技术有限公司
6	中国华能集团公司
7	中国大唐集团公司
8	中国华电集团公司
9	中国国电集团公司
10	中国长江三峡集团公司
11	哈尔滨电气集团公司
12	中国东方电气集团公司
13	上海电气（集团）总公司
14	清华大学
15	中国核动力研究设计院
16	中国核能电力股份有限公司
17	大亚湾核电运营管理有限责任公司
18	中核北方核燃料元件公司
19	中国核工业二三建设有限公司
20	华能山东石岛湾核电有限公司
21	大全集团有限公司
22	中国核电工程有限公司
23	哈尔滨工程大学
24	中电投核电有限公司
25	江苏核电有限公司
26	中科华核电技术研究院有限公司
27	秦山第三核电有限公司

续表

序号	企业名称
28	广东省粤电集团有限公司
29	中国核工业地质局
30	中广核工程有限公司
31	中国核工业华兴建设有限公司
32	中广核燃料有限公司
33	广东核电合营有限公司
34	四川省核工业地质局
35	中国电力科学研究院
36	华能核电开发有限公司
37	秦山核电有限公司
38	电力规划设计总院
39	核电秦山联营有限公司
40	香港核电投资有限公司
41	中国大唐集团核电有限公司

资料来源：中国核能行业协会，2018 年 1 月。

第八章 新材料产业

第一节 国内外新材料产业发展动态

一、全球新材料产业发展趋势

新材料产业在新一轮科技革命和产业变革中扮演着重要的角色，它是新一代信息技术、高端装备、新能源、生物医药等高技术产业发展的基础。随着全球新兴产业的快速崛起，对新材料的需求快速增长，新材料产业在技术创新、产业规模方面取得了长足进步。全球新材料产业发展正呈现出以下两方面重要趋势：

（一）新材料与新一代信息技术、新能源、节能环保等领域融合不断深化

新材料与信息、新能源、节能环保等产业的融合越来越密切，新材料开发往往结合下游前沿应用需求。例如，传统的集成电路技术已难以满足日益增长的大数据计算需求，利用纳米材料在单芯片上三维集成多种纳米技术，进而大幅提升电子器件计算和存储等性能。新型热电材料能够有效地将机动车的排气系统、工业生产过程和设备、太阳光等发热系统产生的废热转化为电力，2018 年其转化效率已达 14%，将其应用于汽车、化工、玻璃和其他任何利用热能进行生产的产业，能够提高这些行业的能源利用效率。

（二）从三维材料向低维材料发展成为必然

随着元器件正在朝着片式化、微型化方向发展，传感、控制、芯片集成在一起的元器件将是未来发展的重要方向。继石墨烯成功开发后，世界各地的研究人员开始广泛对其他元素的二维材料进行剥离，如和碳元素邻近的 B、

Si、P、Ge、Sn 等元素的单原子层二维材料相继被开发出来。二维材料的特点是超轻、超柔，还有一系列优良的电学性质、力学性质、物理学性质、化学性质，并且它能够容易实现功能化，更利于调控催化和电学性能、提升电子器件性能，在可穿戴智能器件、柔性储能器件等领域具有良好的应用前景。

二、我国新材料产业发展态势与问题

目前，我国新材料产业发展正进入快速发展阶段，2016 年我国新材料产业总产值为 2.65 万亿元，增速达 35%。稀土功能材料、先进储能材料、光伏材料、有机硅、超硬材料、特种不锈钢、玻璃纤维及其复合材料等产能居于世界前列。2017 年，工信部、发改委、科技部、财政部联合制定的《新材料产业发展指南》已正式印发，提出到 2020 年，关键战略材料综合保障能力超过 70%，新材料创新能力不断提高，产业体系初步完善。

然而，我国新材料产业发展中面临着以下几方面问题：

（一）高端产品供给不足

先进半导体材料、新型显示材料、新能源材料、高性能分离膜材料、高端装备用特种合金，以及电子陶瓷和人工晶体、生物医用材料等关键战略材料，是支撑新一代信息技术、新能源、节能环保、高端装备制造、生物医药等新兴产业健康发展的关键基础。工信部的相关调研指出，130 种国民经济需要的关键材料，32% 是完全依赖进口的，只有 14% 能完全自给，其余 54% 国内可以生产，但性能不足。比如，高速列车车轮车轴、海洋工程用大口径无缝管、深海隔水管、集输系统用特种合金等；有大约一半的材料，我国虽具备了一定的生产能力，但在性能、产量等方面还不能完全满足市场需求，比如高强度碳纤维、海工高强焊材、深海无磁钻铤用钢等。导致该现象的原因主要有：一是上下游供需信息不对称，造成了片面的性能浪费和性能不足。稀土永磁材料生产商一味提高磁能积加矫顽力，而对许多下游用户对磁能积加矫顽力方面性能要求并不高，而对于性能方面一致性、稳定性、可靠性方面的需求较高，而国内企业的产品常无法满足。二是不具备成套的新材料产品技术，我国企业虽在某些单项领域取得了全球领先地位，但是缺乏产业协同创新，进入不了全球成套技术体系，限制了其应用广度。三是我国一旦实现国产化，国外企业会立马调整价格，挤压了我国新产品的利润空间，进而打压新材料产业的生存空间。

（二）创新成果转化率低

我国新材料领域的自主创新能力不足，研发多是跟踪模仿国外，极少有原始创新。以石墨烯领域为例，国内在石墨烯论文数量上全球领先，但是从质量上来看还是有不小的差距。国内学者论文的平均被引用次数还不到美国的一半。虽然中国石墨烯相关专利申请位居世界第一位，但是极少数能被引用特别是国外专利引用，相比之下美国则有相当一部分专利的引用率较高，这也说明在专利的原创性上美国已经抢占先机。另一个突出问题是成果转化率低，在人工晶体、高温超导、金属和碳纳米材料、超材料、仿生材料等方面，我国的基础研究已处于国际领先行列，但很多科研成果长期被束之高阁。原创能力不足的主要原因在于评价体系不完善，重数量而轻质量，很多文章、专利都只是出于项目结题、研究生毕业需要，并没有太大的实用价值。成果转化率低的主要原因在于难以跨越新材料产品从技术到商品的两个"死亡谷"。第一个"死亡谷"是从技术端到产品端，是指实验室研发的技术能否进行批量化生产，生产出来的产品稳定性如何。以第三代半导体材料 SiC 为例，因其性能优异，非常适合于制作高频、高温、抗辐射及大功率器件，然而，生长 SiC 晶体难度很大，虽然经过了数十年的研究发展，迄今为止也只有美国的 Cree 公司、德国的 SiCrystal 公司和日本的新日铁公司等少数几家掌握了SiC 的生长技术，离真正的大规模产业化应用还有较大距离。第二个"死亡谷"则是从产品端到商品端，指产品是否具有足够的性价比，能否满足客户的不同需求等。比如广受关注的石墨烯，在锂离子电池、新型显示、半导体器件等领域，都有较大的应用前景。但迄今为止，它还不能算作是真正的商品，原因就在于商业化应用的性价比不高，使用石墨烯能使电池材料等产品性能提高 20%—30%，但成本却要增加 50% 以上。

三、我国新材料产业政策动态

（一）推进产用结合，制定协同政策体系

开展新材料保险补偿试点政策。2017 年 9 月，保监会发布《关于开展重

点新材料首批次应用保险补偿机制试点工作的通知》，将联合工信部、财政部两部委一起开展重点新材料保险补偿试点工作。建立新材料首批次保险机制，坚持"政府引导、市场运作"的原则，旨在运用市场化手段，对新材料应用示范的风险控制和分担作出制度性安排，2017 年的新材料保险补偿目录涵盖129 个产品。

建立新材料领域技术成熟度国家标准。新材料技术成熟度评价体系是《新材料产业发展指南》的重点任务之一，2017 年 5 月，工业和信息化部原材料工业司、科技司，国家标准委工业一部以及标准编制组专家在北京召开工作会议，对《新材料技术成熟度等级划分及定义》标准草案进行了讨论。2017 年 12 月，工业和信息化部公示《新材料技术成熟度等级划分及定义》国家标准，新材料技术成熟度按三个阶段分为九个等级，按照给出的技术成熟度等级条件划分等级。

（二）加强资源整合，构建协同创新载体

建立新材料生产应用示范平台。2018 年 1 月，工业和信息化部、财政部发布了《国家新材料生产应用示范平台建设方案》。该方案指出，国家新材料生产应用示范平台以新材料生产企业和应用企业为主联合组建，吸收产业链相关单位，衔接已有国家科技创新基地，力争到 2020 年在关键领域建立 20家左右。对于平台研究提出的新材料研发、产业化和示范应用项目，符合条件的鼓励其加快推广应用。明确了建立新材料应用评价设施、新材料应用示范线、新材料生产应用信息数据库、新材料生产应用公共服务体系、新材料生产应用人才服务体系等重点任务。

建立国家新材料测试评价平台。2018 年 1 月，工业和信息化部、财政部发布了《国家新材料测试评价平台建设方案》。该方案指出到 2020 年，完成国家新材料测试评价平台总体布局，初步形成测试评价服务网络体系。建设具备统筹协调、资源共享和认证服务等功能的主中心。在先进基础材料、关键战略材料和前沿新材料等领域，建成若干个行业中心。根据产业集聚现状，布局一批区域中心。重点新材料的测试评价问题得到基本解决。到 2025 年，主中心和行业中心能力进一步提升，区域中心基本满足地方新材料产业发展需求，辐射带动效果明显增强。主中心、行业中心、区域中心协调配套的新材料测试服务体系基本健全，网络化服务能力和共享共用水平大幅提高，基本形成覆盖全国主要新材料产业集聚区和上下游市场的测试评价体系。

第二节 中国新材料产业重点领域分析

一、先进半导体材料

半导体材料是电导率介于金属与绝缘体之间的材料，其电导率随温度的升高而增大，是制作晶体管、集成电路、电力电子器件、光电子器件的重要材料。半导体材料对于现代信息化产业具有举足轻重的地位，其相关产业也是信息化产业的基础产业。我国的先进半导体领域已经初步形成了竞争力较强的技术研发和产业体系，并有望从宽禁带半导体产业大国发展为产业强国。

（一）发展概况

先进半导体材料目前正处于研究和产业化的高速发展过程中，具有十分明显的应用需求驱动基础研究、产业需求驱动技术创新的特征。

半导体照明的重要发展趋势是光电子基础与前沿技术将持续突破。半导体照明已经形成了具有完整产业链条的高技术产业，目前的 LED 发光技术发展迅速，已经实现了沿长波方向从蓝光拓宽到绿光、黄光、红光，从而解决"黄光鸿沟"问题，这些材料可以应用在生物、农业、医疗、保健、航空、航天和通信等领域；沿短波方向使用高效节能、环境友好、智能化的固态紫外光源逐步取代真空紫外光源，开启了紫外技术和应用的革命性变化。

先进半导体材料发展的主流方向是节能、高耐压、高可靠和低成本。例如，在电源转换、逆变器应用领域已具有技术与综合成本优势的碳化硅（SiC）和氮化镓（GaN）等电力电子器件，这些材料的规模化生产促使价格进一步下降，协助充电桩、汽车电子、光伏逆变、电源转化等领域快速启动。

新一代移动通信技术发展的核心是高频与宽带。目前的部分主流半导体材料在未来的发展中难以满足基本需求，例如，CaAs 受到输出功率限制无法满足高频大功率需求，而主流 Si 基横向扩散金属氧化物半导体（LDMOS）技术受到功率及宽带宽度的限制、效率增益提升已经接近极限，无法满足未来5G系统的应用需求。GaN功率放大器正在向高频率、大带宽、高效率快速演进，这也是目前业界普遍看好的5G移动通信基站的主流技术。一旦其投入应用，将全面启动万物互联网时代，市场格局也将面临重新洗牌。

我国半导体材料在国家科研项目的支持下，技术水平与国际先进的差距已缩短到3—5年；产业化方面，在材料和相关应用领域已涌现出一批高新技术企业。下一步需要突破材料、器件、封装及应用等环节的关键核心技术和实用化、工程化难题，以及移动通信基站、新能源汽车、智能电网、轨道交通等广大应用行业对高可靠性宽禁带半导体材料、器件、封装的认可。第一，我国电力电子器件在技术成熟度、全产业链的配套能力、测试评价方法、优化的应用解决方案等方面还存在诸多问题，需要在长期可靠性和低成本方面继续努力。第二，我国先进半导体材料的原始创新、体制创新与国外差距大，缺乏可持续的公共研发平台和国际化新型研发机构；第三，我国先进半导体产业应用领域与国外产业市场的差距明显，其落后程度甚至大于技术层面。

（二）技术进展

我国经过近20年的发展，已经成长为以半导体照明为主体的宽禁带半导体产业大国。年平均产值年增长率保持在30%以上。"十三五"期间，随着"中国制造2025"等国家战略的深入实施，以及《"十三五"国家科技创新规划》《"十三五"国家战略性新兴产业发展规划》《"十三五"节能环保产业发展规划》等相关政策发布，国务院成立了"国家新材料产业发展领导小组"。作为战略性新兴产业和实现节能减排的重要抓手，先进半导体技术和产业受到了中央政府、各地方政府和企业的高度重视。

2016年我国半导体产业的年终产值为5216亿元，比2015年同比增长22.8%，成为全球最大的生产国。技术与国际水平的差距也在不断缩小。在紫外LED方面，基于氮化镓铝（AlGaN）材料的UVC波段深紫外LED光输出功率达到25兆瓦，紫外LED在光固化、印刷、曝光等领域迅速取代汞灯应用，在净水领域也不断取得突破性进展。《LED照明应用接口要求：自散热、控制装置分离式LED模组的路灯/隧道灯》（CSA016—2013）获得2016年中国标准创新贡献奖二等奖（唯一团体标准）。通过国际半导体照明联盟（International SSL Alliance，ISA）牵头的金砖国家半导体照明合作工作组等合作平台，开展了技术、科技园区、示范推广、标准检测认证等深度国际合作；在功率器件方面，国内多家企业和机构已经实现600—2500伏的SiC肖特基二极管量产，处于用户验证阶段；开发出1200—3300伏的SiC MOSFET原型器件，产品目前主要在国外少量代工，尚未形成批量供货能力。进口的SiC功率器件已经小批量应用于服务器电源、UPS（Uninterruptible Power System，不间断电源）、光伏逆变器、充电桩和车载充电机。中车株洲时代电气、国家电网联研院、厦门三安集团等大型企业正在建设6英寸SiC电力电子器件工艺线，2017年年底前已陆续建成，进一步推动我国SiC从材料、工艺、封装到系统应用技术的创新和发展，并将孵化出一批国际领先的设计和应用技术团队。GaN射频器件以高频高效大功率的特点广泛应用于雷达、电子战等军工领域，在解决国家重大安全需求方面发挥了关键作用，近期有望在新一代移动通信等民用市场爆发，中电13所已形成系列化GaN微波功率器件和单片微波集成电路（Monolithic Microwave Integrated Circuit，MMIC）产品，已被华为、中兴通讯采用并进行基站的研发。

二、新型显示材料

新型显示材料是国家信息电子产业的基石之一，新型显示及相关产业的发展与信息产业的发展相互促进，共同成长。当前移动互联网技术在全球迅速推广，逐步对显示技术提出了柔性、轻薄、省电、便携和低成本等诸多新要求。近年来，一场涉及整个显示产业链的技术革命正在悄然发生。从技术路径看，现有的半导体/真空技术将发展为印刷及柔性显示技术，通常具有轻薄、柔性、大面积、低成本和节能等特点，是从显示材料、器件、装备到制造技术等整个显示产业链的一次全面的技术革命。我国已经具备了参与国际竞争的基础和能力，需要进一步加大引导和支持力度，形成自主知识产权可持续发展的全链条创新体系，抢占产业"换道超车"的重大先机。

（一）发展概况

印刷及柔性显示。相对于传统显示技术，印刷及柔性显示由于具有适合更大尺寸、高对比度、高色域及高色纯度、动态画面响应快速、可弯曲折叠、产品多样性等优势，从而可以在更广泛的领域得到应用与普及。家电显示面板市场以"大尺寸化、高清化"为趋势。2017 年全球大尺寸电视出货约 2.25 亿台，根据中国平板电视行业大会统计，2017 年全年中国大尺寸电视的销量在 4800 万台左右。可见大尺寸显示市场惊人。印刷工艺，可以摆脱传统显示的高真空设备，消耗更少的能源与材料，使大屏显示器件的制作成本大大降低，促进更大尺寸、更高显示质量的显示屏渗透到民众的日常生活中。汽车、航空及军事的显示器使用环境较为苛刻，安全系数要求较高，依靠分子自发光的印刷因其更宽的适用温度范围而具有更大的优势及更高的安全性。AMOLED 技术是柔性显示屏发展的基础，具有低功耗、体积小、轻便、可变形等优势，其应用方向非常广泛，尤其是对于未来显示行业的新领域，例如 VR 和可穿戴智能设备等，柔性技术显得十分重要。并且，结合印刷显示技术具有的增材制造特点，可以在不同形状、不同尺寸的基板上根据需要来铺展显示材料，从而能更灵活地提供客制化的显示产品。

激光显示。随着 LD 材料和器件技术的发展，三基色 LD 作为显示光源，比起其他相干/非相干光源优势明显，例如，电激发、高效率、高偏振度、长寿命、全固态、小塑化、频域/空域时域综合参数易干调控等。同时，LD 可采用半导体制造工艺实现大规模量产降低成本的独特优势，支撑激光显示实现高性价比。激光显示技术的发展方向和路线就是基于三基色 LD 的新型激光显示，因此，提高三基色 LD 材料器件的性价比将成为激光显示产业发展的重要方向。

近年来，我国显示产业快速崛起，全球显示产业正加速向我国转移。我国显示产业呈现出逆势而上的发展势头，但是依然面临许多挑战。我国新型显示产业创新能力不足，各自依靠自身仅有的人力、财力、资源组织技术攻坚，导致新技术开发分散，造成资源浪费；显示产业链的发展极不平衡，新兴显示上游材料的供应商均被韩国、日本和美国垄断，从产业安全发展来看，基础材料产业链必须完善；专业人才的缺乏和开发平台的不足也在制约着我国显示技术的可持续发展。而激光显示方面，我国激光显示现状及发展趋势基本与国外同步，虽然激光显示市场前景广阔，但是受制于三基色激光光源成本高，其市场化进程缓慢。近几年，激光显示进入了以全固态激光光源（Diode Pumped Lasers，DPL）和复合光源（DPL + LED 或荧光粉）为主的过渡阶段。其中，激光荧光粉显示技术（Laser Phosphor Display，LPD）采用蓝光半导体激光器作为主光源，激发荧光粉得到绿光和红光，与剩余蓝光组成三基色光源，这种光源具有散斑不明显的优点，但是由于绿光和红光系荧光粉发光，谱宽大（数十纳米），色饱和度低，色域小［85% 国家电视制式委员会（National Television System Committee，NTSC）］，不具备激光显示大色域优势，且荧光粉受到烧蚀效应的限制，其亮度较低，寿命短，不能成为激光显示产业化的方向。采用 DPL 光源的激光显示技术，其激光产生的过程是先用 LD（Laser Disc）泵浦激光晶体产生红外激光，再通过非线性光学频率变换产生可见光，结构复杂，可靠性差，无法低成本批量生产，且激光光源谱线过窄（小于 1 纳米），消散斑技术难度大，也不是激光显示产业化的方向。

（二）技术进展

柔性显示技术，是有别于传统的基于玻璃基板的硬屏显示方式，它是基于柔性衬底制作柔性的 TFT 阵列，进一步在 TFT 阵列上制备可弯曲的 OLED 或 QLED 器件，最后经过柔性封装技术形成整体的柔性显示器件。柔性显示越来越受到重视，并且得到市场的高度认可，三星 Galaxy 手机、苹果手表都使用柔性 OLED 显示屏，屏幕的边缘可以进行高度的弯曲，但该技术仍属于被动折叠；目前市场对主动折叠的柔性显示技术需求十分迫切，多家国内外主流厂商（如 LG、三星和天马等）已经推出多款演示产品。柔性显示技术将给未来的信息显示带来更多设计的空间，可以使显示器渗透到更多的应用场景［如可穿戴、VR（Virtual Reality），虚拟现实）、汽车等应用领域］，由此可以预见柔性显示时代即将来临。目前已经得到普及的传统液晶显示器，因为受背光膜片与液晶盒厚度的影响，弯曲到一定程度时会产生严重的漏光与不均匀现象（mura），所以难以用于柔性显示器件中。而 OLED 与 QLED 为自发光器件，结构不同于液晶显示，其器件结构由多层纳米级的薄膜构成，可以任意弯曲与折叠。因此柔性自发光型显示器的主要产品形式，也将主要体现为 OLED 与 QLED 这两大类型的显示器。

我国显示产业领域，TCL、京东方、天马、维信诺等公司一直致力于印刷显示领域的产业化技术开发，在高精度喷墨印刷技术、喷墨印刷器件结构、印刷背板驱动技术、柔性显示基板技术、柔性封装与阻隔膜技术等方面积累了许多研究经验，并着力与合作企业和高等院校共同推动量产型印刷 OLED 显示技术的开发及 OLED 喷墨打印平台的建设。其中，TCL 与深圳华星光电技术有限公司在 2014 年第三季度，成功点亮 31 英寸 FHD（Full High Definition）印刷显示样机，该样机使用印刷用氧化物 TFT 背板；京东方于 2012 年点亮了氧化物 TFT 和高分子喷墨打印技术的 17 寸 AMOLED 屏，完成了 31 英寸打印 OLED 屏的样机，广东聚华印刷显示技术有限公司，作为国家"印刷 OLED 显示技术集成与研发公共开放平台"，已开展 G4.5 喷墨印刷平台建设和印刷显示技术的前期研究，这些都为未来印刷显示技术的产业化奠定了坚实的基础。

激光显示采用三基色激光作为显示光源，被业界视为"人类视觉史上的革命"。三基色激光的显示光源能够实现大色域、双高清（几何、颜色）视频图像显示和真三维显示，因此，在大屏幕激光的家庭影院、数字电影、展览展示、军事指挥、便携显示终端及空间科学等领域均有广泛的应用，是实现高保真图像再现的最佳途径，也是显示领域的研究热点和发展方向。目前，全球的激光显示已初步具备了产业化基础，据统计，2017 年全球激光产品的销售额接近 111 亿美元，比 2016 年增长约 6.6%。激光显示王处于产业快速增长的早期，国际知名企业均有部署，行业竞争日趋激烈。

中国激光显示技术研究水平与国际基本同步。中国科学院理化技术研究所首先在国内开展激光显示研究。20 世纪 90 年代初，激光显示技术得到"863"计划和中国科学院创新工程计划支持，2003 年推出激光显示原理样机；2005 年推出 60 英寸、80 英寸、140 英寸、200 英寸激光电视样机，研制出的中国首台激光显示样机，色域覆盖率为 79.2%。目前，我国激光显示技术研究和产业化总体上处于国际第一梯队，国内多家单位（如海信、长虹、上海仪电电子、大连华录等）也都积极开展了激光显示技术和产品研发。

三、新型钢材料

新型钢材料是指具有特殊的化学成分、采用特殊工艺生产、具备特殊组织性能、能够满足特殊使用要求的钢类。新型钢材料广泛应用于工业和人们生活的各个领域，是重大装备制造和国家重点工程建设所需的关键基础材料，其生产和应用代表了一个国家的工业化发展水平。

（一）发展概况

新型钢材料产业是国民经济建设、社会发展及国家战略性新兴产业发展的重要材料基础。我国制造业发展和相关产业节能减排目标的实现都需要大力发展高品质的新型钢材料生产和加工技术与装备，积极推进高品质新型钢材料产业化和大宗高品质新型钢材料的规模化生产应用。

我国制造业强国战略深入实施与战略性新兴产业的高速发展，对新型钢材料性能提出了高强、高韧、耐高温、耐腐蚀、耐磨损及结构功能一体化等新需求。例如，超超临界火电机组与核电装备用特殊钢，高速列车的车轮、车轴、轴承与大功率风电机组轴承用钢，海洋工程及油气开采/储运/输送用耐蚀钢及合金、资源节约型环保不锈钢的需求日益增大，品质要求越来越高。《"十三五"国家科技创新规划》和《中国制造2025》均将发展特殊钢材料技术作为未来我国高端装备及制造业发展，实现材料强国乃至制造强国的重要支撑基础。同时，国家各部委也陆续出台相关规划，围绕我国钢铁工业结构调整、转型升级的新需求，统筹推进新型钢技术及产业发展，例如，工信部出台《钢铁工业调整升级规划（2016—2020年）》明确提出钢铁关键品种重大工程，针对先进轨道交通、节能与新能源汽车、电力、关键基础部件等领域对耐热钢、超高强度钢、高强汽车钢、高性能轴承钢、齿轮钢、高强度紧固件用钢，等新型钢材料的需求，持续推进高品质新型钢材料品种的研发和产业化，增加有效供给。科技部出台的《"十三五"材料领域科技创新专项规划》将高品质特殊钢列为"十三五"期间"重点基础材料技术提升与产业升级"的重点任务之一，并在2016年国家重点研发计划重点专项中先期启动实施，围绕轴承/齿轮/弹簧/紧固件等基础件用钢、高温强度耐蚀不锈钢、先进硅钢、高性能工模具钢等新型钢材料的技术提升和产业化应用，按照"全链条创新设计、一体化组织实施"原则安排了五项项目，通过项目攻关，全面提升我国特殊钢材料质量稳定性，达到国际先进水平，才能带动相关产业产值大幅度提升，为我国制造业升级乃至"中国制造2025"战略目标实现奠定坚实的材料基础。

我国新型钢材料产业的整体发展水平和产品质量等同先进国家相比仍有

很大差距。在量大面广的新型钢材料生产技术方面存在品种结构不合理，低端品种过剩、高端品种缺乏，性能和质量稳定性差，制造成本高等问题。尤其在高端新兴钢材料研发和生产方面，仍有相当比例的高端、高附加值的新型钢材料受制于人，有待进一步自主开发。

（二）技术进展

随着科技革命和产业变革的深度进行，新型钢材料将进一步向高洁净、均质化、高精度、易成型，性能超级化、复合化、功能化、环境协调化、制备公益高技术化等方向发展。对比分析国外新型钢材料发展趋势，我国新型钢材料关键技术未来将围绕创新链和产业链，重点发展新型钢材料基础性技术及应用关键技术，将材料性能研究与应用研究、材料质量提升与基础件性能提升有机结合，着重研发高强度、高韧性、长寿命、高品质的新型钢，实现关键产品国内市场自给率80%以上，使用寿命提高50%，达到国际先进水平，以满足我国重大工程建设需求，推动战略性新兴产业发展，支撑我国制造业升级。

重点突破传统冶炼及轧制技术，开发高效低成本洁净钢冶炼、处理技术，实现资源和能源节约的绿色化制造与钢材品质的升级换代；通过多相组织调控与超细晶控制，实现高强塑积、低成本汽车用高强钢的制备；突破大规格高强度海洋工程用钢制备及应用技术；实现高耐蚀性、高成型性、耐热和抗氧化不锈钢的以及非调质节能环保型特殊钢的开发。到2025年突破低成本减量化冶炼和轧制技术，以及短流程钢铁生产，实现绿色制造和制造绿色。开发重大工程与重大装备用高强度、高韧性、高塑性、低屈强比、高持久断裂强度的高技术含量、高附加值先进的新型钢材料。

从产品应用及产业发展方面看，通过关键技术突破及推广应用，推动我国新型钢材料及其制品的性能、质量稳定性和可靠性的全面提升，关键产品质量达到国际先进水平，打破我国关键高品质特殊钢长期依赖进口的局面。到2020年，高品质特殊钢年均生产量约为1350万吨，年均产值为500亿—600亿元，推动优势新型钢材料生产企业的合并重组，形成以龙头企业为核心的特殊钢产业集团，主要材料自主供应率达到80%，预计到2025年，高品质新型钢材料年均生产量约为2000万吨，年均产值为600亿—900亿元，主要材料自主供应率达到90%。大幅度提升高品质新型钢材料和零件的研发、创新能力及制造技术水平，降低能源、资源消耗，减少环境负荷，满足国民经济建设及重大工程、高端装备制造等国家战略需求。

四、先进有色金属材料

（一）发展概况

有色金属行业是我国的基础性行业之一，重点包括铜铝镁铅锌等十大重点有色金属冶炼以及深加工等。2017年有色金属及其合金工业等正处在深度调整发展的关键时期，中央提出的供给侧结构性调整在这个领域体现得最为充分。有色金属及其合金工业推动了供给侧结构性改革，同时加强行业自律，营造良好的市场环境，行业总体呈现出生产平稳运行、效益持续向好的态势。

从行业应用和产品发展水平来看，目前我国有色金属及其合金工业距离战略性新兴产业发展规划提出的到2020年70%的关键材料自给率还有相当大的差距，材料对战略性新兴产业的基础保障能力还有待大力加强，特别是在国防科工和汽车机械等主导产业领域，高强轻合金和高温合金方面与国外先进国家还有非常大的差距。因此上述领域也是国家推进先进有色金属材料的重点领域，在"十三五"战略性新兴产业发展规划中，也是重点规划引导发展的领域，目的是通过这一领域建设，加快从材料大国向材料强国发展转变。2017年有色金属行业主要展现三个特点，一是有色金属的供给与需求基本实现平衡，二是有色金属行业运行态势放缓，三是有色金属的供给侧改革仍在继续。受环境关注的影响，有色金属生产中出现的环境污染治理和温室气体排放等问题，不但受到国内冶金城市及其周边城市的关注，也受到国外矿山和绿色投资东道国的关注，这一领域关系到材料供应和产品销售，因此国家《有色金属工业"十三五"规划》中对环境指标有明确要求，包括氧化硫排放总量污染累计减少15%，赤泥综合利用率超过10%，等等。两化融合指标提出：关键工艺数控化率超过80%、综合集成企业比例从当前的12%提升到20%、管控集成企业比例从当前的13%提升到18%、产供销集成企业比例从当前的16%提升到22%。

高温合金方面，高温合金是我国高精尖工业品发展的重要瓶颈，如在航空发动机中，高温合金材料占发动机重量的比重约为50%，燃烧室、涡轮叶片和涡轮盘等都是高温合金材料，多年以来正是由于高温合金材料发展滞后，才造成我国航空发动机工业发展受限。不单在军工领域，在民用领域，高温合金材料应用也非常广泛，目前占比为20%。在高温合金中比较重要的包括镍基单晶高温合金、镍基超塑性高温合金等。在国际上，美国、日本、俄罗斯、法国等发达国家，高温合金材料工业发展比较发达，特别是一批涉及军用领域的材料，长期以来都是限制对外出口的，因此，发展高温合金工业，必须自力更生。2017年全球镍基合金主要应用在国防、石化、电子、航空航天等领域，其产品具有耐高温、耐腐蚀等优良特性。欧洲和日本是最大和最重要的两个生产地区和国家，其中日本镍基产品在电子方面应用比较广泛。另外一个重要的高温合金是钛合金，钛合金与钼、钒等金属合金，既能够生成高温合金，也可以生成耐蚀合金以及低温合金，钛合金不但具有耐高温性能，还有很好的机械加工性能，能够在高温环境下工作，是很好的发动机材料，被广泛应用于军工和航空航天领域。目前我国钛合金年产量在5万吨左右，消费主要集中在电力和化工民用产业领域，未来随着航空航天的大发展，预计消费会大幅增加。但目前航空领域所生产的高端钛合金材料水平与国外有差距，因此造成我国高端钛合金消费占比有限。

高强轻合金方面，高强轻质合金从应用规模来看，主要包括铝合金和镁合金。近年来随着汽车轻量化和航空航天产业的大发展，高强轻质合金的需求越来越大。目前我国铝合金产量约700万吨，增速远超过有色金属行业的平均水平。"十三五"期间受供给侧结构性改革和消费市场变化的影响，预计建材类铝合金消费所占比例会逐渐下降，航空航天、轨道交通、汽车领域所消费的高端铝合金产品所占比重会持续增加。此外，还有一个值得注意的消费领域是铝合金电缆行业，随着电网改革和"一带一路"的推进，预计铝合金电缆行业会发展成为千亿级别的大行业，目前主要问题是合金配比、材料应用、回收再制造等方面存在技术和体制障碍，一旦解决，会迎来大发展。镁合金方面，镁合金主要应用在航空航天领域以及汽车家电领域等，目前我国镁合金产量约45万吨，消费量约30万吨。由于具有较强的刚度和耐冲击能力，而且能够实现循环再利用，预计未来在消费电子和汽车领域，镁合金产品还将被大幅使用，目前汽车对镁合金压铸件的需求量年均复合增长率达到 80%。

（二）技术进展

2017 年世界有色合金技术进展主要体现在不断开发出现新的合金材料，具有优越的耐热、耐蚀、高强等特性，同时为了加快这些新材料的应用，发达国家材料企业还开发了相应的应用工艺技术。在耐热材料方面，如英国为满足 F35B 舰载隐身飞机的需要，开发出了据称能够耐 1500 摄氏度高温的甲板用合金涂层。应用工艺方面，如英国哈金森航空技术公司开展了加速钛合金激光焊接技术理论研究，并向市场推出相关产品。此外，像 3D 钛合金打印技术及其在军工等领域的应用，在中国都有了新的进展，目前达到世界领先水平，而日本在 2016 年也研制出了可 3D 打印的高强度、耐腐蚀高熵合金技术。在一些特殊合金性能研发方面，美国密歇根大学研究发现，由三种以上金属元素组成的金属合金，抗辐射能力比纯金属高 100 倍，未来预计这一发现将给核能、航空等产业带来巨大影响；在记忆合金方面，德国基尔大学研究人员新发明了一种镍钛铜记忆合金，其变形次数可以达到千万次。随着新能源汽车的兴起，汽车轻量化技术突飞猛进，目前美国美国铝业公司的小型轧机（Micromill）可以生产新一代汽车铝板带，所生产的汽车合金的成形性比现行铝合金的高 40% 以上，而强度性能则大 30%。

五、石墨烯材料

石墨烯是一种由碳原子构成的单层片状结构的新材料，具有高导电性、高强度和超轻薄等特性，在电子、光学、磁学、生物医学、催化、储能和传感器等诸多领域具有巨大的应用潜力，被称作"材料之王"。我国高度重视石墨烯技术研究，目前已成为世界上石墨烯研究最火热的国家，在先进装备用隐身、结构、功能一体化、信息化材料，以及军民用导体导线材料、涂料、环境净化材料等领域取得了许多突破性的创新成果。

（一）发展概况

近年来，我国对石墨烯材料的重视程度日益提高。2007—2016 年间，科技部基础研究和国家自然科学基金关于石墨烯相关研究的资助经费超过了 10 亿元。随着国际石墨烯研究和工业化开发的进程，国内石墨烯研究和产业化进程逐渐展开，且在主要研究领域均有涉猎，整体接近国外先进水平，部分领域可处于领先水平并掌握了自主知识产权。据不完全统计，目前全国有80多所研发机构1000多支团队涉足石墨烯研究。2015年11月30日，工信部、发改委和科技部等三部委联合发布《关于加快石墨烯产业创新发展的若干意见》，欲在2020年形成完善的石墨烯产业体系，实现石墨烯材料标准化、系列化和低成本化，在多领域实现规模化应用。在利好政策和无限广阔的应用前景面前，石墨烯在全国范围内正呈现出蓬勃发展之势，尤其是常州、无锡、青岛、宁波、深圳、重庆、德阳、北京、上海等地正在加快石墨烯的产业化布局。整体看来，我国石墨烯研发基本上以科技部"973"计划和国家自然科学基金支持下的基础研究为主；产业主要以地方政府支持下、民间资本和制造业企业投资下的传统产业升级转型为主。

我国是全球制造业大国，在石墨烯应用方面具有巨大的市场空间。目前产业主要集中在提升传统产业方面（作为添加剂，添加到各种材料改善其性能），因此在石墨烯产业化方面与欧美等发达国家对比，仍有不足。虽然国内在石墨烯论文数量上全球领先，但是基础研究原创性不足；我国在战略高技术领域的布局、规划仍未形成，研发投入较少，国内企业也很少涉足，导致战略被动。

（二）技术进展

CVD设备方面。石墨烯CVD设备是上游高附加值产品，对于石墨烯薄膜的生产起着至关重要的作用。目前，国际上有一定知名度的CVD设备公司集中在美国、欧洲、日本等。2011年，上海理想能源设备公司的等离子体增强型化学气相沉积设备（PECVD）成功下线，打破了CVD设备一直被国外厂商垄断的局面，此后，我国沈阳科仪、青岛赛瑞达、厦门烯成等公司也成功研发出一系列的CVD设备。

粉体材料方面。国内在石墨烯粉体材料规模化制备技术研发的研究团队主要有中科院金属研究所成会明院士团队、中科院宁波材料所刘兆平研究员团队、清华大学康飞宇教授团队、中科院山西煤化所陈成猛研究团队、中科院上海微系统所丁古巧研究员团队等。我国目前已经有数家企业具备了年产百吨级的生产能力，如常州第六元素100吨氧化石墨烯生产线已于2013年11

月投产；宁波墨西科技 300 吨石墨烯生产线于 2013 年 12 月投产，2014 年 5 月，其研发并生产的石墨烯系列新产品正式发布，售价低于 1000 元/千克，在原有成本水平上大幅降低，2016 年 1 月通过技术改造将产能扩展到 500 吨/年；鸿纳（东莞）新材料科技的含石墨烯 5%—10% 的千吨级浆料生产线于 2014 年 2 月正式投产，经过一年多的调试与优化，2015 年 4 月，该生产线已达到万吨级的年产能。

薄膜材料方面。国内在石墨烯薄膜规模化制备方面起步较晚，但发展迅速。常州二维碳素科技股份有限公司、重庆墨希科技有限公司、福建辉锐材料科技有限公司、无锡格菲电子薄膜科技有限公司均已建成石墨烯透明导电薄膜量产线。其中常州二维碳素 2014 年宣称石墨烯薄膜的年生产能力达到 20 万平方米；重庆墨希 2015 年宣称透明导电薄膜年产量为 100 万平方米。近期，中科院宁波材料所突破石墨烯薄膜卷材规模化制备技术，于 2017 年建成了年产百万平方米石墨烯薄膜卷材生产线，且将石墨烯薄膜制备成本降低至 100 元/平方米以下，满足多数应用领域对石墨烯价格的要求。

应用方面。石墨烯的应用技术及下游产品开发是制约石墨烯发展的关键所在。导电添加剂。导电添加剂是石墨烯粉体的重要应用领域，是石墨烯添加到锂离子电池中的形式之一，已成为未来锂离子电池高端导电添加剂的首选替代品，国内在这方面已取得显著成果。宁波墨西、东莞鸿纳可以规模化制备少层石墨烯导电浆料，并已实现初步推广应用。高分子复合材料。这是石墨烯粉体作为添加剂的另一重要应用，其在改善聚合物的热性能、力学性能和电学性能等方面有着巨大潜力，国内目前有多家科研机构、航空航天及国防领域研究院及相关企业从事该项研究，相关产品正在评估当中。涂料。石墨烯粉体材料或直接制备得到的石墨烯浆料还可以直接作为一种新型涂料在材料表面形成功能性涂层。中科院宁波材料所、宁波墨西、第六元素、利特纳米、青岛瑞丽特等先后开发出了石墨烯增强防腐涂料，其中，第六元素集中于富锌防腐涂料，中科院宁波材料所和利特纳米等集中于海洋重防腐漆。传感器。传感器是石墨烯薄膜的重要应用之一，2015 年 11 月，常州二维碳素发布了世界首款石墨烯压力触控传感器，与传统压力传感器相较，该产品具有超高灵敏性、超高柔韧性及微米级的厚度，可满足不同的结构设计要求，使得终端产品的个性化设计成为可能。透明电极。作为石墨烯薄膜的另一重要应用，在太阳能电池、光电探测器、触摸显示屏等领域具有很好的应用前景。清华大学材料学院吕瑞涛和康飞宇教授团队提出了一种将透明电极和减反射涂层结合的新途径，与通常在制作石墨烯器件时需要尽可能把聚合物涂层去除干净的思路相反，该团队以聚合物涂覆的 CVD 石墨烯薄膜直接作为减反射透明电极，在石墨烯/硅异质结太阳能电池中取得了良好的效果。

第三节　中国新材料产业年度热点事件

一、《新材料产业发展指南》发布

2017 年 1 月，工信部等四部委联合发布了《新材料产业发展指南》，该指南是"十三五"时期指导新材料产业发展的专项指南。《指南》指出了先进基础材料、关键战略材料和前沿新材料三大发展方面，提出了突破重点应用领域急需的新材料、布局一批前沿新材料、强化新材料产业协同创新体系建设、加快重点新材料初期市场培育、突破关键工艺与专用装备制约、完善新材料产业标准体系、实施"互联网＋"新材料行动、培育优势企业与人才团队、促进新材料产业特色集聚发展等九方面的重点任务。

二、《增材制造产业发展行动计划（2017—2020 年)》发布

2017 年 12 月，工和信部联合国家发展改革委等 11 部门印发《增材制造产业发展行动计划（2017—2020 年)》。该计划聚焦于制造、医疗、文化创意、创新教育四大领域，实施提高创新能力、提升供给质量、培育龙头企业、推进示范应用、完善支撑体系等五大重点任务。力争到 2020 年实现产业发展五大目标：（1）产值保持年均 30% 以上的增速，2020 年产业销售收入超过 200 亿元；（2）技术水平明显提高，突破 100 种以上满足重点行业需求的工艺装备、核心器件及专用材料；（3）行业应用显著深化，开展 100 个以上试点示范项目，在航空、航天、汽车等重点制造及医疗、文化、教育等领域实现规模化应用；（4）生态体系基本完善，形成完整的增材制造产业链，包括计量、标

准、检测、认证等在内的生态体系逐步完善；（5）全球布局初步实现，培育2—3 家以上具有较强国际竞争力的龙头企业，打造2—3 个国际知名名牌，一批装备、产品走向国际市场。

三、世界首辆全碳纤维复合材料地铁车体研制成功

2018 年 1 月，中车长春轨道客车股份有限公司开发出全球第一辆全碳纤维复合材料地铁车体，该技术具有完全自主知识产权。全碳纤维复合材料地铁车体与类似的金属地铁车体相比，重量能够降低约 35%，车体重量的降低能够显著地降低地铁运行中所消耗的能源、减少排放。全碳纤维复合材料的使用还能够给乘客带来更加舒适的乘车体验，全碳纤维复合材料地铁车体的隔热性能是金属车体的 1.5 倍以上，隔声性能是金属车体 70% 以上。

四、石墨烯智能服饰产业化方面取得了进展

2018 年 1 月，我国汉道集团旗下黑金杰尼控股有限公司成功开发出一种新型的石墨烯加热软膜，并在智能服装领域取得了成功应用。目前，我国市面上的石墨烯发热膜存在防水性能差、柔性较差、寿命短等问题，而新型石墨烯加热软膜具有更好的柔性与防水性，既能保证加热保暖又不失轻柔舒适、安全的电热膜，适合于柔性智能穿戴产品领域。

五、采用新技术实现氧化石墨烯绿色制备

氧化石墨烯被广泛应用于制备高导高强纤维等多种功能材料，并且在电化学储能、催化、生物医药等方面表现出良好应用前景。中科院金属研究所沈阳材料科学国家研究中心研制出了一种电解水氧化的新技术，能够安全绿色、快速制备氧化石墨烯。一直以来，氧化石墨烯主要是通过剥离氧化石墨来进行制备，采用的都是基于石墨与大量浓硝酸、浓硫酸、高锰酸钾等复合强氧化剂的反应来实现。用电解水氧化新方法制备氧化石墨烯，氧化速率比现有方法快 100 倍以上，且可有效解决氧化石墨烯制备长期面临的爆炸危险、环境污染及反应周期长的问题，有望大幅降低制备成本，有利于氧化石墨烯的工业化应用。

六、高性能分离膜材料的规模化关键技术取得突破

2017年9月，"高性能分离膜材料的规模化关键技术（一期）"项目成功验收。该项目突破了反渗透膜、纳滤膜、膜生物反应器膜和水质净化膜等膜材料的规模化制备技术并建成了生产线，在海水淡化、污水处理等领域实现了示范应用；突破了陶瓷纳滤膜、疏水性渗透汽化膜、酸碱回收膜等关键技术并建成规模化生产线，在油气分离、酸碱回收等领域取得了应用；攻克了金属微孔膜、纯质碳化硅膜、二氧化碳分离膜、复合钯膜等膜材料规模化制备及应用技术并建成了示范生产线，并在高温气体分离等方面取得示范应用。

第四节 中国新材料产业重点企业分析

一、中国新材料行业上市公司分析

根据WIND的新材料和石墨烯概念板企业，沪深两市新材料企业共计77家，市值排名前二十的企业如表8-1所示。康得新、方大炭素、东旭光电的市值排名前三，分属于高分子材料、碳素制品领域。

表8-1 沪深两市新材料企业市值的排名前二十的企业

排名	证券简称	新材料领域	省份	总市值（亿元）
1	康得新	高分子材料	江苏	741
2	方大炭素	碳素制品	甘肃	568
3	东旭光电	碳素制品	河北	507
4	龙蟒佰利	钛白粉	河南	349
5	中泰化学	氯碱化工产品	新疆	320
6	光启技术	超材料	浙江	314
7	光威复材	高性能纤维复合材料	山东	195
8	中材科技	特种纤维复合材料	江苏	192
9	豫金刚石	人造金刚石	河南	170

排名	证券简称	新材料领域	省份	总市值（亿元）
10	中国宝安	综合类	广东	147
11	宝泰隆	纳米新材料、煤基石油化工	黑龙江	141
12	中航高科	航空新材料	江苏	132
13	大富科技	高分子材料	广东	126
14	南都电源	电池材料	浙江	124
15	珈伟股份	动力锂电池正负极材料	广东	120
16	新纶科技	TAC 膜、铝塑膜、PBO 纤维	广东	118
17	黄河旋风	超硬材料	河南	117
18	火炬电子	电容材料	福建	115
19	深圳惠程	高分子电气绝缘材料	广东	113
20	国瓷材料	MLCC 配方粉	山东	110

注：数据来源于 WIND 数据库，以 2018 年 1 月 23 日收市价格计算。

二、2017 最具创新力新材料企业排行榜

《互联网周刊》&eNet 研究院发布了 2017 最具创新力新材料企业排行榜。其中，石墨烯领域共有 8 家企业入选，分别是贝特瑞、墨西科技、第六元素、厦门凯纳、墨希科技、利特纳米、奥翼电子、华高墨烯。液态金属领域有 4 家企业入选，分别是安泰科技、宜安科技、北京态金科技、云南中宣。3D 打印材料领域有 3 家企业，分别是光华伟业（eSun 易生）、华曙高科、中物力拓。量子点领域有 3 家企业入选，分别是纳晶科技、纳美纳米、星烁纳米。

表 8－2　2017 最具创新力新材料企业排行榜

排名	名称	新材料领域	产品/技术举例
1	康宁公司	柔性玻璃	Willow™ 玻璃
2	安泰科技	液态金属	非晶带材
3	贝特瑞	石墨烯、碳纳米管	负极材料
4	西部超导	超导材料	低温超导合金棒材

续表

排名	名称	新材料领域	产品/技术举例
5	宜安科技	液态金属	非晶材料
6	墨西科技	石墨烯	石墨烯散热涂料
7	通产丽星	内嵌富勒烯	富勒烯化妆品
8	纳晶科技	量子点	Color In 量子点显示技术
9	北京态金科技	液态金属	液态金属
10	上海超导	超导材料	二代高温超导带材
11	吉林神舟	碳纤维	TX－3 型碳纤维
12	佩尔科技	形状记忆合金	医用镍钛部件
13	天安生物	可降解生物塑料	PHBV
14	北京神然	磁（电）流体材料	多轴磁性流体密封装置
15	海正生物	可降解生物塑料	聚乳酸制品
16	湖南维格	磁（电）流体材料	磁流体密封传动装置
17	第六元素	石墨烯	氧化石墨系列
18	光华伟业（eSun 易生）	3D 打印材料	3D 打印耗材
19	厦门凯纳	石墨烯	KNG－LB102 锂电池专用石墨烯浆料
20	龙邦合金	泡沫金属	泡沫铝
21	辽宁融达	泡沫金属	通孔泡沫铝
22	纳美纳米	量子点	量子点膜
23	大展纳米	碳纳米管	改性碳管
24	广东埃力生	气凝胶	气凝胶复合隔热板
25	华曙高科	3D 打印材料	金属 3D 打印
26	云南中宣	液态金属	液态金属
27	墨希科技	石墨烯	石墨烯柔性手机
28	中复神鹰	碳纤维	SYT49
29	利特纳米	石墨烯	石墨烯高分子复合材料
30	宁波赛孚	泡沫金属	泡沫铝
31	苏州第一元素	碳纳米管	晶须碳纳米管 CNTa
32	奥翼电子	石墨烯	石墨烯电子纸

续表

排名	名称	新材料领域	产品/技术举例
33	昆山蓝胜	气凝胶	气凝胶
34	华高墨烯	石墨烯	石墨烯防弹材料
35	爱博诺德	人工晶体	人工晶状体
36	福纳新材料	内嵌富勒烯	金属富勒烯
37	星烁纳米	量子点	量子点发光二极管
38	中物力拓	3D 打印材料	3D 打印粉
39	盟创纳米	气凝胶	二氧化硅气凝胶粉
40	永新富勒烯	内嵌富勒烯	富勒烯 C7

注：2017《互联网周刊》&eNet 研究院选择排行。

第九章　新能源汽车产业

第一节　国内外节能与新能源汽车产业发展动态

一、国内外产业整体概况

（一）新能源汽车产销仍然保持高速增长

2017 年，国内新能源汽车的发展速度仍然保持在较高水平，全年产销增长幅度达到 50% 左右。据中国汽车工业协会统计，2017 年，国内新能源汽车生产 79.4 万辆，同比增长 53.8%，销售 77.7 万辆，同比增长 53.3%。其中纯电动汽车生产 66.7 万辆，同比增长 59.8%，销售 65.2 万辆，同比增长 59.6%；插电式混合动力汽车生产 12.8 万辆，同比增长 28.5%，销售 12.4 万辆，同比增长 26.9%。节能汽车销售量出现小幅下降。据中国汽车工业协会统计，2017 年，1.6 升及以下乘用车销售 1719.3 万辆，同比下降 1.1%，占乘用车销量的 69.6%，下降 1.8 个百分点。[1]

从全球看，新能源汽车的销量也保持了 50% 以上的高增长速度。据外媒统计，2017 年前 10 个月，全球新能源乘用车销量达到 88.84 万辆，同比增长 51%。分国别来看，中国在世界各国新能源汽车销量排名中高居首位，占到全球主要国家整车销量的 43%。德国以 16.1 万辆位居第二，约占世界全部销量的 19%。美国以 14.3 万辆的销量居于第三位，约占全部销量的 16%。位列

---

[1]　工业和信息化部网站，http://www.miit.gov.cn/newweb/n1146312/n1146904/n1648362/n1648363/c5959517/content.html。

其后的其他国家是日本（占 12%）、挪威（占 5%）、法国（占 4%）、韩国（占 4%）。①

（二）电动汽车技术产品研发取得新突破

根据《2017 中国汽车技术发展报告》，目前我国汽车产业在发动机热效率、低风阻、轻量化、混合动力等节能汽车领域取得新突破，在纯电动汽车全新平台开发、高性能插电混合系统、整车能耗、动力电池单体能量密度、驱动电机本体功率密度等方面逐步接近国际先进水平。② 3 月 22 日，特斯拉宣布对 NMC 三元锂电池进行了改进，单体电池可在超过 1200 次循环时仍保持良好性能，特斯拉 Model 3 行驶 48 万公里后电池组容量衰减仅 5%。③ 8 月 31 日，北京理工大学宣布，全气候电动车电池研发成功，极端低温下电池仍可正常工作，首批全气候电动汽车将在高寒地区进行试验。

（三）各地推广应用情况呈现较大差别

2017 年，全国多地发布了新能源汽车推广应用的实施方案和具体财政补贴政策，推广应用政策实施取得积极进展。2017 年，工业和信息化部发布了 11 批新能源汽车推广应用推荐车型目录，包括了 217 户汽车制造企业的 3113 种车型。根据 2017 年中国六城市新能源汽车消费者调查，我国新能源汽车自 2009 年实施"十城千辆"以来，已经累计推广超过 100 万辆新能源车，占全球市场保有量的 50% 以上。推广应用情况在不同级别城市之间存在较大差别，到 2017 年 8 月，北京、上海、广州、深圳等城市新能源汽车的推广应用数量占到全国推广总数的 54%，一、二线城市的推广总量占比达到 78%。④

（四）互联网与新能源车融合更加明显

2017 年，互联网资本势力跨界新能源汽车产业，腾讯、百度、阿里巴巴三巨头全部入局。5 月，小鹏汽车投资百亿元打造智能科技产业园，首批量产车 10 月在郑州下线。电咖投资 55 亿元在浙江绍兴建设整车生产基地，预计总投资 55 亿元，设计产能为年产 18 万辆。12 月，威马汽车发布首款量产车

---

① 东方网，http：//auto. eastday. com/a/171212085904795. html。
② 中国新能源网，http：//www. china - nengyuan. com/news/118324. html。
③ 电动汽车时代，http：//www. evdays. com/html/2017/0519/zhdt54899. html。
④ 中国经济网，http：//www. ce. cn/xwzx/gnsz/gdxw/201710/30/t20171030_ 26702922. shtml。

EX5。蔚来汽车也发布预售蔚来 ES8。互联网造车企业各有特点。威马汽车宣称将来用户可实时掌握车辆的个性化配置、生产状态及交付周期等信息。拜腾汽车有特别的用户界面：共享体验屏。蔚来提出了 3 分钟快速换电模式。腾讯与广汽就智能驾驶、云平台、大数据等全面合作，发布 iSPACE 智联电动概念车。百度重点关注无人驾驶汽车领域。

二、我国产业存在的问题

（一）产业发展面临"后补贴"时代的转型

国家政策已经明确，新能源汽车补贴在 2017—2019 年逐年递减，2020 年将完全退出。"双积分政策"，作为补贴退出后的接续措施，也把对新能源汽车发展的支持从政府财政过渡到市场驱动上来。补贴退出后的新能源汽车产业，生产企业竞争的焦点将从价格逐步转到技术创新、产品质量、售后服务以及商业运营模式上。目前，新能源汽车高端产品紧缺、低端相对过剩的局面将被打破，一些市场竞争力不强、较多依赖补贴政策的车企将面临严峻的考验。

（二）充电基础设施问题仍多，运营盈利模式不明

我国是世界上电动汽车保有量、建成投运公共充电桩最多的国家。目前，全国的电动汽车公共充电桩21 万个，增速达到80%以上，私人充电桩超过24 万个，增长幅度高达 2 倍。同时，在充电桩领域也还存在着互联互通难、利用效率低、安全隐患大等问题。一是仍然存在车桩充电接口，特别是直流接口不兼容的情况，运营商平台之间不能互联互通；二是新能源汽车公共充电桩的利用率低，平均利用率不足 15%，可持续的商业模式尚未形成；三是由于布局不合理、维护不到位，故障桩、僵尸桩占到了一定比例，充电信息和支付也存在网络安全风险。

三、我国产业政策动态

据不完全统计，2017 年国家层面出台的新能源汽车产业政策多达 30 余项，涉及补贴、基础设施建设、安全、推广应用等多个方面。各地出台的新

能源汽车政策，主要集中在补贴和推广应用方面。

基础设施建设政策。1月，国家能源局、国资委和国管局发布《加快单位内部电动汽车充电基础设施的通知》，要求国家机关、国有企业等机构，在内部停车场加快配建充电设施，提出到2020年，公共机构新建和现有停车场规划建设充电设施比例不低于10%；中央国家机关及在京公共机构不低于30%。郑州印发实施方案，提出到2020年基本建成适度超前、车桩相随、智能高效的充电基础设施体系；对各领域实施分类管理，其中政府机关等公共机构充电设施建设比例不低于15%，公共服务领域的桩车比按照1∶2建设，新建住宅配建停车位应100%建设充电基础设施。天津出台管理办法，对向电网经营企业直接报装接电的经营性集中式充换电设施用电，执行大工业用电价格，2020年前暂免收基本电费。

行业标准规范政策。2017年最重要的一项政策是发布施行"双积分管理办法"。9月，工业和信息化部等5部门联合发布《乘用车企业平均燃料消耗量与新能源汽车积分并行管理办法》，同时设立企业平均燃料消耗量与新能源汽车两种积分，建立积分交易机制，由企业自主确定负积分抵偿方式。办法规定，传统燃油乘用车3万辆以上车企，从2019年起进行积分考核，2019年和2020年新能源车的积分比例为10%、12%。"双积分政策"是建立节能与新能源汽车市场化发展长效机制的具体举措，对我国新能源汽车的发展有着重要意义。[1] 1月6日，工信部发布《新能源汽车生产企业及产品准入管理规定》，从设计开发、生产制造、产品一致性、安全保障能力等方面，提出了准入条件，提高了准入门槛。此外，发改委、商务部修订发布新版外商投资产业指导目录，取消同一外商在国内投资电动汽车不超过两家公司的限制，同时取消了汽车电子和动力电池的股比限制。

各地推广应用政策。12月26日，财政部、国家税务总局、工信部、科技部等四部委联合发布《关于免征新能源汽车车辆购置税的公告》，2018—2020年对购置的新能源汽车继续免征车辆购置税，对免税新能源汽车，通过发布《免征车辆购置税的新能源汽车车型目录》进行管理。8月，交通运输部、住房城乡建设部印发《关于促进小微型客车租赁健康发展的指导意见》，提出鼓

---

[1]　工业和信息化部，http：//www.miit.gov.cn/n973401/n5967641/c5976577/content.html。

励使用新能源车开展分时租赁，并按有关政策给予扶持。西安印发推广应用实施方案，提出扩大公共服务领域新能源汽车应用规模，要求2017至2020年新增公交车全部使用新能源汽车，更新车辆中新能源汽车的比重逐年稳步提高，2020年达到65%。市本级新增和更新出租车要全部为纯电动汽车，区县新增出租车要全部为纯电动汽车，更新车辆中新能源车应不低于一半。海南提出4960辆的全年推广应用任务，提出加快新能源汽车在公交、物流、环卫、邮政、机场、景区等公共领域的推广，公共机构新增或更换车辆中新能源汽车不低于50%。

第二节　中国新能源汽车产业重点领域分析

一、动力电池

技术进展方面。2017年年底，软包电池的能量密度单体已经达到230瓦时/公斤左右，系统约150瓦时/公斤左右。宁德时代研发电池循环寿命在1000次左右，能量密度达到304瓦时/公斤。高容量富锂锰基正极材料取得了突破性进展，中科院物理所改善了富锂锰基正极循环的电压衰减，100周电压衰减低于2%，北京大学团队首次研制出比容量400毫安时/克的富锂锰基正极。固态电池是2017年全球电池的研究热点。美国主要研发有机—无机复合固态电解质的大容量固态锂电池，S－akit3研发的产品，续驶里程可达500公里，目前处于初级阶段。日本研发无机固体电解质的大容量固态锂电池，其中丰田研究的固态锂电池，负极是石墨类，硫化物电解质，高电压正极，单体电池容量达到15Ah。国内，宁波材料所与赣锋锂业正在合作推进固态锂电池的产业化，计划2019年实现量产。

装机规模方面。数据显示，2017年我国新能源汽车动力电池装机总电量约36.24GWh，相比2016年28GWh的数据，同比增长约29.4%。其中，前10家动力电池企业装机总电量合计约为26.22GWh，占整体的72.3%，宁德时代以10.4GWh的装机量占到总量三分之一，比亚迪的占比为15%左右。从全年出货的动力电池类型看，约半数为磷酸铁锂电池，45％为三元锂电池，其余为锰酸锂电池和钛酸锂电池。从价格看，据高工产研锂电研究所的数据，2017 年年底，动力电池价格较年初下滑约 20％—25％，其中磷酸铁锂动力电池组从 1.8—1.9 元/Wh 下降到 1.45～1.55 元/Wh，三元动力电池包从 1.7—1.8 元/Wh 下降到 1.4—1.5 元/Wh。[1]

发展政策方面。工信部、发改委、科技部、财政部印发《促进汽车动力电池产业发展行动方案》。提出了分阶段的实施目标，2018 年前，提升产品性能质量、安全性、降低成本，保障高品质动力电池供应；2020 年前，推进新型锂离子动力电池研发和产业化，实现大规模应用；2025 年实现新体系动力电池的技术变革和开发测试。发展规模方面，2020 年，动力电池行业总产能超过 1000 亿瓦时。产品性能方面，到 2020 年新型锂离子动力电池单体比能量超过 300 瓦时/公斤；系统比能量力争达到 260 瓦时/公斤、成本降至 1 元/瓦时以下，使用环境达 -30℃到 55℃，可具备 3C 充电能力。同时，积极开展新体系动力电池产品研究，推动锂硫电池、金属空气电池、固态电池等的研发和工程化。[2]

二、电机电控

2017 年，国内新能源汽车驱动电机及控制器生产企业数量出现了快速增长。高工电动车网统计了 2017 年中的 6 批《道路机动车辆生产企业及产品》目录，在 1743 款新能源车中，参与配套的电机企业近 130 家。珠海银隆电器的配套车型数量居第一位置；第二是上海大郡，主要为厦门金龙、中通客车、东风汽车等配套；民富沃能、中车时代、南京金龙并列第三。总体来看，近半数的电极电控由整车企业自配，例如，北汽福田、比亚迪、宇通客车、南京金龙等整车企业，均自己生产配套电机产品。上海大郡、精进电动、民富沃能等专业电极电控企业占据了第三方电机供应市场的较大份额。

从技术层面看，国内目前已实现了永磁同步电机、交流异步电机、开关

---

① 第一电动，https：//www.d1ev.com/news/shuju/61445。

② 工业和信息化部，http：//www.miit.gov.cn/n1146285/n1146352/n3054355/n3057585/n3057589/c5505312/content.html。

磁阻电机与整车的技术配套，电机功率范围能够满足 200 千瓦以下新能源汽车的需求。但与国际先进水平比较，通用沃蓝达、本田雅阁插电式乘用车等整车驱动电机的峰值功率密度可达到 3.8 千瓦/千克、连续功率密度可达 2.4—2.8 千瓦/千克，国内电机峰值功率密度大部为 2.8 千瓦/千克、连续功率密度 1.2—1.6 千瓦/千克，与国际水平存在一定的差距。[①] 在国际上，集成矩形道题、定转子铁芯分段等电机技术的高性能创新结极电机，已经批量生产并市场化，国内则只有少数电机企业在着手样性开发，在绕组塑封等冷却技术方面，国内产品还刚刚起步。

第三节　中国新能源汽车产业年度热点事件

一、"双积分"政策落地，内外资车企均面临巨大挑战

2017 年 9 月，工信部等六部委联合发布了《乘用车企业平均燃料消耗量与新能源汽车积分并行管理办法》（下称"管理办法"）。纳入到管理办法中的车企，为年度生产量或进口量在 3 万辆以上的传统能源乘用车企业，从 2018 年 4 月起统计达标情况，2019 年考核并实施处罚。乘用车企业平均燃料消耗量积分核算的主体为国内各乘用车生产企业和各进口乘用车供应企业，针对的是传统内燃机车。按照现行的《乘用车燃料消耗量限值》和《乘用车燃料消耗量评价方法及指标》规定，我国乘用车平均油耗，将从 2015 年实现 6.9 升/100 公里逐年下降至 2020 年的 5.0 升/100 公里，如果平均燃料消耗量的实际值低于达标值产生正积分，高于达标值产生负积分。2018 年度及以前年度的正积分，每结转一次的比例为 80%；2019 年度及以后年度的正积分，每结转一次的比例为 90%，除结转外，也可以在关联企业间转让；负积分可以使用本企业结转或者受让的平均燃料消耗量正积分，或者使用本企业产生或者购买的新能源汽车正积分抵偿归零。乘用车企业新能源汽车积分的核算

[①]　中国报告网，http://free.chinabaogao.com/dianzi/201710/101RaB52017.html。

较为简单，用新能源汽车积分比例要求乘以乘用车企业的年销售量即为所需积分，用不同种类的新能源汽车类型对应的积分（EV 为 0.012×续航里程 + 0.8，PHEV 为 2，FCV 为 0.16×燃料电池系统额定功率）乘以销售量即为实际积分，如果车企销售量不足，则需要向其他车企购买积分，否则只能削减传统内燃机车的产销量。

"双积分"政策的实施更加明确了我国全面推进以纯电动汽车为主、插电混合动力汽车为辅的新能源汽车产业发展方向。发展较好的车企，能够通过出售多余积分，缓解企业内部资金流问题，而对于过度生产销售传统燃油车的企业，将会面临更多资金处罚，许多传统主流车企将面临巨大挑战。而对于国外车企，也纷纷制订各自的系能源汽车产销计划，以应对这一政策。我国自主品牌的车企，尽管已有批量新能源汽车上市，但从车型种类、质量、销售效果等方面看，与国际水平仍有一定差距，"双积分"政策的实施，能够让中外品牌车辆同场竞技，在一定程度上激励国内自主品牌车企提升造车技术、打入国际市场。

二、补贴退坡，小型纯电动汽车首当其冲

2018 年新能源汽车补贴政策尽管尚未公布，但续航里程 150 千米以下的电动汽车补贴或将直接取消、150—200 千米的电动汽车补贴减半等趋势已被预测。预计 2018 年新能源汽车补贴退坡，小型纯电动汽车会首当其冲。

随着我国城市化进程的推进，县乡镇地区的短途交通工具从电动自行车、轻便摩托车、低速农用车等逐步过渡到如今的小型纯电动汽车，预计未来市场规模可过亿辆，且厂商主要分布在山东、江苏、河南、河北等人口密集的省份。事实上，2017 年，仅微型电动汽车销量就占据整个新能源乘用车市场的 65%，深受市场青睐，市场前景广阔。小型纯电动汽车能够确保电动汽车实现代步功能的同时，降低了整车质量、节约了制造成本、缩小了停靠空间。乘联会最新数据显示，2017 年 12 月，北汽新能源 EC 系列同比增长 1791.4%、知豆 D2 同比增长 553.7%、创微型纯电动汽车销量历史新高。

从补贴看，我国新能源汽车产销规模迅速扩大，中央财政负担不断递增，2009—2015 年中央财政累计安排补助资金 334.25 亿元，2016 年补贴清算资金

高达 58.59 亿元。同年底，四部委发布的《关于调整新能源汽车推广应用财政补贴政策的通知》提出：2019—2020 年补贴标准在现行标准基础上退坡20%。2018 年补贴退坡已被预测，这必将造成微型纯电动汽车市场的改变，从市场占比上看，以知豆 D2、北汽新能源 EC 系列、奇瑞 eQ 等为代表的微型纯电动汽车，在失去补贴或补贴减半的情况下，价格竞争优势将逐步退去，市场空间占比可能缩小。从竞争力上看，微型纯电动汽车制造商为培育其他竞争优势，智能化、网联化等设计技术必将更多植入此类车型。从外观和续航上看，为获取补贴，微型纯电动汽车制造商将提高微型电动车续航里程，甚至拓宽车身，从两座空间升级至四座。

三、新一轮"合资潮"瞄准新能源汽车领域

2017 年 6 月，江淮汽车与大众汽车签署合资协议，大众集团计划于 2020 年前将 40 万辆新能源汽车投放进入我国市场；同年 7 月，北汽集团与戴姆勒签署框架协议，计划共同投资 50 亿元，在北京奔驰建立纯电动汽车生产基地及动力电池工厂；同年 8 月，众泰汽车与福特汽车签署合资备忘录，计划建立一家集研发、制造、销售和服务于一体的纯电动乘用车合资公司，并采用自主品牌；东风集团与雷诺日产联盟成立易捷特新能源汽车合资公司，计划依托雷诺日产联盟的 A 级 SUV 平台，打造具备智能网联功能的全新电动汽车。

20 世纪 80 年代的"合资潮"，其结果表现为"市场换技术"，但其实外资企业并未作出太多技术转让，而内资企业也因过度依赖现成技术不注重消化吸收，最终市场和技术两空。新一轮的"合资潮"很大程度源于"双积分"政策的推行，众多外资企业为继续求得中国市场，为争取避免处罚，纷纷瞄准国内自主品牌车企开展"联姻"。面对前一轮的教训，内资企业需掌握合资合作的主动权，保持技术研发投入规模，做到不依赖、不松懈。

四、新能源汽车面临"产能过剩"

2017 年，新能源汽车产销分别达到 79.4 万辆、77.7 万辆，同比增长53.8%、53.3%。其中，纯电动汽车产销分别完成 66.7 万辆和 65.2 万辆，同

比分别增长 59.8% 和 59.6%；插电式混合动力汽车产销分别为 12.8 万辆和 12.4 万辆，同比分别增长 28.5% 和 26.9%。新能源汽车产销增速仍旧十分迅速。在国家发改委已批复的 15 家新能源汽车生产企业中，总产能已超过 80 万辆，投资总规模 270 亿元，按照产能增速 40%—50% 测算，2018 年，新能源汽车产能就可超过 100 万辆，到 2020 年，我国新能源汽车总产能将达到 500 万辆，远高于国家规划中的 200 万辆目标。

但在 15 家新能源汽车生产企业中，进入工信部《道路机动车辆生产企业及产品公告》的只有知豆、江铃新能源、云度新能源和北汽新能源四家。"宽进严出"的政策，可能使众多新能源汽车投资项目规划产能大于实际产能。

第四节　中国新能源汽车产业重点企业分析

一、2017 年新能源汽车企业销量排名

2017 年，比亚迪全年累计销售新车 11.36 万辆，同比增长 13.4%，连续四年位居国内新能源汽车企业销量第一，同时，比亚迪荣获全球新能源车销量三连冠，截至 2017 年年底，市场占有率已达 13%。全面聚焦纯电动汽车发展的北汽新能源，全年共销售新车 10.3 万辆，同比增长 100%，位列新能源汽车企业销量第二、国内纯电动汽车市场销量第一，占全国纯电动车市场的 24%，同比增长 3.7%。上汽乘用车 2017 年销售量达到 4.4 万辆，同比增长 121%，位居新能源汽车企业销量第三。

表 9 - 1　2017 年新能源汽车企业销量排行　　　　（单位：万辆）

排名	品牌	2016 年	2017 年	增长率	主要车型
1	比亚迪	10.01	11.36	13.4%	BYD 秦、e6300、BYD 宋、BYD 唐、e5300、宋 DM 等
2	北汽新能源	5.2	10.3	100%	LITE、EU400、EH300、EX260、EC200、EC180 等
3	上汽乘用车	2	4.4	121%	荣威 ei6、荣威 eRX5、荣威 ERX5 等
4	知豆	2	4.2	109%	D2、D2S、D3 等
5	众泰汽车	3.69	3.69	0%	众泰 E200、Z500EV、云 100Plus 等

续表

排名	品牌	2016 年	2017 年	增长率	主要车型
6	奇瑞汽车	1.73	3.68	113%	eQ、eQ1、艾瑞泽 5e 等
7	江铃汽车	1.56	3	92%	E100、E200、E160 等
8	长安汽车	0.49	2.9	487%	CS15EV、逸动、奔奔 EV 等
9	江淮汽车	1.83	2.82	53.8%	iEV4、iEV6e、iEV7 等
10	吉利汽车	1.7	2.5	45%	帝豪 EV、帝豪 PHEV 等

数据出处：乘联会。

二、主要新能源汽车企业发展路线

比亚迪技术基础较为雄厚，是目前国内唯一一家同时掌握电池、电机、电控、整车制造等全产业链核心技术的民营企业，在 PHEV（插电式混合动力汽车）的研发和产销方面占据国内领先位置。2017 年，比亚迪 PHEV 累计销量 6.6 万辆，占其全部新能源汽车销量的 60%。从车型看，宋 DM 成为 2017 年国内 PHEV 销量冠军车型，累计达到 3.1 万辆。2018 年，比亚迪将继续引领 PHEV 领域，重点推出 1.5T 宋 MAX、新一代 2.0T 唐 PHEV 车型。此外，比亚迪还将在智能网联方面不断提升技术，着力将 VR 嵌入车内，努力建立一个融合电脑、手机、电视、健康产业等在内的大生态系统。

北汽新能源聚焦北京大市场，着力在微型纯电动车领域内深耕发展。其 EC 系列的微型纯电动车 2017 年累计销量高达 7.8 万辆，同比增长 1791.4%，位居纯电动车销量首位。同时，北汽新能源推出"擎天柱计划"，首推换电模式，投放运营 106 座换电站、5000 台换电新能源汽车，多措并举解决充电难题，并计划到 2022 年累计投资 100 亿元，在全国建成 3000 座光储换电站，投放换电新能源汽车 50 万辆。2018 年，北汽提出"2－0－1－8 策略"，即坚持对私和对公"2"大细分市场，保持归"0"心态，以销售量为核心继续保持纯电动车销售领域第"1"名，规划渠道、生态、资源整合、战略抢先、品牌等"8"方面课题，让整个营销团队更富有"狼性"和可能性。

上汽乘用车主攻东部沿海市场，聚焦 PHEV、EV 产业化以及 FCV 商业化示范运营，深度研发 EDU 和 BMS 管理系统等创新技术，2017 年，先后推出了荣威 ei6 PHEV、荣威 eRX5 PHEV、荣威 ERX5 EV 等新款车型，并计划于 2018 年推出荣威 Ei5 EV 休旅车。同时，上汽旗下品牌名爵也将进入 PHEV 市场，双品牌共同拓展上汽新能源汽车市场。此外，上汽还与黄浦区政府开展合作，出资 3 亿元成立上汽安悦充电公司，在充电系统建设、终端网络建设、租赁及维修、电子支付等产业链下游开展业务，计划到 2020 年，在全国范围内建设 5 万个公共充电桩。

奇瑞汽车从 2015 年起提出新能源发展规划，聚焦车身全铝轻量化技术，着重研发突破电池、电控系统的技术瓶颈，力争到 2020 年实现产销 20 万辆。目前奇瑞主要集中发力在纯电动车领域，共推出包括小蚂蚁 eQ1、2017 款 eQ、艾瑞泽 7e、艾瑞泽 5e 在内的四款纯电动车，并计划于 2018 年，推出瑞虎 7e、瑞虎 3xe 两款纯电动 SUV，全面提升小蚂蚁 eQ1 续航里程。

江铃新能源主要集中发力于纯电动车领域，现已推出 E200 在内的 4 款纯电动车，覆盖微型和小型车细分市场。2017 年，江铃新能源赣江新区基地正式开工，规划总投资 120 亿元，一期建设规模年产 15 万辆，二期可扩建至年产 30 万辆。2018 年，江铃新能源将有 9 款新车陆续推出，其中，包括 A00 级、A0 级、SUV 紧凑型等。

江淮汽车致力于电池模组、电机、电控三大核心零部件技术的研发，突破了自主研发的液冷电池管控技术，较好地解决了新能源汽车低温使用时续航里程降低、无法充电等瓶颈问题，确保电池包温度维持在 10—35 度。同时，江淮攻克了热失控安全技术，实现单体热失控定向爆炸，实现"电隔离、热隔绝"，解决了单体电芯发热失控后，电池模块不同时起火、爆炸的安全问题。2018 年，江淮计划推出综合续航里程 385 千米的紧凑型轿车 iEV7T 和 iEV7E SUV 两款新品，上市后将成为江淮新能源旗下续航最高的产品。

第十章 数字创意产业

数字创意产业是 2017 年新加入到战略性新兴产业中的产业。严格地讲，数字创意产业是新一代信息技术产业等制造业与文化创意等服务业深度融合的产物，是产业界与互联网深度融合的结果。近年来，我国的数字创意产业发展较为迅速，虚拟现实、增强现实等成为新兴产业投资的重点领域，虚拟现实、增强现实、全息成像、裸眼 3D 等数字创意技术的触角广泛深入了军事、工业、农业、教育、医疗、娱乐等领域。在制造业领域，数字创意技术成为传统产业转型升级不可或缺的组成部分，在产品设计、流程监控、产品加工等环节均有试用。数字创意产业，必将获得更大的发展。然而，也必须看到，数字创意产业目前还面临着基础不强、盈利能力不足、设备简单、体验不佳等问题，尚未到达成熟的商业化阶段，目前大规模的资本投入，很难说是稳健的长效投资，面临巨大的潜在风险。

第一节 国内外数字创意产业发展动态

一、整体概况

国外尚未有数字创意产业这个划分，因此判断其整体发展情况需要整体评估其在虚拟现实、增强现实、网络数字化娱乐、工业设计等等发展的情况。目前来看，国外的数字创意产业所归于的产业大多集中于美国、欧洲英法德等国以及亚洲的日韩等地，其中美国最强，具有代表性的企业谷歌等，是数字创意产业最早兴盛发展的发源地。据 CISAC 和 EY 共同发布的最新报告显示：世界文化创意产业产值超过 2 万亿美元，数字创意产业从业人数超过 2950 万。

　　我国数字创意产业最早始于 20 世纪 80 年代，由于数字技术和设备的缺失，我国的数字创意产品最早发源于广播电视动画音频制造。随着个人计算机和互联网技术的普及，我国的数字创意产业迎来快速发展，尤其是在 21 世纪第二个十年起，我国数字创意产业的产值、从业人数、产业规模均呈几何增长，覆盖的范围也拓展至 VR/AR，游戏产业、数字文化创意、会展、工业设计等等。到 2015 年，我国数字创意产业已拥有约 37000 家企业，近 400 万名从业者，产业规模达到约 6000 亿元人民币。数字创意产业所属各个行业增速均在 20% 以上，其中 VR 产业的增速最为迅速，达到了 267.5%。

表 10-1　数字产业细分门类发展情况

产业类别	我国地位和定位	发展成熟度
游戏产业	在全球市场，除了第一极美国、第二极日韩之后，中国正在崛起成为世界游戏的第三极，有了三足鼎立的实力。而按照现有的发展趋势，未来，中国很有可能全面超越欧美日韩，成为真正的全球游戏领导者。按照荷兰市场研究公司 Newzoo 的最新统计，2017 年全球游戏市场收入约为 1160 亿美元，而中国一家就达到了 323 亿美元，几乎占据了全球游戏市场的三分之一。	中国游戏用户规模达到 5.83 亿人，同比增长 3.1%。2017 年国内游戏市场总营收达到 2036.1 亿元，同比增长 23%。2017 年中国游戏市场中，移动游戏市场实际销售收入接近了 1200 亿元人民币，市场份额过半；客户端游戏的市场实际销售额接近 650 亿元，市场份额将至 30% 左右；家庭游戏机和网页游戏所占市场比例相对较少，均没有超过 10%，家庭游戏机总营销额不到 20 亿。自主研发网络游戏市场实际销售收入达到 1397.4 亿元，同比增长 18.2%。2017 年我国游戏公司中有 185 家上市公司，其中在国内 A 股上市的企业最多，占八成；在港股和美股上市的公司三十余家，占两成。
虚拟现实产业	根据《国家中长期科学和技术发展规划纲要 （2006—2020）》的内容，虚拟现实技术属于前沿技术中信息技术部分三大技术之一。我国的虚拟现实应用研究在 20 世纪 90 年代才引起足够重视，落后于发达国家，而且由于虚拟现实技术研发所需经费较多，技术门槛相对较高，我国的民用虚拟现实产品一直缺乏有效的发展。近年来，随着电子产品价格下降和我国工业水平技术能力的提升，我国的虚拟现实产业快速追赶。	虚拟现实在当前国内数字创意产业应用规模较小，但内容逐步丰富，视听体验不断提升，未来成长能力较强。据艾瑞咨询统计，2015 年中国虚拟现实行业市场规模为 15.4 亿元，预计 2016 年将达到 56.6 亿元，2020 年国内市场规模预计将超过 550 亿元。从这些统计和预测可以发现，我国的虚拟现实产业的发展潜力巨大，还有充分的发展空间。当前，我国的虚拟现实产业的企业发展路径主要分为两类。一是既有产业向虚拟现实方向升级，二是从虚拟现实技术或者软件为基础向具体现实应用方向扩散。前者包括手机、智能家电等等硬件厂商，后者大多是一些初创型公司，也包括和初创型公司充分融合的互联网巨头企业。后者的资金一般比较充裕，以做内容为主，有较大发展潜力。

续表

产业类别	我国地位和定位	发展成熟度
数字文化创意产业	我国有 22 个省、市、自治区制定了文化产业发展规划纲要，23 个设立了文化产业发展专项资金，14 个成立了文化产业协会或促进会。东部省份如广东、浙江由于经济实力相对较强，因此在数字文化创意产业投入资金较大。制定了建设文化大省、文化强省的目标。中部省份，根据自身产业基础情况，以电子信息制造业为基础，大力引进数字文化创意产业龙头企业。北京、上海等重点城市，都相继出台了文化创意产业相关指导意见。	2017 年 9 月 6 日中国国家统计局发布文化产业最新数据，2016 年全国文化及相关产业增加值为 30785 亿元，同比增加 13.0%，占 GDP4.14%，同比增加 0.17 个百分点，文化产业增加值占 GDP 比重逐年增长，党的十八大以来文化产业整体保持快速增长的态势。
产品可视化产业	国内电信运营商、政府管理部门很早就产生了基于网络可视化技术对网络进行深度分析、优化和管理的需求。总体而言，国内运营商与政府两大网络可视化市场与国际发展是同步的。但在国内网络可视化下游的其他细分市场，网络可视化应用起步相对较晚。	在建筑产品可视化领域，建筑行业规模逐年稳步提升为数字创意产业保持较快增长提供了有力支持。国家统计局数据显示，中国城镇化率已从 2011 年的 51.27% 提升到 2015 年的 56.10%，呈现平稳增长态势；建筑行业总产值从 2011 年的 32840.00 亿元增长到 2015 年的 46445.80 亿元，产值规模逐年稳定提升。在非建筑产品可视化领域，目前数字创意产品涉及的行业范围广泛，包括消费品、电子产品、医疗健康、装备制造业（汽车、轮船、飞机、机械零部件）等领域，市场需求较大。

二、存在问题

我国在数字创意产业上起步晚、起点低，在西方国家文化创意产业龙头开创以信息技术为先导的数字创意产业的约十年后，才开始大规模发展，因此在许多顶尖领域，我国数字创意产业的相关设备和应用作品均处于追赶者的位置，距离世界顶尖水平仍有较大差距，例如在游戏产业，行业中规模应用的大部分数字建模工具、交互引擎、后期特效系统都来自国外，我国国产游戏仍然处于产业链低端。此外，我国数字创意产业发展还面临着机制性问题，由于习惯性地使用发展传统产业的方式发展数字创意产业，在行业发展中仍然存在融资渠道不畅、复合型专业人才短缺等限制条件。另外由于传统社会认知等原因，我国顶尖人才不愿意流入数字创意产业，传统产业没有参与数字创意产业的意愿，市场对数字创意产品的购买欲望也存在摇摆。应该充分延伸和发挥我国在电子信息制造业上的产业链、产业基础优势，充分利用我国庞大的创新创业人才队伍和文化创意产业规模，充分发挥空间信息、情感感知等基础性研究应用于内容产品，进一步开发更加成熟易用的数字创意产业装备和软件产品，实现对世界先进水平的弯道超车。

三、政策动态

国家发展和改革委员会 2017 年 1 月 25 日发布了《战略性新兴产业重点产品和服务指导目录》，文化部发布了《文化部关于推动数字文化产业创新发展的指导意见》。这些文件的主要内容包括不断提升数字文化产品和服务的供给质量，深入推进数字文化领域的供给侧结构性改革，优化数字文化产品的供给结构，提升高端文化产品的供给量，以不断满足民众日益增长和提升的文化娱乐需求。文件要求，要培养一批龙头领军数字文化企业，提高其原创能力和核心竞争力，兼顾经济效益和社会效益；同时培养一批各具特色的创新性中小微数字文化企业，在动漫、游戏、网络文化、数字文化装备、数字艺术展示等重点领域实打造隐形冠军。文件提出，要进一步优化数字创意产业的发展环境，维护市场秩序，大力打造数字创意产业相关公共服务平台，建立更为完备的政策保障体系。

第二节　中国数字创意产业重点领域分析

一、虚拟现实、增强现实

（一）发展概况

虚拟现实（Virtual Reality，VR）是近年兴起的概念，通过 360 度的视觉体验和逼真的人机交互，虚拟现实在各个领域彰显的潜力意义非凡。作为比较前沿的科技领域，VR 的前景被市场一度看好。据艾瑞咨询统计，2015 年中国虚拟现实行业市场规模为 15.4 亿元，预计 2016 年将达到 56.6 亿元，2020 年国内市场规模预计将超过 550 亿元，由此可以看出，我国的虚拟现实和增强现实产业正处于大有可为的战略机遇期，充分体现了我国创新资源和产业技术的优势，有机会实现对发达国家的弯道超车。

增强现实技术（Augmented Reality，AR），是一种实时地计算摄影机影像的位置及角度并加上相应图像、视频、3D 模型的技术，这种技术的目标是在屏幕上把虚拟世界套在现实世界并进行互动。根据预测，AR/VR 行业到 2020 年总盈利规模将达到 1200 亿美元，AR 占比 75%。从细分应用结构上看，硬件设备是 AR/VR 行业的主要盈利来源，AR 应用场景（盈利来源）比 VR 丰富。从地域结构上看，亚洲国家将切分近 50% 的市场蛋糕，中国、日本、韩国、印度有望成为 AR/VR 的主要市场。

（二）技术进展

立体显示技术。当前大多数的立体显示都需要佩戴立体眼镜等辅助工具来观看三维图像，随着显示技术和视觉研究的进一步发展，裸眼可观察的立体显示技术升级成为发展的重点和趋势。目前比较有代表性的技术有：分时技术、全息显示技术、光栅技术、分色技术、光谱技术。

人机交互技术。人机交互技术（Human – Computer Interaction Techniques）是指通过计算机输入和输出设备，通过信息模式转化的方式实现计算机系统之间的信息交流。信息交流既包括显示输出的各种信息提示等输出手段，也包括通过键盘鼠标等外部介质转换信息，实现信息输入。当然，在虚拟现实领域中最为常用的信息交互技术而是我们常说的手势感知、面部识别、眼动追踪等等。

二、数字游戏

（一）发展概况

2017 年，是我国游戏产业发展的一个标志性的年头，《王者荣耀》等一大批优秀数字游戏创下营收纪录，各种层出不穷的优质手机游戏攻占海外市场，说明我国游戏产业的发展路径迎来了收获。2017 年的 2189.6 亿元的游戏行业营收，也预示着巨大的人口承载的需求正在被逐渐挖掘，以巨大的市场为依托的本土游戏产业走上了正轨。与 2016 年相比，我国游戏整体营收增长 23.1%，继续位居世界第一。2017 年，从企业层面看，腾讯和网易占据游戏市场的大头，总共占有 67% 的市场份额，其中腾讯 49%，网易 18%。从国际上看，世界游戏产业的发展也相当迅速，产生了现象级游戏《绝地求生》，有数据显示 2017 年世界游戏市场的估算收入规模将达到 1160 亿美元，同比增长 10.7%。

（二）技术进展

沙盒游戏（Sandbox Games）是 2017 年火爆的游戏类型，是由游戏引擎支撑的可以由玩家以高随意度进行游戏的类型。此类游戏的特点是：1. 交互性强，玩家可以在被创造出的游戏世界中自由地与各类要素互动，包括驾驶、探险、生产、作战等等。2. 自由度高，和以往依靠任务线索推进的视角不同，沙盒游戏并不限制玩家的行动方式和进程，玩家可以选择自由地进行决策和发展，没有线性的强制视角和动作。3. 创造力强，沙盒游戏中，往往可以凸显不同的世界观和风貌，无论是制造还是游玩，都需要把创造力转化成现实。沙盒游戏一般制作的难度较大，对制作团队的要求较高，目前还被海外游戏巨头垄断，知名的有《巫师》系列，《上古卷轴》系列等。

游戏引擎。游戏引擎是游戏产业的核心技术，它的一般定义是"一个用于控制所有游戏功能，包括从计算碰撞物理系统和物理的相对位置到接受玩家的输入等功能，甚至按照正确指令的输出声音，的主程序。这个主程序的一般是内置在游戏中，起到核心作用的"。① 当前，游戏引擎的开发技术依然垄断在老牌软件强国如美国手中，目前最新的游戏引擎包括 Creation 引擎、UnrealEngine（虚幻引擎）、FrostbiteEngine（寒霜引擎）等大多是美国公司开发的。我国在游戏引擎方面尚无太大建树，这是积累不足、龙头企业投入意图较弱、成熟产品已经占据市场等因素造成的。通常，游戏引擎可以理解为一个包含了渲染引擎（也就是俗称的渲染器，包含有二维图像引擎和三维图像引擎两类，目前三维的占据主流）、物理引擎、物理碰撞检测系统、网络引

---

① 引自 Google 官网。

擎、电脑动画数据包、音效数据包、脚本程序引擎、场景管理引擎以及人工智能组件。

三、数字文化创意

2017年，我国数字文化创意产业快速发展，网络小说、网络电视、网络视频、网络主播、网络动漫等细分领域均有长足的进展。尤其是网络摄像头等设备的发展带来的主播平台的热潮，成为2017年的热点话题，其巨大的影响甚至引起了社会范围对直播这个模式的大讨论。2017年文化部印发的《文化部"十三五"时期文化产业发展规划》对进一步发展数字文化创意产业做出了指导。根据中投顾问数据统计，2016年全国规模以上文化及相关产业5万家企业实现营业收入80314亿元，增长7.5%。以"互联网+"为主要形式的文化信息传输服务业营业收入5752亿元，增长30.3%，文化艺术服务业312亿元，增长22.8%，文化休闲娱乐服务业1242亿元，增长19.3%。文化传媒VC/PE融资规模为38.37亿美元，同比上升26.75%。数字文化创意产业由于门类较多，且以文化创意内容为主，数字和设备承担的主要是传播和辅助，因此数字文化创意产业并没有传统意义上的核心技术，计算机软硬件、互联网设备和大数据等是决定数字文化创意产业发展的技术基础。

第三节　中国数字创意产业年度热点事件

一、一系列重要政策发布

2017年2月，发改委发布数字创意产业重点产品和服务指导目录，明确了数字创意产业领域数字文化创意等3大重点方向，及数字文化创意内容制作等8个子方向。文化部发布了《关于推动数字文化产业创新发展的指导意见》，对推动我国数字文化产业创新发展提出了相应的政策举措。

二、武汉成功利用混合现实技术实现远程会诊手术

远程医疗会诊，是 VR/AR 医疗技术实用化的标志，也是数字化医疗的重要发展方向。2017 年，全球首例混合现实技术三地会诊手术在协和医院骨科医院成功实施，医院的三方分别是中国中部武汉市的骨科专家，美国东海岸的远程顾问，以及实际面对病人的新疆博尔塔拉州人民医院的主刀医生。通过混合现实技术，武汉和美国的专家和顾问通过 VR 眼镜对病患伤处的立体成像进行全方位的观察，对主刀医生进行指导。主刀医生通过增强现实技术，在远程专家的标注和指导下，进行手术操作，圆满完成会诊手术。此次手术历时两天，在 30 多位骨科医生的共同见证下进行，验证了远程手术的可能性，为进一步发展医疗技术与数字技术深度融合打下了基础。

三、中国主导的国际技术标准移动终端动漫标准发布

我国主导制定的手机（移动终端）动漫标准于 2017 年 1 月 27 日在瑞士日内瓦召开的国际电信联盟第 16 研究组全体会议上顺利通过审议，标准号 T.621，经全球公示后于 2017 年 3 月 16 日正式发布。这套标准通过规范手机动漫产业产业链各个环节的技术标准，从接入方式到文件格式，从内容设计到运营平台，保障了消费者的权益，最终形成了体系化的规范。作为我国数字创意产业的首个国际标准，手机（移动终端）动漫标准的发布意味着我国在移动终端制造业、数字动漫产业、移动互联网产业等市场和技术获得了广泛的承认，已达到国际先进水平。

四、"互联网＋"和大数据国家工程实验室名单公布

国家发展和改革委员会于 2017 年 2 月 14 日，公布了"互联网＋"和大数据领域国家工程实验室名单。在这个名单中一共有十九个国家级工程实验室，其中大数据领域国家工程实验室共 11 个，互联网作为主攻方向的国家级实验室则有八个。由清华大学牵头的大数据系统软件国家工程实验室；北京奇虎科技有限公司，也就是 360 承担的，大数据协同安全技术国家工程实验室；中国人民解放军总医院承担的医疗大数据应用技术国家工程实验室名列其中。

第四节 中国数字创意产业重点企业分析

2017年，我国数字创意产业出现井喷，随着核心技术的逐步攻克，优质企业层出不穷。同时，由于发达国家技术寡头加大对数字创意产业如人工智能应用、数字设计、数字影音娱乐、可穿戴数字设备等等的投入，国际巨头继续垄断数字创意产业最前沿的解释权。数字创意产业的特色是以企业为主体，各类技术和业务汇聚于大型企业中，带动整个行业的进步。

一、人工智能应用龙头企业

随着经济技术的发展，人工智能应用成为2017年数字创意领域丰收的热门，一大批国内高技术企业在人工智能领域有所斩获，包括著名的巨头BAT，也包括专精一门的科大讯飞。在人工智能领域，发展是被科技企业的研发能力和研发方向所影响的，每一家科技企业代表着一种人工智能应用研发的思路，也代表着一种人工智能的发展方向。在这部分我们将对国内的人工智能应用企业进行一些梳理，对企业的发展过程和主攻方向，企业的主要研发单位等在人工智能领域极为重要的属性进行简述。

表10-2 国内人工智能应用龙头企业

企业名	简　介
阿里巴巴	阿里巴巴旨在赋能企业改变营销、销售和经营的方式。阿里巴巴为商家、品牌及其他企业提供基本的互联网基础设施，阿里巴巴还提供营销平台，让商家可以借助互联网的力量，通过这些营销平台和互联网基础设施和客户进行有效的互动，保持经营活动顺利进行。阿里巴巴的业务包括核心电商、云计算、数字媒体和娱乐以及创新项目和其他业务。阿里巴巴人工智能实验室研究方向为消费级AI产品的研发。第一款产品是智能语音终端设备"天猫精灵X1"。iDST（数据科学与技术研究院）则是阿里巴巴最神秘的研究机构，是阿里巴巴负责人工智能技术研发的核心团队、阿里巴巴NASA计划的人工智能大脑。

续表

企业名	简　介
百度集团	百度，全球最大的中文搜索引擎、最大的中文网站。作为一家以技术为信仰的高科技公司，百度将技术创新作为立身之本，着力于互联网核心技术突破与人才培养，在搜索、人工智能、云计算、大数据等技术领域处于全球领先水平。百度建有世界一流的研究机构——百度研究院，广揽海内外顶尖技术英才，致力于人工智能等相关前沿技术的研究与探索，着眼于从根本上提升百度的信息服务水平。目前，百度人工智能研究成果已全面应用于百度产品，让数亿网民从中受益。今天，百度已经成为中国最具价值的品牌之一。百度在《麻省理工科技评论》评选的全球最聪明 50 家公司中排名高居第二，还拥有"亚洲最受尊敬企业""全球最具创新力企业""中国互联网力量之星"等一系列荣誉称号。
腾讯集团	腾讯集团创立于 20 世纪 90 年代，是全中国最领先的互联网企业之一，也是世界上最大的互联网增值服务提供商之一，通过互联网腾讯极大地提升了我国人民生活的品质。"连接一切"是腾讯的战略目标，腾讯通过提供社交平台，如微信、QQ 等和互联网增值服务来达成这个战略目标。腾讯公司中研发人员占据总员工数的一半以上。腾讯拥有完善的自主研发体系，在许多尖端技术上拥有优势，在世界互联网企业中腾讯公司的办理申请和授权总量都是处于前列的。在投资的技术类别上，腾讯的资本主要投向于存储、数据挖掘、多媒体等六大关键方向，并取得了相当数量的专利。腾讯的人工智能主要基于专注机器学习、自然语言处理、语音识别和计算机视觉四个方向的基础研究。在腾讯云的旗下，拥有高水平的深度学习平台 DI–X，这个平台不仅具备一般的智能平台所具备的智能图像识别，智能语音识别等传统方向还有智能自然语言处理和仿生视觉等尖端领域的研究。做个平台，可以为腾讯的智能体系提供数据开发训练预测等等服务，并且可以有助于腾讯智能的抢先部署。深度学习平台也是腾讯的核心产品之一。腾讯云小微是腾讯云倾力打造的一个智能服务开放平台，可以让硬件快速具备语音和视觉感知能力；同时腾讯云小微又是一种智能解决方案，可以赋予硬件更多的能力扩展，从而构建一个从云到端的"智能云生态"。
科大讯飞	科大讯飞公司成立于 20 世纪末，是专业的智能语音服务商。从 1999 年开始，科大讯飞就专注于研究智能语音及语言技术，人工智能技术的深度开发研究。此外，科大讯飞还涉及软件和智能芯片产品的开发，以及语言信息服务等等。作为国家级的人工智能与骨干软件企业，科大讯飞还承担了一系列的电子政务系统的集成和服务。当前科大讯飞作为中国人工智能产业，尤其是中国智能语音的领跑者，在语音合成等多项技术具备世界领先的自主知识产权成果和产品。此外，科大讯飞在语音识别、口语评测、自然语言处理等方面也处于国内外的领先水平。科大讯飞股份有限公司是我国唯一一家语音技术为优势的高科技重点企业，在科技成果转化方面也有一定的优势，在产业化方面科大讯飞拥有国家 863 计划成果产业化基地等荣誉，被工业和信息化部认定为中文语音交互技术标准工作组组长单位并牵头制定国家级中文语音技术标准。

续表

企业名	简　介
商汤科技	商汤科技专注于计算机视觉和深度学习的原创技术，是中国领先的人工智能头部公司，估值超过 20 亿美金。以"坚持原创，让 AI 引领人类进步"为使命，商汤科技建立了国内顶级的自主研发的深度学习超算中心，并成为中国一流的人工智能算法供应商。商汤科技不仅在技术实力上领跑行业，商业营收亦领先同行业，在多个垂直领域的市场占有率居首位，涵盖安防、金融、智能手机、移动互联网、汽车、智慧零售、机器人等诸多行业，为其提供基于人脸识别、图像识别、视频分析、无人驾驶、医疗影像识别等技术的完整解决方案。
旷视科技	北京旷视科技有限公司成立于 2011 年 10 月，是中国领军的人工智能产品公司。旷视以深度学习和物联传感技术为核心，立足于自有原创深度学习算法引擎 Brain＋＋，深耕金融安全，城市安防，手机 AR，商业物联，工业机器人五大核心行业，致力于为企业级用户提供全球领先的人工智能产品和行业解决方案。发展至今，旷视已在北京、西雅图、南京设立独立研究院，并在十余个核心城市设立分部。旷视的核心人脸识别技术 Face＋＋被《麻省理工科技评论》评定为 2017 全球十大前沿科技，同时公司人榜全球最聪明公司并位列第 11 名。在中国科技部火炬中心"独角兽"榜单中，旷视排在人工智能类首位。
汉王科技	汉王科技股份有限公司成立于 20 世纪末，是全球汉字识别技术的引领者，是我国智能交互产品的领跑企业。汉王科技在科研方面主要投入于手写识别、光学字符识别、笔迹输入等领域，具有技术优势，突破了一大批具有自主知识产权的核心技术，综合技术水平处于全球的领跑地位。汉王科技的手写汉字识别技术，在国内外受到了广泛的承认，曾经获得国家科技进步一等奖。汉王科技的光学字符识别，则曾获得国家科技进步二等奖。
川大智胜	四川川大智胜软件股份有限公司是我国空中交通领域主要的技术、系统和服务供应商。川大智胜是独具特色的军民融合企业，同时也是产学研用深度融合的科研创新企业。川大智胜的研发工作主要聚焦于图像图形技术领域，自主研发的大型实时监控软件促进了重大系列装备和系统的快速发展。在民用领域，以航空和空中交通管理为核心，产业链延伸至飞行模拟控制、三维测量、安检人脸识别装备系统、智慧城市、文化娱乐等领域。其中航空和空中交通管理产品为其主要产品，市场占有率居据优势。在重大奖项方面，川大智胜已获国家科技进步一等奖一次、二等奖三次。

　　亚马逊、谷歌等企业是世界人工智能研究的先行者，也把握着人工智能应用领域的"霸权"。虽然我国人工智能应用领域发展很快，但相对于这些巨头仍然有很大的追赶空间。国际人工智能应用的巨头主要包括亚马逊、谷歌、微软、脸书、苹果、IBM、Intel 等。

二、移动可穿戴设备知名品牌

虚拟现实设备在 2017 年迎来风口，各类虚拟现实眼镜层出不穷，谈起创意技术人们言必谈 VR，VR 游戏、电影、训练等随着装备的普及迅速铺开。值得注意的是，初期的 VR 软件大多不以收费为目的，而是以尽快推广本品牌 VR 装备占领市场。因此 VR 产业的研究应主要集中于 VR 设备的提供商。

表 10 - 3　移动可穿戴设备知名品牌

品牌	简　介
Oculus	隶属美国 Facebook 公司旗下，为电子游戏设计的头戴式显示器。由于 Oculus 可穿戴设备同时直接服务于美国的高科技企业和军方，所以它的技术优势较大，当然同时成本也会比较高。目前 Oculus 在医药研发，军事等方面均有涉足，主要市场是美国和欧洲部分国家。
索尼	索尼的 VR 产品，首先的一个特征是十分便宜，目的是在中低端市场打开局面。索尼的设备对于电脑的适应性也很强，并不过分地要求电脑的性能。所以在发展中国家市场，索尼受到欢迎的程度会更高。
VIVE	HTC Vive 是由 HTC 与 Valve 联合开发的一款 VR 头显（虚拟现实头戴式显示器）产品，2015 年 3 月在 MWC2015 上发布。
三星	三星集团是韩国最大的企业集团，为三井住友（三井财团）的子公司，同时也是一家大型跨国企业集团。
蚁视	北京蚁视科技有限公司，国内创新品牌，推出了虚拟现实头盔和虚拟现实眼镜系列设备，是专注于虚拟现实、增强现实、全息现实等穿戴式设备的创新型科技企业，以 PC 端 VR 头盔、手机 VR 眼镜、VR 相机三类硬件形成硬核驱动，打造 PC 端、移动端内容平台，与合作伙伴共同丰富 VR 游戏与 VR 视频资源。
暴风魔镜	暴风魔镜是暴风集团旗下的一系列 VR 产品。初期的暴风魔镜 123 代基本上是属于跟风追赶的作品，用户体验一般，而且产品质量也有待提升。从暴风魔镜四开始的系列产品逐渐步入正轨，产品质量提升，眼镜的技术水平也达到了一定水准。此外暴风魔镜的内容服务在国内算是比较优秀的。

移动可穿戴设备还包括 AR 设备、翻译设备、数字手环等，知名企业包括小米、华为、乐活等。

三、国内数字文创知名品牌

数字文化创意产业是文化创意产业的重要分支，随着数字化深入生活，各个文化创意龙头均大量投入数字文化创意中，包括网络电影、网络视频、网络直播、网络小说、网络剧集、网络游戏等等。由于数字文创产品起点低，资本要求低，因此新生的数字文创企业多如繁星，但同时，由于竞争的日益白热化，数字文创产业的龙头企业基本都是之前的文化创意产业巨头。

表 10 - 4   国内数字文创知名品牌

品牌	简　介
保利文化	保利文化集团股份有限公司隶属于中国保利集团公司。保利文化的主营业务包括演出与剧院管理，艺术品的数字化体现与拍卖，影视投资等等。其中与数字创意产业关联最深的是艺术品和影视等方面的业务。保利文化与数字文化创意相关的子公司包括北京保利艺术中心、保利影业投资、保利文化、北京保利音乐等。
万达文化	万达文化集团是中国领先的文化企业，同样万达也涉足数字文化创意产业。在万达占据优势的影视制作行业，万达大量投入网络电影，微电影视频的制作占据了较大的市场。万达的网络科技集团是"互联网＋"概念的大型开放平台创新公司，为原本在线下的文化创意产业提供数字化升级服务，运用大数据、云计算、人工智能和场景应用等技术将线上线下的文化产品联动，提供全新的数字文化创意消费服务。
恒大文化	恒大文化是恒大集团旗下的数字创意产业全产业链平台。包括音乐影视动漫等大型推广的网络数字服务涵盖了数字文化创意产业的全产业链。其中，恒大动漫公司是数字文创产品的领军企业。整合了影视音乐文化的资源，与恒大本身自有的渠道充分融合在市场上赢得了较好的反响。
阿里巴巴	网络音乐是数字文化创意产业的重要组成部分。阿里巴巴在网络音乐层面有天天动听和虾米网作为平台，滚石唱片、华研国际、韩国SM娱乐作为版权原创保障。线上体育节目也是数字文化创意产业的重要组成部分。阿里巴巴体育集团以"互联网＋"的模式进行体育运营，融合了电商平台、网络媒体、网络营销、网络视频、智能设备、云计算、大数据等，打造了贯穿体育生态的线上体育平台。在网络视频领域，阿里巴巴拥有优酷和土豆两个高端IP，占据较大的市场份额。
腾讯集团	网络小说是数字文化创意产业的重要组成部分。腾讯集团旗下的阅文集团是我国网络小说的代表性领军企业。阅文集团拥有起点中文网，QQ阅读等网络小说知名的品牌，储备有众多的优秀网络小说作家和作品覆盖几乎全部的产品类别，占据国内网络小说ip改编市场的优势份额，成功输出《鬼吹灯》《盗墓笔记》《琅琊榜》《择天记》等大量优秀作品。网络动漫是数字文化创意产业的重要组成部分。腾讯动漫是我国最大的互联网动漫平台之一，腾讯动漫拥有PC动漫网站、手机动漫APP等等，并且有基于实时通信软件的QQ动漫。目前腾讯动漫上拥有数字化漫画作品超过两万部，投稿作者超过5万人，签约作者超过500人，有40多部作品点击率过亿。

第三部分　热点篇

第十一章 推动北斗卫星导航产业高端发展

作为全球范围的时空基准基础设施，卫星导航系统已成为一个国家综合实力的重要标志。联合国卫星导航委员会认定的全球四大导航系统供应商分别是美国的 GPS、俄罗斯的 GLONASS、欧盟的 GALILEO 和我国的北斗卫星导航系统。自 2012 年北斗卫星导航系统正式提供民用区域性服务以来，北斗产业发展如火如荼，北斗民用领域示范和推广、政策性支持文件都极大推进了北斗行业的应用。但是，我们必须保持清醒认识，目前北斗民用领域的市场推广效果并不理想，必须防止产业发展陷入"同质低端竞争"的困境。

一、北斗产业从军用领域向行业示范应用、民用领域延伸发展

（一）北斗逐步从军用市场向行业示范、民用市场拓展

北斗在军用领域的应用最为成熟，大部分北斗产业上市公司业务主要集中在军用市场，军队及公安部门的订单是此类企业业绩增长的主要驱动力。行业示范应用主要集中于国家政策扶持的公共领域，比如，交通运输、精准农业、电力、航海、测绘等领域。随着各地北斗示范工程的实施，该应用领域处于快速增长阶段。北斗在民用领域目前仍处于开拓阶段，民用市场规模仍然较小，主要集中于车载导航终端、LBS 服务等领域，上市公司包括四维图新、合众思壮、北斗星通等。

（二）民用领域北斗技术逐步走向成熟

随着北斗高精度位置技术的不断完善，以及"北斗＋"与其他技术的融合发展，民用领域北斗技术逐步走向成熟。

一方面，随着高精度位置服务基础设施的完善，当前全国高精度地基增强系统一张网试运行，可分别提供厘米级高实时定位和亚米级高动态实时定位，事后静态定位可达到毫米级，这将进一步推动物联网、人工智能、大数

据、智能汽车、高精度地图等应用领域的发展。另一方面，随着芯片小型化、低功耗、低成本、射频基带一体化等技术的发展，以及卫星导航 IP 核与移动通信等领域的广泛集成，目前已涌现出了北斗魔盒、北斗时空表、北斗约车、北斗放牛、北斗菜、货车帮等新产品，华为、小米手机也采用了北斗 IP 核，北斗正在逐步走向大众应用，服务大众生活。

（三）北斗相关政策逐步深化到实际应用层面

北斗相关政策也由支持传统的军用逐渐向行业示范应用、民用方面推进。从区域示范看，长三角、珠三角、京、陕、湘、贵、鄂、苏等 18 个区域示范正在全力实施。比如，北京已将北斗导航技术作为车辆管理的技术标准，《中国制造 2025 北京行动纲要》中也将北斗导航产品纳入高精尖产品。从行业示范看，交通运输、海上运输、气象、渔业、公共安全、民政减灾救灾、林业等 11 个行业已开展北斗项目示范。比如，在交通公路运输行业示范工程的带动下，全国已经有超过 300 万辆营运车辆安装北斗兼容终端并接入全国平台，形成了全球最大的营运车辆动态监管系统，建立了包含测试、审查、数据接入、管理、考核等一整套营运车辆动态监控管理体系，加强了道路营运车辆监控效率，提高了道路运输安全水平。

二、北斗产业的发展困境在于市场推广应用难

（一）北斗民用领域的系统顶层管控缺失

在北斗民用领域，目前我国还没有国家层面的归口管理部门，处于国家发改委、科技部、工业和信息化部、交通部、农业部、环保部等多头管理状态。我国北斗民用领域顶层架构和设计不清晰，不仅对北斗民用产业的整体规划、发展战略的制定有着不利影响，也造成了北斗民用领域的行业标准化建设严重滞后，致使北斗系统关键器件的生产和采购无法集中，设备维护不便、相互不兼容，进而阻碍了北斗系统的规模化应用推广。目前北斗应用局限于孤立的运营服务子平台，面向大众应用的综合运营服务平台尚未建立，不能有效满足大众及行业用户的多样化应用需求。

（二）关键芯片技术研发存在瓶颈

北斗芯片是北斗产业的核心，产业链的上游是导航定位芯片，包括射频

芯片、基带芯片、数据处理芯片等。目前我国卫星导航芯片市场95%的份额被美国占据，核心技术的知识产权也被美国占有，国内大部分企业研发此类多模导航芯片还处于起步阶段。从我国芯片企业数量看，目前国内做北斗芯片的企业有上百家，有10余家北斗芯片企业进入国家专项。一些原来做软件、终端、平台等相关产业的企业，借助国家和地方政府的政策、资金支持，也转向北斗芯片领域。但专利技术多集中在硬件部分及信号处理方面，在核心的定位算法和终端设备方面，主要还是由国外企业主导。因此，一定要防止北斗芯片低水平竞争致使产业环境恶化的现象发生。

（三）产品应用未形成差异化竞争优势

随着可穿戴设备、智能制造及其他智能硬件的兴起，"北斗＋"大众应用蓬勃发展。但北斗民用产品大都集中在车载终端、船载终端、养老、校园卡等领域，同质化现象突出。在应用领域，专业应用领域市场容量趋于饱和，大众应用市场还需挖掘。大部分北斗企业都是跟随和仿照GPS应用，缺乏市场开拓和产品创新。我国已经启动的应用示范项目多属于专业应用领域，市场容量有限，难以承载大量的北斗企业。例如，传统的测量市场已经趋于饱和，地理信息装备销售每年保持4万—5万台。亟须在位置服务、公众出行、智能交通、物流监控、综合调度、应急救援等细分领域，深度挖掘用户需求，开发新的应用服务与盈利模式。

（四）存在规模误区和发展误区

北斗产业发展目前还存在一些误区。一是规模误区。一些地方政府给予北斗产业园区"输血式"的支持政策，导致了盲目拼规模、跟风建设等问题。但实际上，北斗产业本身规模不会太大，其关键在于不同领域的推广应用，体现的是对于其他行业的服务价值，不能盲目跟风简单设定规模目标。二是发展误区。有不少地区和部门认为，北斗民用领域发展应以企业为主导，但从美国GPS发展经验看，政府战略有着不可替代的引领作用。美国把推动GPS民用上升到了国家战略层面，由高到低出台一系列政策措施，极大地促进了GPS系统在世界范围的应用。美国在《美国法典》中加入了"卫星定位系统""建立全国差分全球定位系统""推广美国GPS标准"等章节，以总统令的形式发布了《天基空间定位、导航和授时（PNT）政策》，并颁布了《国家空间政策》等，这对GPS的全球化发展起到了至关重要的作用。

第十二章　人工智能监管的难点与渐进创新

近年来，人工智能发展迅猛，国外有 Google、Intel、微软、苹果、特斯拉，我国有百度、腾讯、阿里巴巴等，这些企业纷纷通过自主研发、收购兼并等途径进入人工智能领域。新一代人工智能产品具有高度的自主性、自学习及适应能力等特征，给政府监管带来了新的挑战，传统监管模式已无法很好地适应其发展需求，监管难点主要体现在产品应用的后果与风险预判难、事后责任归属确定难、事前安全风险源管控难等方面。比如，自动驾驶汽车的事故判定与归责等。在多国人工智能产品监管做法研究基础上，总结出以下几点经验：一是将人工智能安全监管提升至战略高度；二是采取渐进创新方式确保监管规则连续性；三是为人工智能产品施加"人工道德"约束；四是引入自我终结机制防范系统性失控风险。我国加强人工智能监管有以下五点建议：对人工智能持包容态度，采取渐进式监管创新；建立安全标准与规范，明确安全责任体系；根据学习与适应能力，实现监管边界动态化；限制自主决策度，提升人们对智能产品的信任水平。

一、人工智能产品监管的主要难点

（一）产品应用后果预判难

随着计算能力的不断攀升，人工智能可以计算大量的可能性，其选择空间往往大于人类，它们能够轻易地去尝试那些人类以前从未考虑的解决方案。换言之，尽管人们设计了某人工智能产品，但受限于自身的认知能力，研发者无法预见其所研发的智能产品做出的决策以及产生的效果。如果其效果与人们利益保持一致，便不会引发人们的担忧。然而，基于深度学习技术的新一代人工智能产品大都具备自学习能力和自适应能力，如果放任自流，难以保证其行为结果与大众期望利益始终一致。Google 公司曾研发出一款智能数码相册软件，该智能产品在经过有监督的学习后，会把那些黑色皮肤人群识别为大猩猩，这表明人工智能产品存在的种族歧视问题。

（二）事后确定责任归属难

人工智能产品一旦出现安全问题，划分责任归属可能会异常复杂，主要有以下原因：一是由于人工智能系统通常借助虚拟社区（如 Github 开源平台）进行协同研发，开发过程中可能会用到许多其他人开发的组件，数量众多的潜在责任人给权责划分带来了困难。二是大多数人工智能产品的内部运作并不透明，多数企业尚未公开其智能产品的源代码、训练数据及测试信息等，从而增加了监管部门确定责任归属的难度。例如，训练人工智能模型时需要招募大量的人员（通常采用众包模式）来对数据集进行标注，然而这些群体往往具有根深蒂固的偏见，从而导致人工智能产品携带了某特定群体的偏见。三是许多人工智能产品在设计之初，便包含了诸多不受控机制（如后天自学习、自适应能力），一旦出现事故，大量法律灰色地带给企业推诿责任带来了便利。2016 年 5 月，特斯拉 S 型电动轿车在开启 Autopilot 辅助驾驶模式下发生撞车事故，这起事故判责存在严重分歧，特斯拉公司、用户、传感器 Mobileye 公司各执一词。

（三）安全风险源管控难

新一代人工智能的高度自主化特征可能造成人类难以预见的风险，加上人工智能产品研发过程较为分散和隐蔽，增加了事前监管措施（比如，风险点监测和预警）的难度。一是人工智能研发所需的物理设备较少，一些研发人员可以租用弹性计算服务来训练人工智能产品，由于不具备物理可见性，监管部门发现危险源的困难程度大大增加。二是研发主体极为分散。由于开源技术的日积月累，普通大众借助个人电脑或智能手机就能完成具有特定功能的人工智能产品开发，这意味着潜在危险源极为分散。

二、各国对人工智能产品监管的做法与经验

（一）将人工智能安全监管提升至战略高度

2016 年美国发布的《美国国家人工智能研发战略计划》中第四项战略即

为"确保人工智能系统的安全"。它提出通过采取一系列措施，比如增强人工智能的可解释性和透明度，构建信任体系，增强可验证与可确认性，以保护人工智能系统免受攻击，从而实现长期的人工智能安全和优化。2016年10月，英国科学和技术委员会发布了关于人工智能和机器人技术的报告，呼吁政府应介入对人工智能的监管，通过建立监管体系来保障人工智能技术更好地融入社会经济，并产生符合人们预期的效果。英国政府试图在监管过程中引入人工智能技术，以增强监管的适用性，从检验和确认、决策系统的透明化、偏见最小化、隐私与知情权、归责制度与责任承担等方面，加强对人工智能安全性的管控。

（二）采取渐进创新方式确保监管规则连续性

美国政府在自动驾驶领域采取渐进式监管创新，在许可颁布、自动驾驶汽车设计、驾驶系统等方面都制定了过渡性监管规则。例如，2014年10月，美国加州车辆管理局将29张自动驾驶汽车公共道路测试许可证，分别颁给了谷歌、戴姆勒、大众三家公司，获得许可的条件之一就是人要能够随时接管汽车。2015年12月，加州车辆管理局要求所有自动驾驶汽车的驾驶座上必须始终乘坐一名拥有驾照的人士，并要求汽车在设计方面必须具备方向盘、油门踏板、制动踏板等操控装置，以便车主在自动驾驶汽车系统操控失误时能够随时接管汽车。2016年3月，美国高速公路安全管理局（NHTSA）称Google自动驾驶汽车符合联邦法律，并且规定司机可以是自动驾驶系统，而可以不是人类。

（三）为人工智能产品施加"人工道德"约束

目前，Google、微软等公司已在其内部设置了人工智能伦理委员会。太空探索技术公司（SpaceX）首席执行官埃隆·马斯克也于2015年年底成立了人工智能非营利组织OpenAI，试图通过开源开放预防人工智能可能带来的灾难性影响，推动人工智能发挥积极作用。2016年6月，Google和OpenAI联合发布了五条人工智能定律，目的是为人工智能提供一个有效的行为约束，以使其不会在有意或无意中做出危害人类的事情。2017年2月，马斯克、霍金等人连同数百名研究人员、科技领袖和科学家联名表示，支持人工智能应该在生产力、道德和安全领域遵守的23条基本原则，从而确保人工智能为人类利益服务。

（四）引入自我终结机制防范系统性失控风险

人工智能最大的威胁是当前人类尚难以理解其决策行为，存在未来失控的风险，而一旦失控则后果严重。正如衰老机制是内嵌于所有生命体中的必然，人工智能应该也存在自我毁灭机制，其否定该机制等同于否定其自身存在。2016 年 Google 公司提出要给人工智能系统安装"切断开关"的想法，相当于在其内部强制加入某种自我终结机制，一旦常规监管手段失效，还能够触发其自我终结机制，从而使其始终处于人们监管范围之内，能够防范系统性失控风险。

三、我国加强人工智能监管的对策建议

（一）对人工智能持包容态度，采取渐进式监管创新

人工智能在对经济社会造成巨大促进作用的同时，其存在的潜在风险不容小觑。在迎接人工智能时代到来时，采取渐进方式进行监管创新，以确保监管规则的连续性。对于自动驾驶汽车，采取包容的监管态度，在试点示范中逐步探索规范相关领域产品、服务及安全标准，倡导企业自律和社会监督。例如，英国政府提议将汽车强制险的适用范围扩大到自动驾驶模式，在驾驶者将汽车控制权完全交给自动驾驶系统时能为其安全提供保障。

（二）强制披露智能产品安全信息，建立安全责任体系

为了保障人工智能产品效果与设定的目标一致性，确保人工智能产品的安全可控，监管部门对人工智能研发者应进行认证审批，强制要求其公布或提供与人工智能产品相关的安全信息，比如源代码、训练数据集、第三方测试结果等。在安全责任体系方面，可以从人工智能系统的开发者、生产者、销售者、使用者等角度，进行责任体系的设计。例如，经过合法审批的开发者、生产者等将承担有限责任，而未经过审批的开发者将承担无限责任。用户在使用人工智能产品时，应遵守用户使用准则，如存在不当使用，用户也将承担一定责任。

（三）根据学习与适应能力特征，实现监管边界动态化

由于人工智能产品通常都具备自主学习和适应能力，现有监管方法难以

适用于不断进化的人工智能系统，监管部门应当根据人工智能系统源代码，以及人工智能在测试环境的表现，从学习力、适应力等角度，对人工智能系统进行定期界定，判断其进化速度和所达到的程度，进而实现人工智能的监管边界动态化，使人工智能处于可控、安全的发展范围之内。

（四）掌握关键决策权，提升人们对智能产品的信任水平

为了提高人们对人工智能产品的信任度，限制其自主度和智能水平是有必要的，至少要让人们在心理上认为其拥有对人工智能产品的主导控制能力。一些传统装备（如高铁、飞机）虽然在速度上已经实现超越，但人们并不认为它是不安全的，因为人们对这些装备的自主决策度受到人们的限制，人们在关键决策上仍占据绝对地位。建议根据不同领域特点，定向发挥人工智能的某项特定优势或技能。比如，让数据分析处理等能力成为人们辅助决策的工具，但最终的关键决策权仍需掌握在人们手中。这也是当前阶段提升人们对人工智能产品信任度的关键。

第十三章　众包研发助力产业
升级的四大场景

很多企业采取将研发任务交给大众完成的"众包"研发模式，该模式可促进企业有效利用外部创新资源，缩减创新投入和风险。应着力构建"众包"研发应用场景的关键点，聚焦竞赛、社区生产、知识管理及碎片整合四大场景，完善知识产权许可制度及信任机制，强化"众包"平台的创新供需对接功能，搭建激励体系，推动"众包"模式更好助力产业升级。

一、"众包"研发的典型应用场景

（一）众包竞赛场景：挖掘跨领域创新潜力

众包竞赛场景为企业利用互联网发布任务需求，明确竞赛的截止日期、奖金池、奖励方式等，大众自由决定是否参赛。该场景有利于突破原有的知识体系和框架，产生跨领域颠覆式创新。Merck 制药公司曾在 Kaggle 众包平台发起预测药物活性挑战赛，奖金达 40000 美元，全球 238 个团参赛队根据 15 种药物数据预测其生物活性，提出 2500 多个解决方案，经评选，多伦多大学的 5 人研发团队最终胜出，该团队采用机器学习算法，突破了药企一直沿用的不同种类化合物的穷举测试方法。ImageNet 则是每年举办大规模视觉识别挑战赛，Alex 等应用深度卷积神经网络将机器图像识别的错误率由 26% 降至 15.4%。在众包竞赛的推动下，近年来更为有效的深度学习构架相继被提出，2016 年 ImageNet 大赛冠军解决方案的图像识别能力已超越人类。

（二）社区生产场景：大众生成内容和消费

社区生产场景为大众生成内容并消费产品，以 Threadless 众包服装生产为例，参与者在平台下载 T 恤设计模板和设计软件，并将设计方案提交给平台，由平台组织大众对设计方案的潜在购买意愿进行投票，排名前五的方案将交付制造厂商生产并在每件 T 恤上标明设计者名字，设计者还可获得 2000 美元现金和 500 美元奖品。如果该版式 T 恤因畅销再次交付生产，设计者还能获得每轮 500 美元的现金奖励。加拿大采矿公司 Goldcorp 曾举办"虚拟探矿挑战赛"，该公司利用真实矿区数据在互联网上构建虚拟矿区平台并公开勘探过程，大众可在平台上下载软件和数据库进行虚拟探矿，最终 1400 位参赛者标示出 110 多个勘测目标，其中有 50% 的目标从未被发现，探明的黄金储量超过 800 万盎司。

（三）知识管理场景：降低公共管理成本

知识管理场景为公共管理部门借助大众智慧创新公共管理，进而提升公共服务水平。为鼓励公众参与专利审查，美国专利商标局与纽约法学院于 2007 年联合推出"公众专利评审"平台，在获得专利申请人同意后，专利申请文档被上传至平台，在公众评议期间由公众组成的审查小组进行审查。为挖掘公共数据价值，美国华盛顿哥伦比亚特区曾举办"民主应用程序大赛"，在向参赛者公开城市公共数据后获得超过 47 款应用程序。本次挑战赛预算仅 5 万美元，如果委托企业开发，成本将达到 220 万美元。2014 年，北京市在政务数据开放的基础上，举办了一次政务数据资源网应用创意大赛，103 支参赛队伍提出 86 个创意方案，涉及公益、健康管理、公用交通及招生就业等多个领域。

（四）碎片整合场景：汇聚大众闲置精力

碎片整合场景将问题分解变换形式后，利用大众碎片化的闲置精力予以解决。一是将问题嵌入人们的日常活动。reCAPTCHA 平台将验证码图片替换成待识别字符，在用户需要输入验证码时分别显示两个词，一个是系统已知答案的，另一个是需要借用人类识别能力去辨识的，只有用户把系统已知答案的字符输入正确，平台才会记录另一个字符的辨识结果。reCAPTCHA 利用这种模式在几个月内便完成《纽约时报》百年存档古籍的数字化工作。Google 也采用这种模式解读那些难以通过机器辨识的地图街道名及号码。二是将问题变换成一个大众易于上手的小游戏，参与者在零碎时间玩游戏的同时也为科学探索贡献力量。Foldit 把探寻 RNA 三维形状实验设计成一个面向大众的游戏，参与者在玩游戏时也在远程执行真实的实验，验证 RNA 分子折叠理论的相关预测。

二、构建"众包"研发应用场景的关键点

（一）多样性构成大众智慧的核心

众包研发的优势在于能够将大范围知识领域的寻优问题转化成多个局部知识领域的寻优问题。大众具有异质性和多样化优势，在解决跨领域问题时，其表现通常要优于专家，Lakhani 的研究表明，InnoCentive 众包平台上用户的自身专业与问题所属专业的距离越远，提出解决方案的可能性就越大。要将大众智慧发挥出来，必须满足以下条件：待求解问题涉及领域广泛，企业内部难以用单一思路解决，需要借助"外脑"力量；参与者具备解决问题的能力；平台客观公正地将个体贡献进行加总或排序。

（二）模块化有效匹配大众闲置精力

为高效解决复杂问题，需要将其转化为任务，并模块化分解转化，再与大众闲置精力相匹配。以软件众包平台 TopCoder 运作为例：在项目发起环节，由平台根据项目特点分解任务；在设计环节，成员根据自身能力申请任务，平台再组织大众成立评估委员会评估各成员的设计方案，并选出各部分较优秀的备选方案；在审核和测试环节，平台发起大众对该程序进行检验测试。反复上述过程多次后，才将成果交付客户。

（三）多层次激励以维持大众新鲜感

成功的众包项目依赖于活跃和忠诚的虚拟社区，必须迎合大众的参与动机，充分调动大众参与的积极性。有的参与者想获得金钱奖励，有的想证明自己的技能水平，有的想成为舆论焦点，有的想找到自身与前沿技术间的差距，因此仅采用低层次的物质激励是不够的，需满足马斯洛需求理论的五类层次。国内一些众包平台业务数量虽不断攀升，但以低端任务为主，难以满足高端人才的自我实现需求。

（四）平台化汇聚大众创新资源

众包研发作为一种跨越专业界限、跨越社会分工界限的创新协作平台，依赖不同领域的专业或非专业人士的交流，具有社区功能、竞赛功能及组织

合作功能。社区功能某个机构或个人可在平台上发起竞赛，增强众包研发活动的靶向性，提高创新效率。平台上的某一用户也可向其他用户发起邀约，迅速组建创新团队。

三、几点建议

（一）探索开放式的知识产权许可制度

在开放式众包知识产权许可制度下，大众智慧创造出来的成果专利由大众共享，他人可以对成果进行改进，也可以利用该成果进行商业开发，仅需尊重原著作权。例如 BSD 开源协议允许使用者修改和重新发布作品，也允许其从事商业开发、销售，但需包含原许可协议声明。

（二）强化平台的创新供需对接功能

众包研发平台的目标是吸引大众广泛参与，从而帮助任务发布者实现收益最大化，故应从需求和供给两个维度发挥创新供需对接功能，最大限度减少"群体性失效"和供需错配。任务发布者往往要面对大量的解决方案供给者，提高创新供需匹配效率及评审质量，有利于发布者在海量解决方案中筛选出优秀方案。

（三）构建客观公正的众包激励体系

与传统的一对一合作不同，在"众包"模式下，问题会被多个参与者同时解决，产生多种解决方案。因此，必须建立客观公正的评价机制，对参与者提供的方案进行准确评估，并将所有符合标准的方案都提交给发布者，确保每一有效方案提供者均可获得事先约定的奖励，杜绝发布者的不合理支付。

（四）完善信任机制以防范安全风险

完善众包平台自治规则，对侵权行为及时发现并予以惩罚，建立由众包平台、第三方信用服务企业、政府等多方参与的联合信任机制。加强平台与平台、政府与平台的信用数据共享，强化对失信行为的联合惩罚力度，降低供需双方的信任成本。同时，打破平台界限，实现第三方信用服务企业的跨平台收集信任数据。

第十四章　新动能助力工业经济实现新突破

当前，以知识、技术、信息、数据等新生产要素为核心的新动能正在形成，并日益成为工业增长的新引擎。2016年，我国工业战略性新兴产业增加值增长10.5%，高技术制造业增加值增长10.8%，分别比工业增加值增速高出4.5和4.8个百分点，成为工业经济发展的新增长点。各地在培育壮大新动能方面有许多成功做法，对我国经济实现提速换挡至关重要，值得总结推广。

一、地方发展新动能的经验

以"创"增活力，释放"双创"巨大潜能。各地加大对企业主体的支持力度，完善"双创"服务体系，充分释放创业创新热情。在鼓励企业自主创新方面，湖南大力实施企业技术创新"311"工程，每年组织30项重大关键共性技术研发攻关、开发100项重点产品、推进100项重点专利成果产业化。截至2016年年底，累计实现研发投入近20亿元，多项重大装备技术水平超过或接近国外同类产品。在建设"双创"平台方面，深圳依托信息产业优势，推动创新、创业、创投、创客"四创联动"，打造集专业孵化、投融资、种子交易市场于一体的创业广场，成功孵化大疆无人机等知名企业。

以"新"谋转型，积极发展四新经济。各地摆脱旧的路径依赖，主动适应新常态，将经济发展思路由资源依赖向集成创新转变。一是突破新技术。湖南中车株机公司研发的DK-2型机车制动系统，打破了国外对我国在制动领域的垄断，增强了国产电力机车的安全可靠性。二是发展新产业。安徽大力发展战略性新兴产业，建设以合肥的新型显示、新能源汽车等产业为代表的14个战略性新兴产业基地，使其成为"调转促"切入点和突破口。三是培育新业态。湖南实施"互联网+"三年行动计划，围绕装备制造等7大行业，开展互联网融合创新示范试点。夯实互联网基础，建设国家超级计算机长沙中心，共享云计算、大数据服务。四是探索新模式。贵州聚焦大数据产业积极探索数据资源共享开放、数据中心整合利用、大数据创新应用、大数据产业聚集发展、大数据制度创新等新模式。

以"拓"扩需求，拓宽制造业发展空间。各地积极落实国家区域战略，推动要素流动和产业转移，加快区域经济一体化进程步伐。天津设立京津冀产业结构调整引导基金，基金总规模达100亿元，首期10亿元，对接国家发改委牵头设立的京津冀协同发展基金和京津冀产业结构调整基金，服务京津冀先进制造业发展。安徽注重园区承接，探索实践省级产业园、南北合作共建园等新型园区建设模式，按照"产业地图"引进位于产业链关键环节、行业排名前列的龙头企业。四川深化国际产能合作，依托成都国家自主创新示范区，推进中韩创新创业园、中德创新产业合作平台建设，以先进制造业和现代服务业为重点，深化产业国际合作。

以"人"强动力，加大专业人才引培。各地注重人才在培育新动能中的关键作用，引进培育各类人才，加快形成高素质人才队伍。一是引进管理人才。宁波深入实施"3315""泛3315"海内外高端人才引进计划，全力引进高端创新人才。围绕智能经济等新经济领域培养新一代企业家，连续实施宁波"创二代"提升计划。二是激励技术人才。重庆建立健全人才引进、认定和奖励的市场化机制，对引进的高层次人才按用人单位实际年薪一定比例给予一次性奖励，激发广大科技人员创新热情。三是培育技能人才。湖北通过省委组织部、省人社厅联合开展"楚天名匠"评选工作，省总工会、省人社厅、湖北日报、湖北广播电视台联合发起"荆楚工匠"选树活动等方式，大力培育职业工匠人才。

以"改"促调整，加快新旧动能接续转换。各地以供给侧结构性改革为抓手，盘活资源，精准供给，全面调整供需错配。湖南着力推动企业存量资源与新需求对接，对资金、土地等各类资源进行优化，鼓励工业企业盘活闲置厂房，挖掘存量价值，推动产业升级。广东把处置"僵尸企业"作为化解产能过剩的"牛鼻子"，通过建立"僵尸企业"数据库，实现精准识别与分类处置，不断提高供给体系质量和效率。深圳将管理方式从重事前审批向重视事中事后监管、从管主体向管行为、从强调政府监管向政府监管与社会监督并重三个方向转变。下大力度打造"审批最简、管制最少、服务最优"的城市，最大限度鼓励新动能发展。

二、几点启示

加快完善培育新动能的制度环境。坚持市场主导、政府引导的原则，建立健全公平竞争的市场环境。建议各相关部门加快完善多层次资本市场，鼓励企业主体加大创新投入，给予更大的优惠。加强知识产权市场建设，加快完善适应新业态新商业模式的知识产权保护办法，保障创新者的经济权益。健全人才激励机制，充分激发人才在新动能培育中的作用。

引导地方因地制宜实现差异化发展。目前部分省市在培育新动能的过程中，存在一定的盲目跟风现象，与本地实际情况结合不够紧密，已经出现了重复建设的苗头。建议充分结合地方的资源禀赋，鼓励和引导各地加快构建具有自身特色和优势的新型制造业体系。同时，引导地方在规划编制中聚焦自身的优势领域或者产业链的优势环节，集中力量，实现重点突破。

鼓励试点示范地区和企业先行先试。在探索新路径新模式的过程中，地方政府进行了很多有益的尝试。建议继续深入推进智能制造、产融结合、消费品工业"三品"战略等部分领域的试点示范工作，鼓励地区和企业侧重关注新技术、新产业、新业态、新模式等内容，推动新动能的发展。鼓励试点的地区、企业大胆搞创新，探索新常态下制造业转型升级的新模式。同时做好试点实施的跟踪评估和经验总结，梳理一批可在全国推广的切实可行的政策举措。

总结可复制可推广的经验模式。在培育新动能的过程中，一大批优秀的地区、企业和项目脱颖而出，成为行业标杆和榜样。建议把这些典型案例汇编成册，联合宣传部门，发挥报纸、广播、电视和新媒体的力量，对这些成功典范进行多渠道宣传报道，通过经验推广达到点上开花面上结果的效果。

第十五章　推动制造业和互联网深度发展

随着制造强国、网络强国战略的深入推进，互联网基础设施不断完善，云计算和大数据等新一代信息技术正在逐步成熟。制造业和互联网的融合不断加深。工信部在促进两化融合、激发"双创"、培育新模式新业态等方面的政策已初显成效，同时也暴露出配套政策相对滞后、部分地区存在盲目跟风现象等问题。现将有关情况报告如下：

一、推动制造业和互联网深度融合的成效

（一）两化深度融合水平不断提高

一是智能制造工程取得积极进展。发布了《智能制造工程实施指南（2016—2020年）》，开展了226个智能制造标准化实验验证和新模式应用项目，总投资343亿元；遴选了109个智能制造试点示范项目，初步摸底，试点示范项目生产效率平均提升30%以上，运营成本平均降低超过20%。二是行业、企业信息化步入集成应用新阶段。积极推动"互联网＋制造业"，目前大中型企业数字化设计普及率提高23.5%，重大产品和成套装备智能化水平明显提升，主要行业关键工艺流程数控化率超过70%。两化融合管理体系贯标试点企业在协同研发、精益管理、风险管控、供应链协同、市场快速响应等方面的竞争优势显著提升。三是工业互联网建设步伐加快。成立工业互联网产业联盟和工作推进组，发布我国首个工业互联网战略文件《工业互联网体系架构（版本1.0）》，支持10家企业开展工业互联网创新应用示范，支持中国信通院、潍柴、中国电信等单位开展工业互联网标准验证和新模式应用试点。

（二）制造业能力取得明显进展

一是企业创新主体地位得到提升。我部联合财政部认定了425家"国家技术创新示范企业"，其中一批企业研发经费投入强度已超过10%的指标要

求，在组织实施的科技重大专项中，企业牵头，联合科研院所、学校承担的课题数占 70% 以上。二是一批重大标志性项目取得阶段性成效。我部联合发改委推动《实施制造业升级改造重大工程包（2016—2018 年）》，2016 年第一、二批专项建设基金支持智能化改造、基础能力提升、高端装备创新等 11 个领域 342 个项目，总投资超过 8000 亿元，一批关键技术取得突破。如无模铸造成形机获得 18 项国际专利，并在 800 个企业推广应用。三是制造业创新中心建设开展了有益探索。出台《关于完善制造业创新体系，推进制造业创新中心建设的指导意见》，推动实施制造业创新中心工程。首家创新中心——国家动力电池创新中心已经正式挂牌成立，国家增材制造创新中心建设方案也已通过论证。支持地方打造区域制造业创新平台，目前已培育建设了 19 家省级制造业创新中心。四是标准品牌建设取得新进展。党的十八大以来，累计发布了 1.1 万余项行业标准，推动云计算安全框架等 97 项提案成为国际标准。培育了 60 家知识产权运用标杆企业，确定了 172 个质量标杆，在 75 个产业集聚区开展了区域品牌试点建设。

（三）新业态新模式培育成效显著

一是服务型制造和生产性服务业有序推进。会同发改委、中国工程院共同印发《发展服务型制造专项行动指南》。开展"服务型制造万里行"系列活动。启动服务型制造示范遴选活动。履行部内生产性服务业牵头司局职责，做好统筹协调，推进生产性服务业向专业化和价值链高端延伸。二是工业设计支持力度加强。以国家级工业设计中心创建为抓手，全面推动工业设计发展。支持河南等地利用产业转移对接平台，加快工业设计中心和制造业企业的融合对接。三是工业领域电子商务发展取得初步成效。初步建立覆盖全国、各省市、各行业的工业电子商务统计监测分析体系，监测企业数量突破 700 家。推动工信部电子一所联合阿里巴巴等 30 家单位发起成立工业电子商务创新发展联盟。

二、面临的问题

（一）制造业企业缺乏变革勇气，体制机制改革力度仍待加强

在实地调研过程中，发现一些制造企业或对互联网创新理解不够，缺乏

自我变革的勇气，难以开放共享。或对互联网思维认识盲目，对两化融合的概念模糊不清。需要通过加强改革力度，创新方式，变革组织方式来激发实施动能。此外，虽然当前制定出台的规划、行动方案和政策不少，但针对性和实用性不够。如各级政府为引导制造业发展，设立了各类产业发展基金。但这些产业基金按市场化基金模式运行，为追求收益和防范风险，对投资项目设立了过高门槛，操作过程烦琐，决策周期也过长，总体运作不够理想，没有发挥政府资金引导作用。

（二）地区、行业之间信息化水平参差不齐，配套政策落地相对滞后

在推进制造业和互联网深度融合的过程中，由于不同地区、行业、制造业企业之间信息化水平差距明显，虽然有海尔、九江石化、潍柴动力等企业涌现，但实际上大部分地区和行业仍处于以初级或局部应用为主的阶段，很难形成通用的创新推广路径。在政策的制定过程中，虽然规划、方案出台得比较密集，但后续的配套资金、扶持政策相对滞后，"政策最后一公里"的问题没有解决。特别是一些资金扶持、税收减免、融资支持政策，中小民营企业普遍反映享受不到。有一些政策在具体的执行落实层面和企业需求脱节。

（三）新兴产业存在盲目跟风的苗头，存在高端产业低端化的隐患

在推进智能制造、发展新兴产业过程中，部分省市忽视本地实际情况，存在盲目跟风现象。由于缺乏专项规划的布局指导，部分产业已经出现了一些重复建设的苗头，比如很多地方都形成了发展机器人产业的热潮，短短几年间全国已建成或在建的机器人产业园就超过40个，还有大量机器人产业园在筹备中。同时，很多地区没有核心技术和关键零部件生产能力，盲目发展新兴产业，仅停留在组装、仿制阶段，出现高端产业低端化现象。

三、相关建议

（一）加强统筹协调力度

推进制造业与互联网深度融合是一个长期和复杂的过程，需要调动各方面资源力量广泛参与、共同努力。一是抓好部门统筹。积极推动各相关部门按照任务分工，抓紧制定出台针对性、操作性强的配套政策措施，比如金融

政策、土地政策等。进一步加强各部委之间的重大项目库对接，共同推动落实重大项目。二是加强上下联动。将智能制造工程等重大工程、项目和政策进行年度分解，明确工作重点，引导地方发展方向。加快构建重大产业工程布局工作机制，统筹协调地方规划、工程的落实进展。通过签署新一轮部省战略合作协议，进一步发挥地方工作的积极性和主动性，推动部省合作取得成效。三是推进区域协同。配合落实东部率先发展，中部崛起、西部大开发及东北振兴四大板块和"一带一路"、京津冀协同发展和长江经济带三大战略的工作部署，尊重产业集聚自身规律，发挥其带动扩散作用，打造特色产业区域，培育一批带动区域协同发展的经济增长极。

（二）聚焦重大工程

五大工程是推进落实《中国制造2025》的重要抓手，也是推进制造业与互联网深度融合的重要途径。在制造业创新中心建设工程方面，要加快推进机器人、电子信息、新材料等领域创新中心建设，指导和推动省级创新中心的建设工作。在工业强基工程方面，要继续组织实施"一揽子"重点突破行动，着力实施"一条龙"应用计划，完善产业技术基础体系，加强产业技术基础公共服务平台建设，促进整机（系统）和基础技术互动发展。在智能制造工程方面，要加快培育离散型智能制造、流程型智能制造、网络协同制造、大规模个性化定制和远程运维服务等新模式，突破增材制造装备、智能传感和控制装备等关键技术装备。在绿色制造工程方面，要推进绿色制造体系建设，继续组织开展绿色制造系统集成，加快推动传统制造业绿色化改造示范，实施生产过程清洁化、水资源利用高效化和基础制造工艺绿色化改造。在高端装备创新工程方面，要围绕重点领域，研发一批关键系统和核心部件，实现一批关键装备自主可控，突破航空发动机及燃气轮机、高档数控机床、先进农机装备和高端医疗器械、深远海海洋工程装备等重大装备。

（三）抓好试点示范

开展试点示范是一种较好的工作机制，降低风险的同时，也有利于探索新路径新模式。一是继续抓好各项试点示范工作。继续深入推进《中国制造2025》试点示范城市创建，以及智能制造、产融结合、消费品工业"三品"战略等部分领域的试点示范工作，鼓励试点的地区、企业大胆搞创新，探索新常态下制造业转型升级的新模式、同时做好试点实施的跟踪评估和经验总结，梳理和复制推广一批可在全国推广的切实可行的政策举措。二是通过试点示范促进各地差异化发展。我部按照"给予比较优势、促进错位发展、推动部省合作"的原则，抓紧研究制定《中国制造 2025 分省市产业指南》。在推进试点示范工作的过程中，将把相关政策、项目、资金与分省市指南挂钩，力求形成因地制宜、特色突出、区域联动、错位竞争的发展新格局。

（四）注重宣传推广

进一步营造有利于制造业发展的社会环境。一是组织开展深入学习和讨论。会同中央组织部、国家行政学院等单位，举办干部培训班等，围绕《中国制造 2025》和"互联网＋"开展深入学习。发挥制造强国战略咨询委员会的作用，开展各种论坛、研讨会为培育壮大实体经济发展动能出谋划策。二是加强经验总结和宣传报道。在落实《中国制造 2025》、"互联网＋"的过程中，一大批优秀的地区、企业和项目脱颖而出，成为行业的标杆和榜样，要把这些典型案例汇编成册，联合中宣部，发挥新华社、电视台和新媒体的力量，对这些经验和典范进行多种渠道的宣传报道。

第四部分　展望篇

第十六章　2018年发展形势展望

第一节　2018年战略性新兴产业总体形势判断

一、新兴产业仍将是拉动全球经济增长的新动能

近年来，人工智能、增材制造、智能机器人、物联网、云计算、大数据等新兴技术不断取得突破，并加速与经济社会各领域深度融合，新业态新模式不断涌现，拉动经济增长的潜能正在不断释放。如与中国 BAT 比较的美国三大科技巨头——苹果、亚马逊和谷歌对美国 GDP 的贡献率达到 2.4%，苹果 1 家公司的利润超过位居 2017 年《财富》美国 500 强第一和第二的沃尔玛和伯克希尔－哈撒韦公司的总和，成为《财富》美国 500 强利润最高的公司。同时，新兴产业在推动传统产业升级方面也展现出勃勃生机，正创造出新的经济增长点，如我国红领集团的"互联网工业"新模式创造了更大的利润空间，近几年公司互联网定制业务收入和净利润翻倍增长，"红领模式"将进一步向制鞋、汽车、家居、假发等领域渗透。

二、新兴产业有望继续受到科技巨头青睐

新兴产业领域投资快速增长，科技巨头在引领资金投向方面发挥了重要作用。以人工智能为例，谷歌、Facebook 和微软，每年仅对人工智能专业人才的投入就达到数百万美元；英伟达加大 AI 芯片投入，谷歌、微软、百度、Facebook 等积极布局 AI 开源开发平台，IBM、谷歌、华为、苹果、阿里巴巴和腾讯等则持续加大 AI 在行业应用的投入。此外，科技巨头还通过并购途径

加大 AI 领域投资。据 CB Insights 统计，2017 年第一季度，全球有 34 家 AI 初创企业被收购，并购企业数是 2016 年的 2 倍多，如 Facebook 收购 Ozlo，谷歌收购 Kaggle、Halli Labs、AIMatter，微软收购 Maluuba，苹果收购 Realface、Lattice，亚马逊收购 Harvest. ai 等。为保持领先优势，科技巨头对新兴产业的投资兴头仍将有增无减。

三、新兴产业的支撑引领作用将更加凸显

经济新常态下，战略性新兴产业成为我国实现经济稳定增长的重要力量。据国家统计局数据，2017 年前三季度，我国战略性新兴产业增加值同比增长 11.3%，高于全部规模以上工业 4.6 个百分点；新材料、高端装备制造业利润实现较快增长，同比分别增长 29.9% 和 28.1%，高于全部规模以上工业利润 6.1 和 5.3 个百分点；民用无人机、工业机器人和城市轨道交通产量实现高速增长，同比分别增长 102.8%、69.4% 和 45.5%。战略性新兴产业对地区经济发展同样发挥着重要作用，如，北京战略性新兴产业增加值同比增长 14.4%，对工业增长的贡献率高达 52.1%；安徽省战略性新兴产业产值同比增长 21.9%，占全部工业产值的比重达到 24.8%。

四、我国新兴产业的国际地位将进一步提高

一是部分领域技术水平继续领先世界。我国在载人航天、载人深潜、超级计算、高铁、可燃冰、页岩气、移动通信等领域，突破了一批关键核心技术，进入世界先进行列。比如，"墨子号"成为世界第一颗空间量子科学试验卫星、"中国天眼"成为世界最大单口径和最敏感的射电望远镜、全球日均稳定产气超过一万方和连续产气超一周的可燃冰开采技术在我国率先实现、时速达 350 公里的"复兴号"创造了全球商业运营速度最高纪录等，我国将在更多的领域取得新的突破。二是以"新四大发明"为代表的创新产品和商业模式将继续引领世界。中国高铁装备已经遍及 100 多个国家和地区，并实现了由产品、设备"走出去"向技术、标准和运营维护全产业链输出转变；阿里巴巴首个海外 eWTP 试验区马来西亚数字自由贸易区全面启用运营；摩拜单车已在 5 个国家超过 150 个城市投放 600 多万辆共享单车；支付宝已覆盖

70 多个国家和地区数十万商家，微信也已在 19 个国家和地区落地，中国产品和中国模式将更多地走向世界。

第二节　节能环保产业

一、节能环保产业地位达到前所未有的高度

党的十九大将节能环保产业提到了前所未有的高度，报告对新时期推进绿色发展做出新要求，明确提出要壮大节能环保产业、清洁生产产业、清洁能源产业。当前，我国生态文明建设日趋完善，气十条、水十条等宏观、微观目标相继出台，法律法规、行业标准、检测网络建设、垂直监管、排污许可等制度安排陆续发布。特别是强化执行方面，中央环保督察、专项督察、全面普查等先后实施，有望进一步改善当前的环境治理业态。国家层面，《国家环境保护标准"十三五"发展规划》《中华人民共和国环境保护税法实施条例》《中华人民共和国水污染防治法》修改、《中华人民共和国土壤污染防治法（草案）》《生活垃圾分类制度实施方案》等数十个重磅政策发布，地方层面，《四川省环境保护条例》《海南省水污染防治条例》《贵阳大气污染防治办法》《上海市建筑垃圾处理管理规定》《浙江省污染地块开发利用监督管理暂行办法（征求意见稿）》等相关政策也开始密集落地。2018 年环保政策驱动效应将进一步发挥作用，推动环保企业从被动接受监管到主动担负环境治理社会责任。政策红利将推动未来我国环保行业景气状态一直持续。

二、环保类型 PPP 项目规模将持续扩大

近年来，随着政府对 PPP 模式的高度重视与重点支持，我国环保行业 PPP 项目不断高涨。统计数据显示，截至 2017 年 9 月末，生态建设和环境保护行业的 PPP 项目数为 481 个，投资额达到 5899 亿元，占比分别达到 7.1% 和 5.84%。生态建设和环境保护的落地率为 36.8%，高于整体落地率 1.6 个百分点。2017 年 7 月，财政部联合多部委发布《关于政府参与的污水、垃圾

处理项目全面实施 PPP 模式的通知》，提出对政府参与的污水、垃圾处理项目全面实施 PPP 模式。环保类型 PPP 项目主要涵盖市政工程中的污水处理、垃圾处理项目及生态建设和环境保护项目，预计未来项目规模将持续扩大，落地率持续走高，将驱动节能环保产业快速发展。

三、环保市场企业并购重组步伐进一步加快

目前，环保行业并购的主要目的在于从核心业务领域，拓展产业链上下游，迈进到综合解决服务商，同时，通过并购等模式实现异地扩张，在特定区域或全国范围拓展核心业务，此外还在于非环保企业通过跨界并购进军环保领域等[①]。企业并购涉及污水处理、垃圾焚烧、危废处理、大气治理等多个环保细分领域。环保龙头企业对部分增长良好的中小规模企业的并购活动呈现出加速的发展势头，预计未来节能环保行业龙头企业将继续做大，并且龙头企业之间将不断出现"强强联合"的现象。在并购浪潮中，中小型环保企业必须不断转变发展战略，积极寻求战略合作，抱团发展，不断做强自己。总体来看，2018 年环保行业并购重组仍将持续。

第三节　新一代信息技术产业

新一代信息技术产业正成为新一轮科技创新浪潮的重要动力，在全球经济低速增长的情况下，以云计算、大数据、物联网等为代表的新一代信息技术产业成为全球竞争的战略制高点。各主要经济体纷纷将宽带信息网络作为引领可持续发展的重大基础设施，优先布局新一代信息技术产业，力图争夺发展主导权，抢先确立国际竞争优势。

一、信息技术相互渗透导致产品界限日趋模糊

计算机、软件、通信设备、消费电子、互联网等领域信息技术相互渗透

---

① 李慧敏：《"红海"与"蓝海"并存 环保企业并购加速》，《中国高新技术产业导报》2017 年 6 月 19 日，见 http://paper.chinahightech.com/html/2017－06/19/content_ 25624. htm。

的趋势愈加明显，催生出了技术融合、终端融合、网络融合、制造与内容融合等丰富多样的新产品、新服务，多层次多领域交叉使得产品品类更加丰富，产品界限更加模糊。

二、信息技术应用创新链条延伸助推跨界创新

互联网技术应用创新前沿不断向应用下压，跨界创新想象力无限。Web/HTML5、大数据、云计算、服务器、智能终端、SDN 等互联网技术正经历从软件向硬件和网络延伸、从上层应用向基础设施延伸的应用创新趋势，跨界创新成为新一代信息技术产业的最新趋势，出现了人工智能、无人驾驶汽车、新能源、智能腕表、谷歌眼镜等跨界创新产品，更多与人们日常生活生产密切联系的应用创新正不断涌现。

三、信息技术通过融合创新驱动产业转型升级

新一代信息技术引领新产业革命，融合创新推动产业转型升级。在全球经济大变革大调整的背景下，信息通信技术与传统工业技术及生物、能源、材料、空间技术的加速交叉渗透，催生了生产力的重大飞跃和生产关系的深刻变革，以绿色、智能和可持续发展为特征的下一次工业浪潮即将来临，以智能制造、工业云、大数据、3D 打印、物联网、智能电网为代表的新一代信息技术将为产业转型升级带来新的驱动力。

四、信息与制造技术融合助力生产力高端跨越

信息技术与制造技术融合正催生工业生产力的重大飞跃。物联网应用持续推动服务型制造的快速发展，云计算平台推动生产性服务业的创新发展，智能机器将加速推动制造工具的升级与智能，释放劳动力；在制造流程上，将加速推动制造流程再造，生产制造将从线性流程化走向网络化、集成化流程；在制造模式上，将改变传统制造企业的纵向集成，实现智能联网式生产，推动智能新模式的不断丰富和完善。

第四节　生物产业

一、智能医疗时代的加速到来

2017 年 7 月国务院印发《新一代人工智能发展规划》引起了产业强烈的反响，这个规划不仅揭示了人工智能时代的到来，更为产业的发展方向、发展路径提供了广阔的视角以及可以落地的指引。人工智能大健康可以从两个维度来看，一个是以患者为中心的全健康管理流程，从未病时的健康管理、疾病风险预测、疾病的诊断、治疗以及治疗后的康复/慢病管理的全健康流程；另一个角度是能为这个流程赋能的关键技术，具体来看就是新药研发、精准医疗和医疗机器人。从 2016 年迄今人工智能医疗领域的融资超过 40 笔，不少企业的估值以十亿元、数十亿元计，可见在如此多资本的推动下，智能医疗能够有着更多的资源支持、不断地迭代演化升级产品做到更好、更落地的水平。随着人工智能、移动互联网、物联网、大数据、可穿戴式设备、增强现实/虚拟现实等创新技术的发展，在国家人工智能规划的引导下，健康全流程管理的各个环节将会越来越智能化，支撑全流程管理的新药研发、精准医疗等将会越来越个性化、个体化，再伴随以医疗机器人的发展，相信未来大量的基础性服务将能由人工智能来提供。

二、基因编辑技术的临床转化成为重中之重

以 CRISPR – Cas9 为代表的基因编辑技术从发现到应用，至今已经走过 5 年多的时间，2018 年年初，首个 CRISPR 产品将于 2018 年进行 β – 地中海贫血 I/II 期临床试验，将 CRISPR 平台的突破性科学成果转化为临床治疗，这将开辟生命医学研究的一个新时代。首先是以基因编辑技术为代表的基因治疗，使很多罕见遗传病有望被治愈，如血友病、杜氏肌营养不良（DMD）症、地中海贫血症、亨庭顿舞蹈症等。其次，基因编辑改造的 T 细胞在肿瘤免疫治疗上有望实现规模化制备，通用 CAR – T 有可能成为未来的白血病治疗的标

准方案之一。最后，基因编辑技术与干细胞结合有望促进再生医学领域的应用，特别是中国科学家通过基因编辑技术，首次人工改造出遗传增强的"超级"干细胞。除 CRISPR – Cas9 外，基因编辑系统的分类与功能进一步完善。在原有 CRISPR/Cas9 系统基础上，又有一些新的或改进的基因编辑技术出现，以提高其编辑效率，降低脱靶效应，使用更安全。但必须清醒地认识到，如何规范基因编辑技术的合理应用，促进基因编辑技术的临床转化是值得探讨的重要问题。

第五节　高端装备制造产业

一、智能化高端装备进入攻坚阶段

随着我国进入产业转型升级的关键时期，发展高端装备制造业的重要性日益凸显。与发达国家相比，我国智能化高端装备的技术水平仍有较大差距。但是随着互联网、大数据、人工智能的不断发展，在智能化高端装备领域有着更多机遇，我国将下大力气开展技术攻坚，争取实现"弯道超车"。为实现这一目标，一系列扶持政策也在加速制定。2017 年，国务院印发《新一代人工智能发展规划》，提出要加快推进产业智能化升级，推动人工智能与各行业融合创新，围绕制造强国重大需求，推进智能制造关键技术装备、核心支撑软件、工业互联网等系统集成应用。除了中央在陆续推出相关措施外，地方政府也在积极推进高端装备的智能化升级。如广东省日前出台了《降低制造业企业成本支持实体经济发展的若干政策措施》，其中提出支持培育高端智能装备等"万亿级"新兴支柱产业。党的十九大报告也提出，要"推动互联网、大数据、人工智能和实体经济深度融合"。高端装备产业是实体经济振兴的关键着力点，通过与互联网、大数据、人工智能的紧密结合，实现高端装备的智能化、信息化、网络化和自动化，将成为未来我国的发展趋势。

二、"一带一路"为我国高端装备"走出去"带来新机遇

随着"一带一路"倡议的不断推进，沿线国家基建投资需求强烈，从而

带动了配套设备的市场。目前，工程机械等高端装备受益于"一带一路"，企业的海外拓展均取得可喜成果。例如，三一重工 2016 年国际销售收入高达 92.86 亿元，其中七成收益来自"一带一路"沿线国家。据金融行业预计，未来十年，"一带一路"沿线重点国家基础设施建设至少需要 8000 亿美元，将为重型机械为代表的高端装备提供更为广阔的空间。此外，由于"一带一路"沿线国家对轨道交通建设的需求、互联互通铁路网建设需求及贸易量增加带来的车辆需求，未来我国与沿线国家在轨道交通装备领域的贸易量将进一步提高。

三、高端装备核心部件自主创新"补短板"成为关注热点

党的十九大报告指出"我国社会主要矛盾已经转化为人民日益增长的美好生活需要和不平衡不充分的发展之间的矛盾"。在高端装备领域，这个问题尤为突出。主要表现为自主创新能力依然较弱，关键共性技术缺失，高端装备核心零部件"卡脖子"问题依然存在。比如，虽然复兴号高铁国产化率很高，但是也还是有部分核心技术没有解决，而且工厂车间的生产母机、装备仍然需要进口。为解决这一问题，工信部正在大力实施工业强基工程，在工程机械高压油泵等领域开展"一揽子"突破行动；组织基础材料、零部件企业与整机企业开展"一条龙"应用计划，力求实现核心零部件的研发与重大装备"一视同仁"。

第六节　新能源产业

一、"美丽中国"深入人心，政策叠加带来发展动力

一直以来，我国都面临巨大的能源需求压力，未来这一趋势也很难彻底转变。为此，发展新能源、缓解能源压力是我国长期面临的课题。党的十九大报告指出，"推进能源生产和消费革命，构建清洁低碳、安全高效的能源体系"。《能源发展"十三五"规划》明确提出，"十三五"时期，非化石能源

的消费比重提高到 15% 以上，煤炭消费比重降低到 58% 以下。《可再生能源发展"十三五"规划》提出"到 2020 年，全部可再生能源年利用量 7.3 亿吨标准煤。其中，商品化可再生能源利用量 5.8 亿吨标准煤"。此外，《太阳能发展"十三五"规划》《风电发展"十三五"规划》《地热能开发利用"十三五"规划》等国家文件都对相应的细分领域做出了明确安排，构建了较为完善的政策体系。可以预见，可再生能源在推动能源结构调整方面的作用将不断增强，可再生能源技术装备水平也将随之显著提升，为相关领域行业带来较大发展空间。

二、高质量发展纵深推进，清洁能源消纳加快进程

2018 年能源工作会议提出，要聚焦绿色发展，着力解决清洁能源消纳问题，着力推进能源结构调整战略工程，统筹推进煤炭清洁高效利用，大力推进能源清洁发展水平。清洁能源发展的重点工作，已经从过去的大规模加速发展，转变为提高发展质量、解决消纳问题上来了。近年来，我国非化石能源发展领跑全球，可再生能源发电新增装机规模占全球增量 40% 左右，水电、风电、太阳能发电装机和核电在建规模稳居世界第一。然而，清洁能源消纳利用不足的问题成为非化石能源发电亟待突破的瓶颈。目前，国家针对清洁能源消纳提出了多项举措，明确加快推动海上风电和分布式风电发展，有序推进光伏发电项目建设，大力推动分布式能源发展。随着可再生能源开发利用机制的逐步完善、电网关键平台作用的充分发挥、电源结构与布局的加快优化、可再生能源电力本地消纳的强度增加以及市场机制与政策的逐步完善，未来弃水弃风弃光率都基本解决。

三、新能源转换效率不断提升，应用成本持续降低

展望 2018 年，储能产业将在系统性发展政策《关于促进储能技术与产业发展的指导意见》的引领下实现多种储能技术路线加速推进、健康有序发展，推动动力电池成本更低、寿命更长、使用更安全；太阳能光伏产业领域主要围绕电池原材料、组建转换效率、生产设备等方面实现新的技术创新和突破，光伏电池将以 P 型单晶 PERC 电池为主要趋势率先实现产业化发展；风电产

业领域除了超低风速机组和智慧风能技术外，智能化运维将是风电行业大势所趋，人工智能、大数据和云计算等数字化技术直击产业痛点，破解行业顽疾，引领着风电智能化运维方向，降低全生命周期度电成本。未来三代核电技术将在各国技术基础上实现成本和安全性的优化，我国 CAP1000 和 CAP1400 HPR1000（华龙一号）是未来研究的主要方向。

第七节　新材料产业

　　新材料产业在新一轮科技革命和产业变革中扮演着重要角色，它是重要的战略性新兴产业，也是新能源、高端装备、节能环保等产业的基础，目前，随着新兴产业快速发展以及传统产业转型对新材料带来了强劲的需求，新材料产业发展呈现市场需求旺盛、技术高端发展、资本运作盛行、快速创新等趋势。

一、技术发展智能化、智能化、集成化和绿色化

　　新时期新材料产业将更加强调高性能、低成本、智能化、绿色化的制造技术。反映在具体品种上，金属材料向短流程、高效率、节能降耗、高性能化、多功能化方向发展；无机非金属材料以高性能结构陶瓷为例，在保持原有耐高温、高强度的前提下向强韧化、易成形加工方向发展；有机高分子材料向材料的微观设计、多层次结构调控、集成化、智能化、多功能化方向发展；先进复合材料以高性能、低成本制造技术为发展重点，向材料设计—制造—评价一体化、功能化、智能化的方向发展。

二、技术战略聚焦重点支撑、前沿技术和核心关键技术

　　从战略性新兴产业技术层面，努力培育半导体照明、新型显示、高性能电池、稀土功能材料、高性能纤维及复合材料、军民两用材料等高成长、高带动战略性新兴产业生长点。从前沿技术和核心关键技术层面，积极部署材料设计制备加工与服役评价技术、低维材料与纳米器件技术、先进超导与高效能源材料技术、材料合金化与复合技术、智能化与仿生材料技术等前沿技

术，稀缺材料替代与高效利用、生物医用新材料及表面改性、高性能光电子材料与器件集成、先进晶体与全固态激光材料、国家重大重点工程用关键材料等核心关键技术。在重点产业支撑计划层面上来看，重点布局钢铁材料、有色金属、轻工材料、绿色建材、石油化工、纺织材料六大领域，促进传统产业转型升级，并保障航空航天、能源资源、交通运输、重大装备等国家重大工程建设。

三、全球市场产业增长点集中五大领域

以信息技术为核心的电子信息材料，涉及面广、与下游应用结合紧密的化工新材料，围绕能源开发和高效利用的新能源材料业是全球市场的主导增长点。信息材料向超高集成电路、超低线宽、器件微型化、多功能化、模块集成化发展，光通信、光传感、光电显示、光存储等领域成为发展重点方向。化工新材料向高性能化、多功能化、精细化、工艺无害化、装置大型化发展，特种工程塑料、氟硅材料、新型催化材料等专用性、功能性产品是化工新材料领域中发展最快、研究最活跃的领域。新能源材料市场热点集中在绿色二次电池、氢能、燃料电池、太阳能电池和核能关键材料等。围绕医疗卫生发展起来的生物医学材料和围绕环境可持续发展的生态环境材料是当今全球市场的新兴增长点。生物医学材料主要热点包括介入性治疗材料与器械、组织修复材料与器械等与人的生命健康紧密相关，与生物系统直接相结合的替换型、功能增强型材料。生态环境材料主要热点包括环境友好材料、绿色建筑材料、生态工程材料等具有良好的使用性能，资源、能源消耗少，环境污染小，再生循环利用率高的新材料。

四、国内市场增长空间不断加大

随着城镇化加速，我国用于节能建筑、现代交通、环保、能源等基础设施投资带动节能环保材料、新型交通运输材料、新能源材料等数万亿的商机。产业结构调整、制造业升级，特别是战略性新兴产业发展，都需要通过各种高性能结构新材料和功能材料，提高"中国制造"水平和附加值。在国民收入持续上升的情况下，消费升级对各种消费品和服务的功能化和安全性要求

大幅提升，医疗卫生消费、日常消费品等都要求更加安全、卫生的新材料。而低碳背景下资源环境约束加强，更加注重环境保护与资源利用效率的提高，各种环保节能材料、新能源材料、环境友好材料的需求必然将拉动产业增长。

第八节　新能源汽车产业

一、产业发展将继续平稳增速

"双积分政策"从 2018 年 4 月实施，2019 年进入正式考核。这是新能源汽车发展的重大利好政策措施。同时，新能源汽车补贴标准已经确定处于退坡过程，2019—2020 年中央和地方补贴标准下降20%，采取经核查后拨付的方式发放补贴资金。受到财政补贴退坡政策的影响，新能源汽车的产销速度将逐步放缓。预计 2018 年，新能源汽车生产量将可突破 120 万辆，增速将保持在 50% 左右。

二、资本跨界投入加大并走向分化

随着产业发展政策的进一步完善，产业发展环境的逐步优化，技术发展趋势的进一步明朗，以及产业秩序的治理整顿，新能源汽车产业的前景逐步向好。今后，传统汽车企业向新能源汽车转型发展的态势将更为显著，各类社会资本也更将新能源汽车作为投资重点。但跨界造车仍然存在很大的不确定性，一部分只有造车概念和噱头、没有实质竞争实力的互联网造车合作项目可能折戟新能源汽车领域。

三、更多传统车企布局新能源领域

"双积分政策"等国家导向政策，使一些国产传统汽车生产企业转向新能源汽车生产。如长安汽车、北京汽车相继宣布将于 2025 年正式停售传统燃油车，转型发展新能源汽车。随着荷兰、德国、法国和英国等多个国家公布禁售燃油车时间表，大众、奔驰、宝马、丰田等已经开始告别内燃机，我国也启动了研究制订停止生产销售传统汽车时间表的工作。传统车企出于战略发展考虑，将会逐步调整发展重心，投资布局新能源汽车。

四、动力电池行业或将继续整合

近年来，车载动力电池的产能投放增速大于行业需求增速，将有可能会发生阶段性产能过剩的情况。今后，同行业的竞争仍将十分激烈，一大批缺乏技术创新能力的中小动力电池生产企业将失去竞争优势。2017 年年底，天能动力发布公告称，累计购入超威动力股份超过 5%，动力电池行业市场份额加速集中，整车龙头企业与电池龙头企业绑定的现象也将更加普遍。

五、地方政策的需求引导作用将增强

目前，包括一线城市在内，我国已有多个城市实行汽车限行限购政策，这些城市的新能源汽车上牌无须摇号，申请后直接配置，新能源汽车的购买偏好明显提高。随着城市空气污染、交通拥堵的治理，将有越来越多城市实施传统燃油汽车限购政策，消费者对于新能源汽车的购买需求将进入一个较快的增长阶段。

第九节　数字创意产业

在 2018 年，数字创意产业将迎来一波发展的高潮，两位数高速增长有望持续，但同时也会有越来越多的市场主体由于不再适应市场需求和技术发展被淘汰，行业内竞争将愈演愈烈，跨行业竞争则成为资本巨头布局和对决的主要方式。

一、分组织结构看，产品随着竞争愈加成熟，企业集中度提升，市场危机并存

从产品角度讲，层出不穷的创意和创新将刷新人们对创意产品产生速度的认知，快速出现的产品虽然避免不了重复和模仿，但大多会有自身的长处，

而这种融合发展和竞争加剧的共同后果，就是新型的产品逐渐吸收各家之长，选择正确的发展方向，最终成为比较成熟的日常产品，包括智能可穿戴设备中的 VR、AR 设备、智能手环等都将更加实用日常，或被淘汰出市场。从企业角度，2018 年则是充满机会但危险重重的一年，由于国内外大资本在数字创意产业的大笔投入，普通厂商若缺乏一技之长很容易早早出局，目前以外形创意为卖点或所属领域技术门槛、资本门槛较低的企业应该早做打算。从市场上来说，2018 年可能是另一轮资本的狂欢，也有可能是泡沫的破碎，目前过于依靠投资的数字创意产业存在真实的发展动力，但是也存在着较大的风险；市场应保持定力，对数字创意产业的恶性膨胀保持警惕，同时加入减压和容错机制，最大限度地保障具有核心竞争力的企业和整个行业生态不受影响。

二、分行业看，VR/AR 应用范围扩大，游戏产业两极分化，文创作品质量提升

从单个行业看，一是 VR、AR 的发展提速，实用化逐步加强，与传统工农服务行业融合更加紧密。VR 和 AR 技术将进一步融入制造业中，类似中航工业的 AR 辅助设计，VR 生产流程监管等。VR 技术在医疗教育等服务业的作用值得期待，随着三地手术的试点成功，VR 辅助手术可能会一定程度地铺开；而远程授课等也有了有益的尝试。VR 和 AR 用于游戏、电影等娱乐领域已经比较成熟，需要解决的问题大多集中在成本和画质。VR 和 AR 在军事领域的应用将更为广泛，从训练模拟到战场感知，从机器作战单位操纵到扩展装备视角，都将进入实用阶段。二是游戏产业的繁荣依然将持续，体验方式更为多样。随着国内游戏市场不断挖潜，庞大的游戏人口形成了巨量的需求，以至于我国将逐渐成为游戏产业的主要市场。在这种形势下，游戏的载体、题材、体验方式将更加多样，国内快速淘汰的机制也使我国游戏产业在严重两极分化，资本"豪门"将收获更优质的游戏创造团队和大量现金流，中小游戏企业则面临越来越严重的生存压力。三是数字文化创意产业拥有较好发展前景，新业态新增长点层出不穷，随着网络空间监管和净化，数字文化创意产业将更加以内容取胜，更具有文化底蕴和思想内涵的产品具有越来越强的竞争力，简单的重复和低俗已经越来越被受众排斥。

后 记

为全面系统地研究和梳理我国新兴产业发展的基本情况和发展趋势，在工业和信息化部规划司的指导下，赛迪智库规划研究所编撰完成《2017—2018年中国战略性新兴产业发展蓝皮书》一书。

本书由卢山担任主编，乔标担任副主编。具体编写分工如下：第一章（胡飞、史晨）、第二章（魏强）、第三章（陈亚琦）、第四章（孙虎、曹茜芮）、第五章（侯彦全、黎文娟）、第六章（张昕嫱、岳维松）、第七章（杨幸、康萌越）、第八章（罗梦婷、陆平）、第九章（李杨、谢振忠）、第十章（陈笑天）、第十一章（张洪国、黎文娟、陆平）、第十二章（陆平、曹茜芮）、第十三章（陆平、曹茜芮）、第十四章（张昕嫱）、第十五章（张昕嫱）、第十六章（黄玉洁、谢振忠、陈笑天、邵立国、念沛豪、侯彦全、张昕嫱、杨幸、侯雪、陈亚琦）。

本书在编写过程中，得到了工业和信息化部有关司局、地方工信部门各位领导以及行业协会和企业专家的精心指导和大力支持，在此深表感谢！

希望本书的出版，能够为相关领域的政府主管部门、科研机构以及企业创新决策提供科学参考。我们将继续围绕新兴产业发展的前瞻性、战略性、现实性问题开展深入研究，积极建言献策，助推我国战略性新兴产业蓬勃发展。

赛迪智库
面 向 政 府 服 务 决 策

思想，还是思想
才使我们与众不同

编 辑 部：工业和信息化赛迪研究院

通讯地址：北京市海淀区万寿路27号院8号楼12层

邮政编码：100846

联 系 人：王 乐

联系电话：010-68200552 13701083941

传　　真：010-68209616

网　　址：www.ccidwise.com

电子邮件：wangle@ccidgroup.com

赛迪智库
面向政府　服务决策

咨询翘楚在这里汇聚

信息化研究中心	工业化研究中心	规划研究所
电子信息产业研究所	工业经济研究所	产业政策研究所
软件产业研究所	工业科技研究所	军民结合研究所
网络空间研究所	装备工业研究所	中小企业研究所
无线电管理研究所	消费品工业研究所	政策法规研究所
互联网研究所	原材料工业研究所	世界工业研究所
集成电路研究所	工业节能与环保研究所	安全产业研究所

编 辑 部：工业和信息化赛迪研究院
通讯地址：北京市海淀区万寿路27号院8号楼12层
邮政编码：100846
联 系 人：王 乐
联系电话：010-68200552 13701083941
传　　真：010-68209616
网　　址：www.ccidwise.com
电子邮件：wangle@ccidgroup.com